S. A. BIRNBAUM

Grammatik der Jiddischen Sprache

Salomo A. Birnbaum

Grammatik der Jiddischen Sprache

Mit einem Wörterbuch und Lesestücken

5., ergänzte Auflage

HELMUT BUSKE VERLAG HAMBURG

Im Digitaldruck »on demand« hergestelltes, inhaltlich mit der ursprünglichen Ausgabe identisches Exemplar. Wir bitten um Verständnis für unvermeidliche Abweichungen in der Ausstattung, die der Einzelfertigung geschuldet sind. Weitere Informationen unter: www.buske.de/bod.

Bibliographische Information der Deutschen Nationalbibliothek

Die Deutsche Nationalbibliothek verzeichnet diese Publikation
in der Deutschen Nationalbibliographie; detaillierte bibliographische
Daten sind im Internet über ‹http://portal.dnb.de› abrufbar.
ISBN 978-3-87118-874-9

© Helmut Buske Verlag GmbH, Hamburg 1988. Alle Rechte vorbehalten.
Dies gilt auch für Vervielfältigungen, Übertragungen, Mikroverfilmungen
und die Einspeicherung und Verarbeitung in elektronischen Systemen, soweit es nicht §§ 53 und 54 URG ausdrücklich gestatten. Gesamtherstellung:
BoD, Norderstedt. Gedruckt auf alterungsbeständigem Werkdruckpapier,
hergestellt aus 100% chlorfrei gebleichtem Zellstoff. Printed in Germany.
www.buske.de

Inhalt

Seite

Vorwort 1
Einleitung 5
Lese- und Lautlehre . . 11
- Schriftzeichen
- Transkription
- Aussprache 11
- Schreibschrift . . . 20
- Spezielles zur Orthographie und Aussprache . . . 21
- Hba. Orthographie . 24
- Leseübung 29

Formenlehre 33
- Substantiv . . . 33
  - I. Deklination . . 33
  - II. Deklination . . 34
- Adjektiv 39
- Pronomen . . . 41
- Numerale 44
- Verbum 46
  - Schwache Verba . . 46
  - Starke Verba . . . 52
  - Mit זײַן gebildete Verba . . 54
  - Mit װערען gebildete Verba . . 55
  - Mit טון und געבען gebildete Verba . . 55
- Präposition . . . 56
- Adverbia 56

Syntax 57
- Aussagesatz . . . 57
  - I. Stellung 57
    - Subjekt - Prädikat 57
    - Objekt 58
    - Attribut 60
    - Adverbiale Bestimmung . . 64
  - II. Stellung 65
- Verbindung von Hauptsätzen . . 66
- Fragesatz 67
- Befehl- und Wunschsatz . . . 68
- Nebensätze . . . 68
  - Konjunktionalsatz . 68
  - Relativsatz 69
  - Indirekter Fragesatz . 70

Lesestücke 70
Wörterbuch 102
- Abkürzungen . . 176
- Hilfsverzeichnis 177
- Rufnamen . . . 179
- Geographische Namen 180

Jiddisches Lautsystem . . 182
Bibliographie 185

Vorwort zur fünften Auflage

Dem Gefühl angenehmer Überraschung, von dem ich im Vorwort zur vierten Auflage sprach, kann ich hier neuerdings, und in verstärktem Maße, Ausdruck geben.

Man wird es wohl verstehen, wenn ich mich nun frage, ob es noch eine sechste Auflage geben wird, und ob diese wieder nach ungefähr vier Jahren, also zu meinem hundertsten Geburtstag, erscheinen wird.

Dezember 1987   S. A. B.

Vorwort zur vierten Auflage

Als mir der Verlag vor kurzem schrieb, daß eine neue Auflage dieses Buches notwendig geworden wäre, war das eine angenehme Überraschung. Fünf Jahre sind ja für einen Auflagenabstand bei einer Grammatik eine kurze Zeit, insbesondere, wenn die Käufer sie nicht aus praktischen Gründen erwerben. Die Neuauflage ist für mich eine große Genugtuung, da sie von anhaltendem – oder vielleicht gar wachsendem – deutschen Interesse zeugt.

Es kommt wohl nicht oft vor, daß zwischen der ersten und vierten Auflage 66 Jahre verstreichen und daß der Verfasser dazu ein Vorwort beisteuert. Weniger bemerkenswert ist es möglicherweise, daß das Buch keine Neubearbeitung erfordert, denn da die ursprüngliche Beschreibung ein genaues Bild der Sprache gab, konnte alle seitherige Erforschung keine Änderung verursachen. Natürlich hätte ich das eine oder andere gern anders gefaßt oder hinzugefügt, aber die photomechanische Herstellung verhinderte das. Die Änderungen wären jedoch weder wesentlich noch zahlreich, wie ein Vergleich mit dem Text in dem auf S. 200, Nr. 113.21 angeführten Werk lehrt.

Die Bibliographie hat eine Erweiterung – von 227 auf 300 Titel – erfahren. Das stellt selbstverständlich nur den Bruchteil einer erschöpfenden Liste dar. Schon 1913 verzeichnete Ber Borochow 501 Nummern (S. 202, Nr. 129), und das war durchaus nicht alles, was damals existierte. 66 Jahre später brachte das vorhin zitierte Buch (113.21) 1242 Veröffentlichungen, und das kann ebenfalls keineswegs als auch nur annähernd vollständig angesehen werden.

* * *

Vielleicht darf hier mit der Vorgeschichte der *Grammatik* geschlossen werden.

Im April 1915 schlug ich dem Verlag Hartleben, Wien, einen jiddischen Band für seine *Bibliothek der Sprachenkunde* vor. Er nahm den Vorschlag sofort an und gab mir das Kriegsende als Ablieferungstermin für das Manuskript. Ich ging unverzüglich an die Arbeit und vollendete sie im Juli, wie aus dem Datum der Einleitung ersichtlich ist. Im Januar 1916 – schon beim Militär – regte ich beim Verlag an, nicht länger mit der Herausgabe zu warten. Meine Gründe bewogen ihn, das Manuskript der Druckerei zu schicken. Der Satz begann jedoch erst im Juli. Die ersten Korrekturen las ich im Felde, bis mich ein Halsdurchschuß – zwischen Wirbelsäule und Luftröhre – im November ins Hinterland warf, wo ich die Korrektur im Kriegsspital und dann wieder beim Militär beendete. Der Druck war erst im Juli 1918 fertig, und es dauerte noch geraume Zeit bis das Buch vom Buchbinder zum Buchhandel kam. Daß die Herstellung fast drei Jahre in Anspruch nahm, war selbstverständlich zum großen Teil den Schwierigkeiten der Kriegszeit zuzuschreiben.

Januar 1984   S. A. B.

Vorwort zur dritten Auflage

Ich habe dem Vorwort zur zweiten Auflage kaum mehr hinzuzufügen als meine Genugtuung darüber auszusprechen, daß sie notwendig geworden ist. Wie tragisch, daß Millionen sterben mußten, um dieses Interesse möglich zu machen.

Übrigens gilt dies auch für Übersee, obwohl hier vermutlich noch eine andere Erklärung in Frage kommt. Es handelt sich dabei vielleicht um eine allgemeine Erscheinung, daß nämlich nach der Generation der Emigrantenkinder, die das Erbe der Väter verwirft und aufgibt, ein Teil der Emigrantenenkel sich bis zu einem gewissen Grade dem Erbe der Großväter zuwendet. Es scheint klar, daß eine Verbindung dieser beiden Faktoren dazu geführt hat, daß jetzt an sehr vielen amerikanischen Universitäten Jiddisch gelehrt wird.

Für eine reichhaltigere Bibliographie war leider kein Raum, doch ist wenigstens eine Anzahl der seit der zweiten Auflage erschienenen Schriften aufgenommen worden.

Die im Wörterbuch gebotene Auswahl wird in vielen Fällen den Lernenden zum Verständnis hier nicht verzeichneter Wörter führen.

September 1978   S.A.B.

Vorwort zur zweiten Auflage

Als der Verlag mir den Vorschlag machte, einen unveränderten Abdruck dieser Grammatik herauszugeben, stimmte ich gerne zu, da mir eine Neubearbeitung jetzt unmöglich ist. Es scheint mir übrigens fraglich, ob eine Übertragung in ein Idiom der heutigen Sprachwissenschaft viel Nutzen bringen könnte. Ich habe auch die Einleitung belassen, obwohl ich Verschiedenes jetzt anders fassen würde und obwohl sie vor dem Hintergrund einer Wirklichkeit geschrieben wurde, die heute nicht mehr existiert. Doch das mag vielleicht für die meisten Leser dieses Buches, die ja einer späteren Generation angehören, ein Vorteil sein.

Die in der Einleitung gegebene Statistik ist heute natürlich unrichtig. Am Anfang der Dreißigerjahre gab es rund 12 Millionen Jiddischsprecher. Ihre Zahl hat sich, statt durch natürlichen Zuwachs größer zu werden, erheblich verringert. Der Grund ist selbstverständlich der, daß die Nationalsozialisten dem Leben von rund fünf Millionen Menschen jiddischer Muttersprache ein jähes Ende setzten (die sechste Millionen der Opfer war deutsch- und anderssprachig). Aber angesichts der demographischen und soziologischen Folgen der Katastrophe kann die durch einfache Subtraktion gewonnene Ziffer von ungefähr sieben Millionen nur mit Vorbehalt gegeben werden. Als die Grammatik geschrieben wurde, wich ihre Orthographie des Jiddischen sehr erheblich von der damals herrschenden ab. Diese war das Ergebnis einer Reform, die sich in der zweiten Hälfte des neunzehnten Jahrhunderts im Zuge der Säkularisierung durchsetzte: unberufene und unverständige Neuerer pfropften dem älteren, weit besseren System eine Anzahl von deutschen Regeln auf. Von Einheitlichkeit im Gebrauch war natürlich keine Rede. Es war mir unmöglich, diese unhistorische, unsystematische und den lautlichen Tatsachen widersprechende Schreibung für meine Grammatik zu benutzen und nur in einem Punkte entschloß ich mich zu einem Kompromiß: ich beließ das Ajin für das „unbetonte e" und als Bezeichnung der silbischen Funktion bei *l* und *n*. Noch während des Krieges begann eine neue Reformbewegung, die in den zwei Jahrzehnten bis zum zweiten Weltkrieg sehr beachtliche Fortschritte machte. Heute kann man die „alte" Orthographie nur selten — und auch dann von der „neuen" beeinflußt — antreffen. Eine wichtige Ausnahme bilden jedoch die New Yorker Tageszeitungen, in denen dieser Einfluß sehr gering ist. Die „moderne" Orthographie stimmt teilweise mit der in dieser Grammatik benutzten überein. Da die letztere genauer ist, wird dies dem Lerner beim Lesen der ersteren von Vorteil sein. Die Rechtschreibung der Grammatik liegt auch dem System zugrunde, das der Verfasser im Jahre 1931 in die moderne Literatur der religiösen Mehrheit der jüdischen Bevölkerung Polens einführte. Hier wurde das „unbetonte“ Ajin durch das traditionelle Jod ersetzt, bzw. ausgelassen.

Die in der Grammatik angewandte Umschrift hat sich im Laufe der Zeit gewandelt und sich schließlich so gut als es ging der gewöhnlichen Schreibmaschine und dem einfachen Setzkasten des Druckers angepaßt. Hier folgen die einander entsprechenden Formen des ursprünglichen und des jetzigen Systems.

In alphabetischer Reihenfolge des ursprünglichen Systems:

a	a	*ch*	x	g	g	k	k	o;	oϼ	ů	u
a:	á	d	d	*g*	g	ł	l	oı	oı	ů:	uu
á.	aa	*d*	d	h	h	lj	li	ou	ou	w	v
æı	aı	e	é	ı	¹..	m	m	p	p	*w*	v
b	b	ė	y	ı:	ıı	n	n	r	r	z	z
b	b	ě	e		.î	ŋ	n.	s	s	*z*	z
c	c	é	éi	ı̌	ȷ	nȷ	nı	š.	ś	ž	ź
č	ć	f	f	ı̌:	jj	o	o	t	t	*ž*	ź

* Die Schreibungen aa, ai éi, u, uu, obwohl sie, vom Deutschlesenden aus gesehen, dem u-Dialekt entsprechen, sind jedoch noch immer als interdialektisch zu betrachten, so wie die entsprechenden früheren Formen: a, é u, u: — d. h. sie sind in der u: Mundart als â, aj/äj, ej/äj, u, û zu lesen, in der o-Mundart als aj, ej, ä, o, o.

Die Bibliographie wurde bis zur Gegenwart weitergeführt. Um Platz zu sparen, wurden Arbeiten, die in der jiddischen Philologie gewidmeten Zeitschriften und Sammelwerken erschienen, nicht aufgenommen (es sei denn, sie formten auch besondere Veröffentlichungen). Jiddische Titel sind in Umschrift gegeben.

Einleitung.

Es ist merkwürdig, wie wenig man in der nichtjüdischen Welt vom jüdischen Volke weiß. Dies ist heute nicht anders als in all den zweitausend Jahren, da die Juden mit den Völkern des europäischen Altertums und dann mit denen zusammentrafen, die erst im Mittelalter entstanden oder hervortraten. Auch die Wenigen, die sich für jüdische Dinge interessierten oder interessieren, befassen sich größtenteils nur mit der jüdischen Geschichte bis etwa zum Untergang des zweiten Staates — also mit Zeiten, die bei all ihrer Erhabenheit, sowie jüdischer und weltgeschichtlicher Bedeutung doch bloß den ersten Abschnitt der jüdischen Geschichte bilden. Dagegen bleiben den meisten die darauffolgenden neunzehn Jahrhunderte — mit Einschluß des letzten Teiles dieser Zeit, der das gegenwärtige Leben des jüdischen Volkes umfaßt — ein Buch mit sieben Siegeln. Eines der interessantesten Kapitel darin ist das von den Sprachen.

In der zweiten Hälfte des ersten vorchristlichen Jahrtausends, als das überall siegreiche Aramäische das Hebräische langsam aus dem Munde der Juden verdrängte und dabei eine jüdische Umwandlung durchmachte, sind diese ein mehrsprachiges Volk geworden. Denn bald sprachen nicht mehr alle das Jüdischaramäische, sondern manche Gruppen bedienten sich anderer Sprachen. Aber von den Gruppen, die sich jetzt und später bildeten, waren selbstverständlich nicht alle der zu gleicher Zeit bestehenden von der gleichen jüdischen Wesensbedeutung und zahlenmäßigen Geltung. Die wichtigsten im Laufe der Zeiten sind die jüdischaramäische, die jüdischarabische, die jüdischspanische und die jiddische Gruppe. Besonders die letzte ist in den neueren Jahrhunderten gewaltig über alle anderen mitlebenden hinausgewachsen.

Heute zählt die jiddische — auch ostjüdisch genannte — Gruppe elf bis zwölf Millionen unter vierzehn bis fünfzehn Millionen Juden, die es jetzt gibt. Sie macht also rund vier Fünftel der jüdischen Gesamtheit aus. Infolge ihrer Größe ist sie als deren nationales Zentrum, vor allem aber wegen ihrer kulturellen Eigenart und jüdischen Aktivität als national repräsentativ zu bezeichnen. Ihre Kultur ist die organische Weiterführung jener der vorhergegangenen jüdischen Epochen. Eine Schilderung dieser

Gruppe und ihrer Kultur — die hier selbstverständlich nicht gegeben werden kann — würde dem Leser wohl ein vollständig unbekanntes Bild gewähren. Wahrscheinlich würde es ihn nicht einmal sosehr dadurch, was ihr Leben von dem anderer Völker unterscheidet, als dadurch, worin sie ein gewöhnliches nationales Leben aufweist, überraschen. Hier haben wir es nur mit einem, allerdings ungemein wichtigen Punkte zu tun.

Die Ostjuden besitzen eine eigene, die jiddische, d. h. eben jüdische Sprache.

Über die Verbreitung der Gruppe und ihrer Sprache ist folgendes zu bemerken. Der größte Teil der Ostjuden lebt in zusammenhängender Siedlung in Osteuropa[1]), und zwar über sieben Millionen in Westrußland (nach Osten bis ungefähr zur Linie Finnischer Meerbusen—Asowsches Meer), anderthalb bis zwei Millionen in Österreich (Galizien, Bukowina und Nordostungarn), mehr als eine Viertelmillion in Rumänien, zusammen also rund neun Millionen. Weit über zwei Millionen entfallen auf die Vereinigten Staaten von Nordamerika, davon mehr als eine Million auf die Stadt New York, in der jeder fünfte Mensch ein (jiddischsprechender) Jude ist und die damit bekanntlich die größte jüdische Ansiedlung der Geschichte bildet. Ferner ist Jiddisch die Sprache der jüdischen Einwanderer in England (eine Viertelmillion), Palästina (100.000), Argentinien und Kanada (beinahe je ebensoviel). Der Rest verteilt sich auf die Hauptstädte Mittel- und Westeuropas, auf Südafrika, sowie andere außereuropäische und europäische Gebiete.[2])

---

[1]) Die geographisch-politischen Bezeichnungen müssen natürlich jetzt während des **Krieges** den früheren Zustand wiedergeben.

[2]) Die übrigen drei Millionen Juden sind folgendermaßen zusammengesetzt:

Mehrere kleine jüdische Gruppen verfügen zwar auch über eigene, die jüdische Eigenart besonderer Kulturfärbung ausdrückende Sprachen, stehen aber hinter der jiddischen an kulturschöpferischer jüdischer Kraft — ganz abgesehen vom Zahlenverhältnis — sehr weit zurück. Diese verschiedenen Gruppen, die meist zwischen islamischen Völkern wohnen, werden unter dem gemeinsamen Namen „Orientjuden" zusammengefaßt; sie machen zusammen ungefähr rund ein Zehntel aller Juden aus. Die wichtigste Gruppe bilden die sogenannten „Spaniolen", ungefähr 3 bis 400.000 Seelen umfassend. Ihre Sprache heißt bei ihnen Dźudezmo, d. i. Jüdisch.

Das restliche Zehntel setzt sich aus den verschiedenen „westjüdischen" Gruppen zusammen. Das für sie Gemeinsame und zugleich auch Unterscheidende ist der Umstand, daß sie die jüdische Kulturbesonderheit zum

Über die Entstehung des Jiddischen läßt sich vorläufig nicht viel Positives berichten. Die Sprachwissenschaft hat sich bisher um dieses Problem fast gar nicht, wie überhaupt sehr wenig um das Jiddische gekümmert.[1]) Soweit dies geschehen ist, nahm man — entgegen den populären Ansichten, die an das Jiddische vom Neuhochdeutschen aus herantreten — das Mittelhochdeutsche zum Ausgangspunkt der Vergleichung, was natürlich das einzig Richtige ist. Gestützt auf die bisherigen Ergebnisse und in

---

sehr großen Teil verloren und sich mehr oder weniger den nichtjüdischen Völkern angeschlossen haben. Daher haben sie auch keine eigenen Sprachen. (Die Entfremdung vom jüdischen Volkstum geht sogar meistens so weit, daß sie von allen Dingen jüdischen Volkslebens, wie etwa dem der Ostjuden, auch von dem Dasein und der Bedeutung der jiddischen Sprache und Literatur gar keine Ahnung oder höchstens nur eine verzerrte Vorstellung haben.) Die größte und unter ihnen jüdisch-bedeutsamste Gruppe ist die rund eine Million starke deutschsprachige.

Es ist nicht überflüssig zu bemerken, daß als „westjüdisch" auch solche Individuen oder Schichten aufzufassen sind, die nach räumlichen und genealogischen Zusammenhängen den beiden andern Gruppen angehören, ihrem Wesen nach aber aus ihnen entwurzelt sind. Ihre Zahl ist übrigens verschwindend klein.

Die letzterwähnte Erscheinung sowie die allgemeine Verbreitung der jüdischen Gruppen bringen es — was ja ohneweiteres einleuchtend ist — mit sich, daß man bei jüdischen Bezeichnungen nach Gesichtspunkten der politischen Geographie nur sehr ungefähr weiß, woran man ist. Bei der Angabe „russischer Jude" handelt es sich z. B. in 98 von hundert Fällen um einen Angehörigen der jiddischen Gruppe, d. i. einen Jiddischsprechenden, doch kann in den zwei restlichen Fällen auch ein polnisch-, russisch- oder deutschsprechender Westjude oder ein Orientjude, und zwar ein Jüdischpersisch sprechender „Bergjude", ein Jüdischtatarisch sprechender Karäer usw. gemeint sein.

[1]) Eine Bibliographie der philologischen Literatur in allen Sprachen
über das Jiddische veröffentlichte בער באָראכאָוו: די ביבליאָטעק פון
Ber Burochow: „Die Bibliothek des jüdischen (d. i. יודישען פילאלאג
jiddischen) Philologen" in: דער פנקס. יאָרבוך פאַר דער געשיכטע פון
דער יודישער ליטעראַטור און שפּראַך, פאַר פאָלקלאָר, קריטיק און
ביבליאָגראַפיע. ערשטער יאָרגאַנג. תרע״ב. רעדאַקטירט פון ש׳ ניגער.
„Die Chronik. Jahrbuch ווילנער פאַרלאַג פון ב׳ א׳ קלעצקין. תרע״ג.
für die jüdische (d. i. jiddische) Literatur- und Sprachgeschichte, für Folklore, Kritik und Bibliographie. Erstes Jahr. 5672 (d. i. 1913). Unter der Redaktion von Sch. Niger. „Wilnaer Verlag" B. A. Kletzkin. 5673 (d. i. 1914)."

Gemäßheit der allgemeinen Sprachbildungsgesetze können wir uns den Werdegang der Sprache ungefähr so denken:

Seit dem Beginn des Mittelalters nehmen die Juden, die in den deutschen und später in den östlichen anschließenden Gebieten leben, an Zahl und jüdischer Bedeutung zu. Ihre Sprache war anfangs das Deutsche. Aber sie konnten dabei nicht stehen bleiben. Ihre geistige Eigenart, die in dem Kleide einer von der deutschen weltenweit entfernten Kultur lebte, mußte in dem übernommenen Material einen Ausdruck suchen. Das ist auch die Erklärung für das Wesen des so wichtigen Einflusses, welchen das den Juden wohlvertraute Hebräische und Jüdischaramäische hierbei hatte. Allmählich begannen syntaktische und andere grammatische Dinge ein deutliches Sonderleben zu führen; zahlreiche hebräische und jüdisch-aramäische Worte traten an Stelle früherer; die Phonetik, die wohl seit jeher eine eigene Färbung gehabt hatte, wurde immer selbständiger; usw. Von solchen primären Veränderungen schreiben sich dann wieder andere sekundärer Natur her, die nicht direkt dem nationalen Faktor entstammen.

Eine bestimmte Zeitangabe für den Anfang des Jiddischen ist naturgemäß unmöglich. Im Wesen, das heißt im Hinblick auf das spätere Ergebnis der Entwicklung, war er damit gegeben, daß die Juden als eine Sondergruppe das Deutsche zu sprechen begannen. Praktisch dürfte es das Beste sein, ihn im ausgehenden Mittelalter anzusetzen.

Die oft wiederholte Erklärung für das Entstehen des Jiddischen mit der „Ghettoabgeschlossenheit" kann natürlich nicht richtig sein. Denn was hier als Grund angegeben wird, ist selbst nur eine Folge der gleichen Ursache, die oben dargelegt wurde. Außerdem blieben übrigens die Juden immer in lebhaftestem äußeren Verkehr mit der nichtjüdischen Bevölkerung.

Ebenso unrichtig ist eine andere Ansicht, derzufolge die Deutschland verlassenden Juden genau so wie die Nichtjuden sprachen, so daß also die neue Sprache erst im Osten entstanden sei und dann erst durch die Rückströmenden zu den in Deutschland gebliebenen Juden gebracht worden sei. Dem widerspricht aber die trotz dialektischen Unterschieden im großen und ganzen vorhandene Einheitlichkeit, die noch vor dieser Zeit in der Umgangs- und Literatursprache von Amsterdam bis Polen herrschte, was die Dokumente jener Zeit deutlich bewejsen. Immerhin mag jene Meinung insofern ein Stück Wahrheit enthalten, als man — solange gründliche Forschungen noch ausstehen — vielleicht annehmen kann, daß im Osten das Fehlen eines etwa retardierenden Einflusses seitens der deutschen Sprache das

Tempo der Verselbständigung gegenüber der (jüdischen) Dialektgruppe des Westens beschleunigt hat. — Ebenso kommt der vielberufene Einfluß des Slawischen anfangs fast gar nicht und auch später hauptsächlich nur in lexikalischer Hinsicht in Betracht.

Aber im Laufe der Zeit traten im Westen nationale Verfallserscheinungen auf. Sie verstärkten sich im 18. Jahrhundert derart, daß seit Beginn des 19. Jahrhunderts von einer wirklichen jiddischen Sprache im Westen nicht mehr die Rede sein kann. Die heute noch existierenden, mehr oder weniger kümmerlichen Reste einer solchen weisen übrigens auf eine seit alten Zeiten bestandene dialektische Trennung in eine östliche und eine westliche Gruppe hin. Eine jiddische Sprache gibt es von da ab nur bei dem immer größer und jüdisch bedeutsamer werdenden Teile in Osteuropa, bei dem ungefähr um die Mitte des 18. Jahrhunderts das Jiddische die heutige Gestalt erreicht haben mag. Um die Mitte des 19. Jahrhunderts begann die große, noch heute andauernde Wanderung der Ostjuden. Der heutige Stand der dadurch herbeigeführten Verteilung der Ostjuden ist schon oben dargestellt.

Die literarische Verwendung des Jiddischen ist bereits mit den Anfängen der Sprache verknüpft, wie es sich bei einem alten Kulturvolke naturgemäß von selbst ergab. Die Literatur hatte vor allem — wenn auch nicht ausschließlich — den Bedürfnissen jener zu dienen, die der talmudischen, rabbinischen und biblischen Literatur fernstanden. Das waren hauptsächlich die Frauen, zu denen noch eine Anzahl von Männern kam, denen Hebräisch und Aramäisch weniger vertraut war. — Es sei nebenbei erwähnt, daß Talmud und Bibel damals wie heute nur im jiddischen Übersetzen gelehrt und erforscht werden.

Das Stoffgebiet der jiddischen Literatur umfaßte namentlich Nacherzählungen der Bibel, auch ausgestaltet mit allen Sagenschätzen der Tradition, Bibelübersetzungen, besondere Frauengebete, zu sittlicher Vervollkommnung hinleitende Erzählungen von großen jüdischen Männern, wissenschaftliche Werke und schließlich erzählende Literatur. All das blüht bis auf den heutigen Tag bei der jiddischen Gruppe — der Westen hatte ja zugleich mit der Sprache auch ihre Literatur eingebüßt — in zahlreichen neuen Werken und vor allem in immer wiederholten Neubearbeitungen und -ausgaben der zu echten Volksbüchern gewordenen früheren.

Seit Anfang des 19. Jahrhunderts beginnt eine neue Strömung sichtbar zu werden. In ihrem literarischen Ausdruck knüpft sie nur teilweise an die geschilderte Literatur an, zu einem andern Teil an die Produkte des ostjüdischen Folklore (Volkslied, -spiel, -erzählung, Hochzeitssänger usw.), hauptsächlich aber an die Literaturen der nichtjüdischen Völker an. Dies hat seinen Grund in den im Wesen neuen Voraussetzungen und Zielen dieser Richtung. In der zweiten Hälfte des vorigen Jahrhunderts beginnt in ihr eine Veränderung platzzugreifen, derzufolge die letzten Jahrzehnte und die Gegenwart als die Epoche der modernen jiddischen Literatur im engern Sinn bezeichnet wird. Diese Periode stellt eine Zeit lebhaften Aufblühens dar, sowohl nach der Richtung mannigfaltiger innerer Entwicklung als auch großer Verbreitung. Es sind in dieser Literatur alle Zweige reichlich vertreten, vor allem Erzählung, Lyrik und Publizistik, dann Drama und Übersetzungsliteratur und auch Wissenschaft. Die Werke der „modernen" und der „weiterlebenden früheren" Literatur, welche in einer der alten, neueren und neuen Kulturstätten — in Krakau, Wilna und Lemberg, in Warschau und Jerusalem, in New York und London — gedruckt werden, sind auch an allen übrigen zuhause.

Der Aufschwung der jiddischen Literatur und in engem Zusammenhange damit auch der wachsende Einfluß der jiddischen Sprache halten heute unvermindert an und berechtigen zu den erfreulichsten Hoffnungen.

W i e n, Frühjahr 1915.

Lese- und Lautlehre.

1. Die jiddische Sprache wird mit der Quadratschrift geschrieben, die aramäischen Ursprungs ist und von den Juden seit ihrer aramäischen Sprachperiode für das Hebräische und alle andern von ihnen gebrauchten Sprachen verwendet wird.[1]) Das Alphabet dieser Schrift besteht aus 22 Zeichen (mit 5 Nebenformen), auf deren Grundlage die Darstellung des jiddischen Lautsystems erfolgt. Die Richtung der Schrift ist von rechts nach links.

2. Die folgende Tabelle ist auch von dem gründlich durchzuarbeiten, der die hebräischen Schriftzeichen bereits kennt.

Zeichen	Transkription	Benennung der Zeichen	Aussprache der Laute. Bemerkungen.
א	--	alef	Bezeichnet den leisen und den festen Einsatz anlautender Vokale. Wird vor אַ, אָ, א und ע nicht geschrieben. Im In- und Auslaut, sowie im Anlaut von Enklitiken stumm. — In einem Teil der ü-Mda.[2]) oft mit ה vertauscht.
אַ (א)	a, a:	pa:sech alef	a — kurzes ungespanntes a, ungefähr wie in ‚Land'. In einem Teil der ü-Mda. wie o in ‚doch'. a: — langes ungespanntes a, ungefähr wie in ‚fahren'.
א (אָ)	o, o:	(kûmec alef)	o — kurzes ungespanntes o, ungefähr wie in ‚doch'. o: — wie das vorige, aber lang. (Kann nicht mit dem gleichen Zeichen für den Vokaleinsatz verwechselt werden, da es immer selbständig, also in Verbindung mit Konsonanten, auftritt, jenes aber fast ausschließlich nur vor Vokalen steht.)

[1]) Teilweise in geringfügiger Variation des Schriftcharakters. Auch für das Jiddische gab es eine solche Form, die noch im vorigen Jahrhundert nicht selten vorkam. — [2]) Siehe P. 4.

Zeichen	Transkription	Benennung der Zeichen	Aussprache der Laute. Bemerkungen.
אָ (אָ)	ů, ů:	kumėc ałéf	ů — kurzes ungespanntes u, ungefähr wie in ‚Mund'; meist vor ב, ג, װ, מ, ס, פּ und ק. ů: — langes gespanntes u, ungefähr wie in ‚Mut'.
בּ (בּ)	b, *b*	bæiz	b — wie deutsches b. *b* — wie p.
בֿ (בֿ)	w, *w*	wæiz	w — wie deutsches w. *w* — wie f.
ג	g, *g*	giml	g — wie deutsches g. *g* — wie k.
ד	d, *d*	dałed	d — die Zungenspitze befindet sich hinter den beiden Zahnschneiden. *d* — wie t.
ה	h	hæi	h — wie deutsches h. — In einem Teil der äi-Mda. oft mit א-Vokaleinsatz vertauscht.
ו oder וּ	i, i:; w, *w*	wůw — mė-łipm.	ו = i — kurzes ungespanntes i, ungefähr wie in ‚Kind', die Zunge etwas gesenkter als im Deutschen (e-ähnlicher). — In einem Teil der äi-Mda. ist es gespannt, wie ie in ‚spielen', aber kurz. וּ = i: — langes gespanntes i wie ie in ‚spielen'. ו = w — wie deutsches w. *w* — wie f.
וֹ (וֹ)	oi, o	*ch*oitėm	oi — kurzes ungespanntes o und kurzes gespanntes i, ähnlich wie eu in ‚Eule'. — In einem Teil der äi-Mda. ist das o gespannt, ungefähr wie o i in ‚so in dem'. o — kurzes ungespanntes o, ungefähr wie in ‚doch'.
װ[1])	w, *w*	2 wůwn	w — wie deutsches w. *w* — wie f.
ז	z, *z*	zájėn	z — wie f in ‚sehen', ‚Nase'. *z* — wie s.

[1]) Wo װ und ו, וּ, ו, וֹ, וי, ױ zusammentreffen, wird ein bloß orthographisches א eingeschoben, für „iw" manchmal auch statt װ ein בֿ geschrieben.

Zeichen	Transkription	Benennung der Zeichen	Aussprache der Laute. Bemerkungen.
ח	*ch*	*ch*es	*ch* — ähnlich wie ch in ‚doch‘ (auch nach e- und i-Lauten und im Anlaut!)
ט	t	teᴍ	t — etwas schwächer als im Deutschen. — Die Zungenspitze befindet sich hinter den beiden Zahnschneiden.
י oder יִ	i, i:	jĭ:*d* — *ch*ĭ:rėk jĭ:*d*	י = i — kurzes ungespanntes i, ungefähr wie i in ‚Kind‘; die Zunge etwas gesenkter als im Deutschen (e-ähnlicher). — In einem Teil der äi-Mda. ist es gespannt wie ie in ‚spielen‘, aber kurz. יִ = i: — langes gespanntes i, wie ie in ‚spielen‘.
וֹי (וי)	oi	*ch*oitėm jĭ:*d* (wůw jĭ:*d*)	oi — kurzes ungespanntes o und kurzes gespanntes i, ähnlich wie eu in ‚Eule‘. — In einem Teil der äi-Mda. ist das o gespannt, ungefähr wie o i in ‚so in dem‘.
וי (וי)	ou	〃	ou — halblanges ungespanntes o und kurzes gespanntes u.
ײַ (ײ)	á	pa:sěch 2 jĭ:dn (2 jĭ:dn)	á — langes ungespanntes a, ähnlich wie a in fahren. — Bei der äi-Mda. klingt im Silbenauslaut ein kurzes e oder i nach.
ײֵ (ײ)	æi	cæirė 2 jĭ:dn (2 jĭ:dn)	ai-Mda. (siehe P. 4) — kurzes ungespanntes a und kurzes gespanntes i, ungefähr wie ei in ‚weit‘. äi-Mda. — kurzer gespannter Mittellaut zwischen ä und e, näher ersterem, und kurzes gespanntes i, ungefähr wie ä—i in ‚säh—ich‘, schnell und zusammenhängend ausgesprochen.
י	j	jĭ:*d*	j — wie schwaches (obdt.) j. — Das Zeichen י bedeutet nur im Silbenanlaut j (sonst i).
כ (ך)	*ch*	*ch*ůf	*ch* — ähnlich wie ch in ‚doch‘ (auch nach e- und i-Lauten und im Anlaut!).

Zeichen	Transkription	Benennung der Zeichen	Aussprache der Laute. Bemerkungen.
ך (ךְ)	*ch*	łangė *ch*ůf	*ch* — die am Wortende verwendete Form.
כּ (כ)	k	kůf	k — etwas schwächer als deutsches k, mit dem weichen Gaumen gesprochen.
ל	ł	łamė*d*	ł — klingt sehr voll. Der rückwärtige Teil der Zunge hebt sich zum Gaumen, der vordere bleibt ruhig (nicht das slawische ł!).
ליִ	lj	łamė*d* ji:*d*	lj — palatalisiertes l, zu einem Laute verschmolzenes l und j (italienisches gl).
מ	m	mem	m — wie deutsches m.
ם	m	gėšłosėnė mem	m — die am Wortende verwendete Form.
נ	n	nin	n — wie deutsches n.
ן	n	łangė nin	n — die am Wortende verwendete Form.
נ	n̮	—	n̮ — wie n in ‚sinken'.
ניִ	nj	nin ji:*d*	nj — palatalisiertes n, zu einem Laute verschmolzenes n und j (französisches gn).
ס	s	samě*ch*	s — wie ss, ß in ‚Gasse', ‚weißen'.
ע oder ֶע	e, é	ájėn — ségł ájėn	ע = e — ungespanntes ä wie in ‚Märchen', nur kürzer. ֶע = é — langer gespannter Mittellaut zwischen e und ä, näher ersterem, und ganz kurzes gespanntes i, ungefähr wie ä—i in ‚säh—ich', zusammenhängend ausgesprochen.
ע (ֶע)[1]	ė, ě, –	"	Nur in Nebensilben: 1. ė — sehr kurzer Vokal von verschiedener Färbung, am häufigsten ein gespanntes i, oft auch e-ähnlich, ungefähr wie e in ‚getan'. 2. ě — meist vor r und ch, kurzer Mittellaut zwischen a und ä. 3. — nicht ausgesprochen. Bezeichnet die silbische Funktion von ל und נ.

[1]) Statt dieses ע kommt auch oft י vor.

Zeichen	Transkription	Benennung der Zeichen	Aussprache der Laute. Bemerkungen.
ע	—	ájėn	Bezeichnet manchmal (wie א) den Vokaleinsatz, im In- und Auslaut stumm.
פּ (פּ)	p	pæi	p — wie deutsches p, etwas schwächer.
פֿ (פ)	f	fæi	f — wie deutsches f.
ף	f	łangė fæi	f — die am Wortende verwendete Form.
צ	c	cadėk	c — wie deutsches z.
ץ	c	łangė cadėk	c — die am Wortende verwendete Form.
ק	k	kĭ:f	k — etwas schwächer als deutsches k, mit dem weichen Gaumen gesprochen.
ר	r	ræiš	r — wie deutsches r, meist mit dem Zäpfchen, auch mit der Zungenspitze.
ש (שׁ)	š	ši:n	š — wie deutsches sch.
זש (זשׁ)	ž, ž	zájėn ši:n	ž — wie j in ‚Journal'. ž wie ש.
טש (טשׁ)	č	tes ši:n	č — wie tsch in ‚klatschen'.
שׂ (שׂ)	s	si:n	s — wie ss, ß in ‚Gasse', ‚weißen'.
ת	s	sůw	s — " " " " " "
תּ	t	tůw	t — etwas schwächer als deutsches t, die Zungenspitze befindet sich hinter den beiden Zahnschneiden.

3. Wie ersichtlich, gibt es im Aussehen der Buchstaben kleine Varianten. Nur die nichteingeklammerte Form wurde in diesem Buche benutzt. Bei den Vokalen und Diphthongen wurden die Varianten dazu verwendet, die in der gewöhnlichen Orthographie nicht ausgedrückten Quantitäts-[1]) resp. Qualitätsunterschiede darzustellen (אַ, אָ, אֶ; ו, וּ; י, יִ; יי, ײַ; ע, ע).

[1]) In neuester Zeit hat sich, in Nachahmung der deutschen Orthographie, ein Dehnungs-ה (sogar ein Dehnungs-ע) ziemlich stark verbreitet. Sie werden in dieser Grammatik aber, als den Grundlagen der jiddischen Rechtschreibung zuwiderlaufend, nirgends angewandt. Trifft es der Lernende bei anderer Lektüre, so kann es ihm natürlich keinerlei Schwierigkeiten bieten. — In der Transkription ist die Länge eines Vokals im allgemeinen durch nachgestellten Doppelpunkt bezeichnet (ů, ů: usw.).

Dadurch war es möglich, die genaue Aussprachеangabe für den Lernenden schon in den Originaltext hineinzuverlegen, so daß er bald der Transkription nicht mehr bedarf. — Große Anfangsbuchstaben existieren nicht.

4. Dialekte. Die jiddische Sprache zerfällt in Dialekte, deren Verschiedenheit hauptsächlich im Vokalismus liegt. Die Differenzen im Konsonantismus, Wortschatz und insbesondere in der Grammatik sind ganz unbedeutend. Für die Schriftsprache, die sich natürlich mit der Umgangssprache nicht deckt, gibt es keine, über dem erwähnten Unterschied stehende Einheitlichkeit in der Aussprache, wie sie, bis zu einem gewissen Grade, bei bestimmten Gesellschaftsklassen vieler Völker üblich ist. Doch hat es bei der Geringfügigkeit der Unterschiede praktisch nur wenig zu bedeuten. Von Verständigungsschwierigkeiten zwischen den Angehörigen der Hauptdialekte — es sind zwei — kann keine Rede sein. Vor allem fällt auch die Verschiedenheit deshalb nur wenig ins Gewicht, weil der eine, der u-Dialekt, die große Mehrheit, nämlich ungefähr drei Viertel, aller Jiddischsprechenden umfaßt. Er ist übrigens der auf der Bühne allein vorkommende. Ihm gehören auch die drei hervorragendsten Dichter der neueren Zeit an: Mendale Moicher Sfurem, Schulem Alejchem und der eben dahingegangene J. L. Perez. — Der u-Dialekt ist auch historisch die eigentliche und hauptsächliche Grundlage der jiddischen Literatursprache. Er wird in zwei Mundarten gesprochen: 1. als ai-Mundart in Russisch-Polen, West- und teilweise Ostgalizien, Nord-, Ostungarn (größtenteils) und 2. als äi-Mundart in einem Teil Ostgaliziens, Bukowina, Südwestrußland, Rumänien, teilweise auch Nord-, Ostungarn. Der zweite, der o-Dialekt, umfaßt das restliche Viertel und wird in Nordwestrußland gesprochen. — Dazu kommen die nach Amerika, Westeuropa usw. ausgewanderten Angehörigen beider Dialekte. — Die populäre, historisch bedingte Bezeichnung der beiden als „polnischer" und „litauischer" Dialekt ersetzte ich durch eine andere, den phonetischen Verhältnissen entnommene. Die historische Bezeichnung ist bei der heutigen geographischen Verbreitung ganz hinfällig geworden — auch bloß in Hinsicht auf das östliche Mittel- und auf Osteuropa — und eine neue geographische Benennung ist so ziemlich unmöglich. Auch kam es mir darauf an, dem beim jüdischen Volk noch weniger als sonst angebrachten Territorialbegriff in einer Definition nationaler Dinge keinen Raum zu geben.

5. Die Aussprachеunterschiede kommen in der jiddischen Orthographie nicht zum Ausdruck. Sie ist durchaus einheitlich, Schwankungen, die ja natürlich vorkommen, sind nur zum geringsten Teil in den Differenzen

der Aussprache begründet. — Das gleiche Schriftbild wird in jedem der beiden Hauptdialekte auf seine Weise gelesen. Z. B.: die Worte פֿאָטער und געל lauten im u-Dialekt ungefähr wie ‚futer', ‚gä^{i}l', im o-Dialekt ungefähr wie ‚fotter', ‚gell'. װײסט lautet im u-Dialekt: ai-Mundart ungefähr wie ‚waißt', äi-Mundart ungefähr wie ‚wäißt'; im o-Dialekt ungefähr wie ‚wejßt'. Diese Erscheinung — zu der es in allen Sprachen Analoga gibt und deren historische Gründe ja unschwer einzusehen sind — muß bei einer Transkribierung in andere Schriftzeichen soweit als möglich und nötig angedeutet werden. So dient also z. B. als gemeinsames Zeichen für die in den angeführten Beispielen vorkommenden Laute u und o das Zeichen ů, für ä^{i} und e das Zeichen é, für ai, äi und ej das Zeichen æi. Die Transkription bietet daher folgendes Bild: fů:tĕr, gét, wæist. Die Aussprache hängt vom Lesenden ab. — Alles was nicht mit der besprochenen Erscheinung zu tun hat, wird in der Transkription im allgemeinen ohne Rücksicht auf die jiddische Orthographie phonetisch wiedergegeben. Einiges wurde bei der gemeinsamen Schreibung nicht berücksichtigt, um die Schrift nicht zu kompliziert zu gestalten.

6. Die folgende Ergänzungstabelle enthält die Angabe der in der Haupttabelle nicht berücksichtigten Aussprache des o-Dialekts.

Zeichen	Aussprache
אַ	Kurzes ungespanntes a, ungefähr wie a in ‚Land'. — Vor ŋ wird es wie ײַ (siehe unten) ausgesprochen.
אָ = א	Kurzes ungespanntes o, ungefähr wie o in ‚doch'.
ו = וּ	Kurzes ungespanntes u, ungefähr wie u in ‚Mund'.
ו	1. halblanges gespanntes e und kurzes gespanntes i, ungefähr wie e, i in ‚geh' ich', schnell und zusammenhängend gesprochen. 2. kurzes ungespanntes o, ungefähr wie o in ‚doch'.
ִי = י	Gespanntes i, ungefähr wie i in ‚spielen', aber kurz.
ײ	Halblanges gespanntes e und kurzes gespanntes i, ungefähr wie e, i in ‚geh' ich', schnell und zusammenhängend gesprochen.
ױ	Kurzes ungespanntes o und kurzes gespanntes i, ungefähr wie eu in ‚Eule'. — In einem Teil des Dial. wie kurzes gespanntes u und kurzes gespanntes i, ungefähr wie ui in ‚pfui'.
ײַ	Kurzes gespanntes a und kurzes gespanntes i, ähnlich wie ei in ‚weit'.

Zeichen	Aussprache
ײ̤	Halblanges gespanntes e und kurzes gespanntes i, ungefähr wie e, i in ‚geh' ich', schnell und zusammenhängend gesprochen.
ע = עַ	Ungespanntes ä, wie ä in ‚Märchen', aber kurz. — Vor ײַ wird es wie ײ̤ (vergl. oben) ausgesprochen.
ע	In Nebensilben: 1. Ganz kurzes gespanntes i, ähnlich dem e in ‚getan'. — 2. Vor *ch*: kurzes ungespanntes a (vor r: wie gewöhnliches ע). — 3. Nicht ausgesprochen; bezeichnet die silbische Funktion von ל und נ.

Die Konsonanten werden, wie in der Haupttabelle angegeben, gesprochen. Nur ש, זש und טש werden in einem Teil des Dialektes wie s, z und c ausgesprochen.

7. Akzent. Der dynamische Wortakzent behält auch bei der Flexion seine Stellung bei (Ausnahme s. P. 39, I 2 b u. III 1)

Lange Vokale haben sehr oft neben dem Haupt- noch einen leichten Nebenakzent.

Sowohl in der Silbe als auch im Worte, namentlich aber im Satz tritt ein tonischer Akzent ziemlich stark hervor.

8. Man beschäftige sich aufs eingehendste mit der Lese- und Lautlehre und eigne sich durch oft wiederholtes Lesen aller Beispiele, Übungen usw. eine möglichst große mechanische Fertigkeit im Lesen — und später auch im Schreiben — an. Das Lesen ist mit lauter Stimme vorzunehmen.

9. Leseübung:

אַ א דאָ דו האַ ווּ: אַוואו אַזאַ טו אט נאט גוט
git got ot ti: aza' awi:' wi: ha di: dů: o a

הוט זאַט טוט גיט אַבי: אַהי: די: ווי: זי: אַזוי טויט בויט
bout toit azoi' zi: wi: di: ahi:' abi:' git ti:t zat hit

בוי הויט בײַט ווײַט זײַט אײ גײט הײ ווײ זײט טײט יאָ
jo: tæit zæit wæi hæi gæit æi zát wát bát hout bou

אַיאָ וויאָ כוואַט דאַכט דאַך דאך זאַך וואך לאַך לאך לויט
łoit ło*ch* ła*ch* wo*ch* za*ch* do*ch* da*ch* da*ch*t *ch*wat wjo ajo:'

לויט לײַט לײַכט בילט בלוט גלײַך ווילט אײַל בײַל גאל
gał bál ál wilt glá*ch* blit bilt lá*ch*t lát łout

דיל הולטאַי היל הײל וויל ווײַל זאל זײַל מאַך מאָל מאָלט
mů:lt mů:ł ma*ch* zál zoł wáł wił hæil hi:ł hi'ltai . dil

מיל	מויל	מײַל	לאָמט	בוים	לאָם	נאָך	נאָך	נאָל	ני	ניט	
mi:ł	moul	máł	łů:mt	boim	łů:m	noch	nů:ch	nů:ł	ni:	nit	
נויט	נײַט	וואַנט	ווינט	וואוינט	ווײַנט	האַנט	הונט	זינט	טינט		
noit	næit	want	wint	woint	wæint	hant	hint	zint	tint		
און	אין	בין	בין	בײַן	גײַן	דין	דין	דײַן	האָן	הון	אַהין
in	in	bin	bi:n	bæin	gæin	din	di:n	dán	hů:n	hi:n	ahi:'n
וואוין	ווײַן	ווײַן	זין	זין	זײַן	טון	לוין	מאַן	מאָן	מײַן	מײַן
woin	wán	wæin	zin	zi:n	zán	ti:n	łoin	man	mů:n	mán	mæin
נײַן	נײַן	טונק	אומזיסט	ביסט	בײַסט	גאַסט	גיסט	גיסט			
nán	næin	tink	imzi'st	bist	bást	gast	gist	gi:st			
גײַסט	הוסט	הײַסט	וויסט	ווײַסט	זײַסט	טוסט	יוסט	מיסט	ניסט		
gæist	hi:st	hæist	wi:st	wæist	zæist	ti:st	jist	mist	ni:st		
אויס	באַס	ביס	גאַס	גאס	גיס	דאָס	הוס	הײַס	וואָס	ווײַס	
ous	bas	bis	gas	gos	gi:s	dus	hi:s	hæis	wus	wás	
ווײַס	זיס	נאַס	נוס	ניס	ניס	עט	עסט	בעט	געסט	העט	
wæis	zi:s	nas	nis	nis	ni:s	et	est	bet	gest	het	
הענט	וועל	וועט	מעסט	בע	בעט	זעסט	מעל	געבעט	געהאַט		
hent	wel	wet	mest	be	bét	zést	méł	gėbé't	gėha't		
געזונט	געטון	געמאָלט	אַלע	טופּע	כוואַליע	דערזען	דערצײלט				
gėzi'nt	gėti:'n	gėmů:'łt	a'łė	ti'pė	*ch*wa'ljė	děrzé'n	děrcæi'łt				
הענטלעך	ניסלעך	פּאַס	פּלויט	פּען	זאַפּט	זופּט	זיפּט	טאַפּט			
he'ntłě*ch*	ni'słě*ch*	pas	płoit	pen	zapt	zipt	zi:pt	tapt			
טופּען	פּויפּס	אָפּ	טאָפּ	ליפּ	פֿאַלט	פֿאַן	פֿאָך	פֿול	פֿון	פֿײַן	
ti'pėn	poips	ůp	top	łip	fałt	fan	fo*ch*	fił	fin	fán	
פֿע	געפֿינט	האָפֿט	לויפֿט	האָף	הויף	לויף	צאַפּ	צאָל	צאָן		
fe	gėfi'nt	hoft	łoift	hof	hoif	łoif	cap	cu:ł	cu:n		
צײַט	צעפּ	איצט	הײַצט	היץ	ווײַץ	טוץ	קאַן	קאָפּ	קאָכט		
cát	cep	ict	hæict	hic	wæic	tic	kan	kop	ko*ch*t		
קאָן	קוקט	קען	באַקט	דאַנקט	זעקס	באַק	אַוועק	ראָסע	רוט		
ků:n	kikt	ken	bakt	dankt	zeks	bak	awe'k	ro'sė	rit		
רויט	אַראָפּ	אָרט	דראָט	פּאַרע	פֿאַר	שאַט	שול	שוין	שײַן		
roit	arů'p	ort	drů:t	pa'rė	far	šat	ši:ł	šoin	šæin		
שפּין	שרויף	דישעל	וואַשט	קושט	מעש	זשאַווער	סאַזשע				
špin	šrouf	di'šł	wašt	kišt	meš	ža'wŏr	sa'žė				
פּאַטשט	קאַטשקע.										
paŏt	ka'ŏkė										

10. Die Schreibschrift sieht folgendermaßen aus (die Reihenfolge derart, wie das Alphabet hergesagt wird):

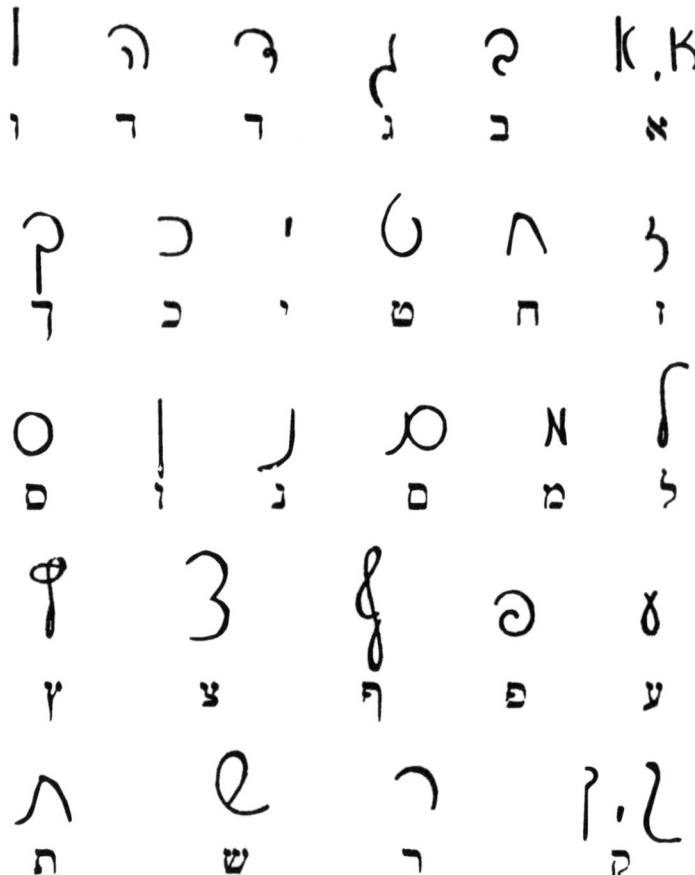

Beim Schreiben darf man nicht außer acht lassen, daß natürlich auch die einzelnen Buchstaben von rechts nach links geschrieben werden, das Mem also z. B. umgekehrt wie das ähnlich geformte N. — Das Verbinden der Buchstaben eines Wortes miteinander wird nicht allgemein geübt, sondern es herrscht das Nebeneinanderstellen ohne Verbindung vor. Gewisse Buchstaben können nicht verbunden werden, und zwar manche nicht mit dem vorhergehenden, manche nicht mit dem folgenden Buchstaben, manche nach beiden Richtungen nicht.

11. Das Abteilen am Zeilenende geschieht phonetisch, nach Sprechsilben: טו - פע, גע - טון.

12. Man übe die vorangegangene Leseübung durch Nachschreiben ein, hierauf schreibe man die Transkription ab und stelle daraus nach einiger Zeit den jiddischen Text her, den man nach dem Original kontrolliert.

13. Man übertrage folgende Wörter in jiddische Buchstaben und kontrolliere das Geschriebene nach dem Wörterverzeichnis:

wæin es gełt gest he*ch*t wełt wen zet géł dém zét zén gėbé't gėła'*ch*t *ch*apt sa'pėt pi:ps tap tep fů:n fĭnt fi:s fouł łift naft żæif ti:f cop cĭm cĭpt ce*ch* cæin cen błict zict zect nect zec tac pĭc kałt ka'sė kon ko'sė kĭm kĭmst koit koił kouł ká*ch*t akt błaŋ̯kt gėbe'ks wæikt mekt bik głok hak tok kĭk ra'sė rip roim rá*ch* ræin hart worf wo'rėm mara'nc fort kræi ha:r nor ša šał šaf šafė šos šok šůf šwæis šit ši:s šif šik šoit šois šán šłe*ch*t šłept šełt šept mišt našt ništ rešt šĭ'škėt aš waš wiš weš tiš fiš kiš błi'ščėn.

Spezielles zu Orthographie und Aussprache.

14. a) Bei -על in nicht drucktragender Silbe wird der Vokal nicht ausgesprochen, sondern zeigt nur die silbische Funktion des ל an: הענטעל hentł. (Man beachte, daß, anders als im Deutschen, ł auch in der Verbindung rł silbisch ist). — b) Aussprache des nicht drucktragenden -עלע (daneben -אַלע): -ałė, auch -ełė: הענטעלע (daneben הענטאַלע) he'ntałė, auch he'ntełė.

15. Bei -ען, -ן, -ענ- in nicht drucktragender Silbe wird a) der Vokal im allgemeinen nicht ausgesprochen, sondern zeigt nur die silbische Funktion des נ an: וועלען wełn, קווײַטען kwæitn, לאזען łozn. (Man beachte, daß das נ, anders als im Deutschen, auch nach ר silbisch ist: שפּאַרען sprich špar-n, nicht šparn oder špar-rėn.) Nach *ch*, g, (*g*), k wird das n als ŋ̯[1]), nach b und p als m ausgesprochen: זאָגענדיגען zů'gŋ̯diŋ̯, שטעכען štechŋ̯, רוקען rikŋ̯, לעבען łébm, שעפּען šepm. — b) Das ע ist dagegen n i c h t stumm: nach Vokal, Diphthong, in der Flexion silbischem ł, m, n, ŋg, ŋk und in bestimmten Wörtern: מיִען mi:'ėn, שטײַען štæi'ėn, שאקלען šo'kłėn (nicht šokłn oder šokł-ėn), נעמען ne'mėn, קאָנען ko'nėn, זאַנגען za'ŋgėn (nicht wie deutsch ‚sangen' = zaŋ̯ėn), טונקען ti'ŋkėn; קאַפּען ka'pėn.

---

[1]) Wie ŋ̯ wird נ auch v o r g und k gesprochen: אָנקוקען ů:'ŋ̯kikŋ̯, אָנגעכאַפּט ů:'ŋgė*ch*apt, אין גאַנצען inga'non.

16. -יכ- a) in drucktragender Silbe ist -ech- zu lesen (o-Dial. ich): ליכט łecht; b) in Nebensilbe -ĕch-: גליקליכע głikłĕchė. — Ein ĕ tritt auch zwischen ל oder ר und כ auf: מײַלכעל (מײַלעכעל) má'łĕcht, מארך (מארעך) marĕch. — (Im o-Dialekt kommt dieses ĕ nur zwischen Diphthong und ר vor.)

17. Zwischen einen Diphthong oder einen langen Vokal und ch, r wird oft ein noch mehr verkürztes ĕ eingeschoben (außer zwischen ů:, á und ch.) Dieses ĕ ist hier meist so kurz, daß es nicht als Vokal einer eigenen Silbe empfunden wird; dann wird es mit ' bezeichnet; tritt es deutlicher hervor, so wird es durch ĕ ausgedrückt: ישו־ ši:'ch (ši:'ĕch); ציִכעל ci:'chł (ci:ĕchł); הויך hoiĕch, hoi'ch; הײך hæiĕch, hæi'ch; נאַר na:'r; יאָר jů:'r; פֿור fi'r, fi'ĕr; שפּירט špi:'rt, špi:'ĕrt; פֿאַרלויערען fartoi'ĕr-n, fartoi''r-n; טויער toi'ĕr, toi'r; זויער zou'ĕr, zou'r; טײַער tá'ĕr, tá'r; זײַער zæi'ĕr, zæi'r; טרעָר tré'r, tré'ĕr.

18. Zwei gleiche Konsonanten — außer ב, ג, ד, װ, ז und זש —, die in benachbarten Silben desselben Wortes oder zweier ohne Pause aufeinanderfolgender Worte zusammentreffen, werden nur einfach gesprochen: א טראכט טון a tra'chtł:n, זאל לײַכטען zołá'chtn, אײַננעמען á'nemėn, פֿארורקען fari'kn.

19. Die stimmhaften Konsonanten ב, ג, ד, װ, ז und זש werden in folgenden Fällen stimmlos ausgesprochen (Bezeichnung: *b, g, d, w, z, ž*):

I. Am Ende eines kleineren oder größeren Sprechabschnittes: לײַג łæig, לײַג - אהין łæig ahi:'n. (Im o-Dialekt ist dies nicht der Fall.)

II. a) Infolge Assimilation an nachfolgenden stimmlosen Konsonanten im selben oder ohne Pause anschließenden Worte oder Silbe: לײַגט łæigt, זאָג שוין zů'gšoin. Vor gleichartigem stimmlosen Konsonanten ergibt sich also P. 18: זאָג קינד zů'kind. b) Infolge Assimilation an vorangehenden stimmlosen oder stimmlos gewordenen Konsonanten im selben oder ohne Pause vorangegangenen Worte. Diese Assimilation ist aber bloß bei ז allgemein, bei ב, ג, ד und זש dagegen tritt sie nur ein, wenn der vorangehende Konsonant gleicher Art (*b*p, *g*k, *d*t, *ž*š) ist; es ergibt sich dann P. 18 [1]); bei פֿ unterbleibt sie meist vollständig: עק זאל ekzoł = eksoł; נעמט זי nemtzi = nemci; קאָפּ ברענט kop*b*rent = koprent, װעט דאך wet *d*och = wetoch usw. — Ist zwischen den beiden Lauten eine Pause vorhanden, so findet keine Assimilation statt: עק - זאל ek - zoł, װעט - דאך wet - doch usw.

---

[1]) Das פ der Vorsilben אפּ, אראפּ kann durch Assimilation an jeden folgenden Konsonanten verschwinden: אָפּרײַסען ů'prásn oder ů'rásn, אָפּבײַסען ů'pbásn = ů'pásn oder ů'básn.

20. Steht ‛ oder : in drucktragender Silbe vor ז, זש, ס und ש, so ist der Zischlaut palatalisiert zu sprechen: ז wird dz, זש wird dž, ס wird c, ש wird č: אונזער ĭ'ndzěr usw.

21. -ור- in drucktragender Silbe ist meist in der ai-Mda. als -or-, in der äi-Mda. als -er-, im o-Dialekt als -ur- zu sprechen. דורך dorěch, derěch, durch. Manchmal -אר- geschrieben.

22. Leseübung (s. P. 8):

גארטעל דרײדעל צעטעל מעסערעל; ישליסעלע קעצעלע
ke'całė šłi'sałė me'sěr-ł cetł dræidł gartł

װינטעלע קאפאלע קעפאלע. — האלטען װאזען גיסען פילען
fi:łn gi:sn wázn hałtn — ke'pałė ka'pałė wi'ntełė

הײװען טישען פארדארען קארען, פארען; שלאגען לאכען אנטפלעקען
antpłe'kn̥ łachn̥ štugn̥ fů:r-n ko:r-n farda:'r-n tišn hæiwn

גיבען כאפען, קראען טױען פליען שרײען דרײען פרױען זעען
zé'ėn frou'ėn dræi'ėn šrá'ėn fłi:'ėn ti:'ėn krů:'ėn chapm gibm

צוברעקלען מאנדלען קומען נעמען שװאמען קענען מאנען
ma'nėn ke'nėn šwa'mėn né'mėn kĭ'mėn ma'ndłėn cĭbre'kłėn

מאנען דרינגען צװאנגען געגאנגען בלאנקען קרענקען קראנקען
kra'ŋkėn kre'ŋkėn bła'ŋkėn gėga'ŋgėn cwa'ŋgėn dri'ŋgėn mů:'nėn

טרינקען. — פארריכטען אומגעריכט קיך. — מײדעלעך גליקליך
głi'kłěch mæi'dałěch — kech ĭ'mgėrecht fare'chtn — tri'ŋkėn

פרײליכע; מילך שארך. — ביך זוכען טוך ביכעל קריכען
kri:'chn̥ bi:'chł ti:'ch zi:'chn̥ bi:'ch — šo'rěch mi'łěch fræi'łěchė

בויך רויך בלײך װײך ישנור פרירט געפרוירען מער בויערען
boi'ěr-n mér gėfroi'ěr-n fri:'rt šni:'r wæi'ěch błæi'ěch roi'ěch bou'ch

טרויערען זײערען מײערען. — דערנאך כאפט, ארום מעסטען,
arĭmestn děrnů:chapt — mæi'ěr-n zá'ěr-n trou'ěr-n

שטיפפאטער. — גיב אויג רעד פרואוו מײז איש; גלײב - און.
głæib ĭn až maz pri:w red oig gib — šti:fů:těr

שטארבט גראב טיף דערװעגט זאג צו בלינדס פרואווט
pri:wt błinds zůgci: děrwégt grůb ti:f štarbt

א פרואוו טון מוזט ליב פערעל אין אויג קוקען גערעדט א רעד טון
a retĭ:n gėret ınoi'kĭkn̥ łi:pé'r-ł mizt a pri:wtĭ:n

פרואוו פון מוז סאפען לאז שײנען. — לויב זײ שטופ זײ שטיפזון
šti:fzĭ:n štĭpzæi łoibzæi — łošánėn mĭsapėn pri:fĭn

מײז װענען אויסזאגען אש זײן שטאפט זיך גיסט זי פרײט זיך
fræicěch gi:sci štopcěch ašzán ousůgn̥ másenėn

אװעקגײן װאלט דיך גלײב מיר לאז בלײבען. — העלזער קילם
ki:łc hełdzěr — łozbłábm głæibmir wołtěch awekæin

פאלש אונז פענסטער מענש, מענטש. — טורעם פורעם שטורעמװינט.
štorėmwint forėm torėm — menč fenctěr ĭndz fałč

23. Schreibübung (wie P. 12).

24. Schreibübung. Zu übertragen (wie P. 13):

bintł tempł łi:dł pu:r-ł. — liftałė nézałė pekałė błicn giłdn mestn pri:wn ho:r-n zu̇gn̮ machn̮ ekn̮ łébm šłepm. — błů:ėn rĭ:ėn ci:ėn zæiėn gæiėn gėtrouėn kindłėn brémėn šwimėn woinėn kræinėn ánšłiŋgėn breŋgėn gėziŋgėn áŋ-gėziŋkėn gėtroŋkėn błoŋkėn. — šrekłĕ*ch* błůłĕ*chė*; kałĕ*ch*. — farzĭ:'*cht* šĭ:'*chŋ* ki:'*cht* oiĕ*ch* græi'*cht* dĕrhæi'*cht* špi:'r-n ůŋgėwoiĕr-n šéĕr-ł; pouĕr dráĕr šłæiĕr. — fełdzn rełcn fełčn gendzł manc winčn.

HbA. Orthographie.

25. Die Orthographie, die der Leser bisher kennen gelernt hat, unterscheidet sich im Wesen nicht von der ihm aus den übrigen europäischen Sprachen vertrauten. So wie bei diesen gibt es nur e i n e Art von Buchstaben für alle dargestellten Laute der Sprache, also keinen Unterschied in der Bezeichnung von Konsonanten und Vokalen. Letzteres ist nun der Unterschied, der für die Orthographie jenes Teiles des jiddischen Wortschatzes gilt, welcher aus dem HbA.[1]) stammt und welcher seine Herkunftsorthographie beibehalten hat. Für diese ist es charakteristisch, daß ein Wort eigentlich nur mit seinen Konsonanten geschrieben wird (in ihnen liegt nämlich in den semitischen Sprachen der Wurzelbegriff, der sich durch verschiedene Vokale zu Wörtern und ihren Flexionsformen gestaltet): דרך ‚drch' Weg; die Vokale fügt der Leser selbst hinzu: dé'rĕ*ch*. Erst in späterer Zeit wurden gewisse Konsonantenbuchstaben auch für manche lange Vokale mitbenützt, und dann ein diakritisches Vokalsystem in Anwendung gebracht. In diesem finden auch die kurzen Vokale Darstellung, jedoch nicht durch eigene Buchstaben, sondern durch Striche und Punkte bei den dem Lautzeichen vorausgehenden Konsonanten. Übrigens werden diese Vokalzeichen bis heute verhältnismäßig nur sehr wenig benutzt. Die jiddische Orthographie der Wörter hba. Herkunft zeigt die Neigung, die Hilfskonsonanten stärker anzuwenden. Dies hat seine Ursache darin, daß sich die ehemaligen Quantitätsverhältnisse in vielen Belangen nicht wenig geändert haben. Die erwähnte Tendenz scheint — wohl aus ähnlichen Gründen — schon in früher

[1]) Hebräisch-Jüdischaramäisch.

Zeit bestanden zu haben. Auf ihr beruht die Transkription der indogermanischen Sprachen in hebräische Lettern.

26. Folgende h b a. V o k a l z e i c h e n kommen für unseren Zweck in Betracht. Ihre Gestalt ist dem Lernenden meist schon aus der ersten Tabelle, wo sie die Rolle von diakritischen Zeichen an Vokal- und Diphthongbuchstaben spielen, bekannt.[1])

Zeichen	Aussprache wie	Name des Lautes	Zeichen	Aussprache wie	Name des Lautes
ָ	1. אָ 2. א	kůméc	ֵ	ײֵ	cæiré
וֹ, (ֹ)	1. ײ 2. א	*ch*oilėm	ִ, יִ	1. י 2. יִ	*chi*:rėk
ַ	1. אַ 2 ײַ	pa:sě*ch*	וּ, (ֻ)	1. ו 2. וּ	mėlipm (ši:rėk)
ֶ	1. ע e 2. עֶ	ségl	ְ	1. ע ė (2. stumm)	šwů:

27. Vor einer Erläuterung der obigen Tabelle sind einige Bemerkungen vonnöten. — Die hier behandelte Aussprache des HbA. ist die der weitaus überwiegenden Mehrheit des jüdischen Volkes, nämlich der Ostjuden und Westjuden. (Natürlich ist sie hier nur in ihrer besonderen ostjüdischen Gestalt behandelt.) Sie unterscheidet sich erheblich von der ursprünglichen. Das ganze Lautsystem hat eine bedeutende Veränderung durchgemacht: der Leser lernt hier seine endgültige Gestalt kennen, soweit sie fürs Jiddische in Betracht kommt. Der wichtigste Wandel ist die allgemeine Verschiebung des Wortakzents von der letzten auf die vorletzte Silbe. Die Folge des Akzentverlustes für die der neuen Akzentsilbe vorangehenden sowie für die folgende Silbe war die Schwächung ihrer Vokale oder Diphthonge.[2])

---

[1]) Von den Konsonanten kommen in den Wörtern hba. Herkunft, unter den in der Tabelle aufgezählten die Zusammensetzungen זש, טש, לי, ני nicht vor, dagegen treten n u r in ihnen auf: כּ, שׂ, ת, תּ, ע (im Gebrauch von א-Vokaleinsatz), ח im Auslaut.

[2]) Der ganze § 27 ist änderungsbedürftig. Aber leider wissen wir über die Vor- und älteste Geschichte der aschkenasischen Entwicklung fast gar nichts.

Doch haben sich neben der heutigen Aussprache Reste der ehemaligen erhalten; ich habe folgende Erscheinung im Auge: Der Vorbetende oder der die Heilige Schrift Rezitierende spricht die Buchstaben des hba. Textes wohl nach ihrem heutigen Lautwert aus und gibt regelrecht der vorletzten Silbe den dynamischen Akzent, aber er schwächt die Vokale der anderen Silben nicht ab — z. B. koi'łois, nicht koi'łės — und bleibt auch sonst im Einklang mit dem durch die Orthographie dargestellten Lautzustand, z. B. mėłech, nicht mæiłěch; šoi'mri:m, nicht šo'mrėm. Beim Rezitative des Thoravortrages, teilweise auch beim Singen der Gebete erhält die ehemalige Akzentsilbe dadurch und durch tonischen Akzent, den er ihr verleiht, ein bedeutendes Gewicht: koi'łōis.

Diese Erscheinung ist sehr wichtig. Denn in ihr hat sich an der Hand der alten Orthographie das Bewußtsein der früheren Aussprache — wenn auch nur zu einem kleinen Teile — erhalten. Übrigens wird die geschilderte „historische" Aussprache oft nur in den wichtigsten Worten eines Satzes beachtet und der Rest fast wie im Jiddischen ausgesprochen. Bei gewöhnlichem Lesen, Studieren, Zitieren usw. des HbA. oder bei der Verwendung der aus dem HbA. stammenden Wörter als Bestandteile des Jiddischen wird die „historische" Aussprache n i e gebraucht. Innerhalb des Jiddischen hat also n u r die gewöhnliche Aussprache als die „richtige" zu gelten. Diese muß sich der Lernende aneignen; die Vokalisierung wurde für ihn demgemäß gestaltet: Nicht קוֹלוֹת, שׁוֹמְרִים, פַּחַד — sondern קולות, שומרים, פּחד.

28. In mehrsilbigen Wörtern ist der Vokal der Silbe (Silben) n a ch dem Akzent ein ė: פָּחד pa*chėd*. Das ė verschwindet vor ł und n, welche die silbische Funktion übernehmen, מַבול mabł, חָתן *ch*ů:sn, גָאון gů:n[1]); dagegen bleibt es vor ł, wenn ihm ein ł oder n, und vor n, wenn ihm ein ł, n oder r vorangeht: בַּטלן batłėn, חַקרן *ch*akrėn, זוללֿ zoiłėł.

29. Bezüglich der Silbe v o r dem Akzent — in mehrsilbigen Wörtern — lassen sich drei Fälle unterscheiden: 1. Ihr Vokal, resp. Diphthong ist geschwächt: תַּלמִידים tăłmi:'dėm, הוֹסָפה hŏisů'fė, oft schon ė: מַתָּנה mătů:'nė, mėtů:'nė. — 2. Ihr Vokal ist ė oder ě, ausgedrückt durch šwů: : לְבָנה łėwů:'nė. — 3. Ihr Vokal ist ausgefallen: ספָרים sfů:'rėm.

30. Bezüglich des Vokals i n der Akzentsilbe gilt folgendes:

---

[1]) Gleichzeitig verstummt ein voranstehendes ה, z. B. כּהן koin, קָהל ků:ł.

ָ Die reguläre Aussprache ist û, und zwar meistens lang: הַבְדָּלָה hawdû:'łė, לָשׁוֹן łû:šn, שָׁגְעוֹן šigû:'n[2]). Kurz ist es meist vor בּ, ג, ו(w), וו, ה, כ, מ, פ, ק, z. B. נְדָבָה nėdû'wė, נָגִיד nûg'ėd, בְּרָכָה brû'*ch*ė, נְקָמָה nėkû'mė, צָפוֹן cûfn, צְדָקָה cdû'kė. — ָ ist kurzes o in geschlossener Silbe[3]) und langes o vor י: כָּל koł, בִּזָּיוֹן bizo:'jėn.

וֹ, ist oi in offener Silbe[4]): סוֹדוֹת soi'dės, שׂוֹנֵא so'nė, שְׁלֹמֹה šłoi'mė. In geschlossener Silbe[3]) ist es kurzes o: סוֹד sod, קוֹל koł. Dieser Fall sei deutlichkeitshalber vermerkt: סוֹד (o), קוֹל (o).

ַ ist meist kurzes a: מַזָּל mazł, חַבֵר *cha*'wěr. Vor א[2]), ע, ה und י ist es á, resp. a:;[5]) mit den beiden ersten oft nasaliert, vor g, k von ŋ gefolgt: מַאכל má*ch*ł; נַאווה ga:wė, gáwė, דַאגה da:ŋgė, dágė; טַענה táně, מַעשׂה ma:sė, másė; הִתלַהֲבוּת hisła:'wės (o-Dial. -łaha'w-); חַיה *ch*ájė.

ֶ (manchmal ֵי) ist e in geschlossener Silbe[3]): אֶתרוג esrėg. In offener Silbe é: טֶבֶע téwė. In einigen Fällen ist es auch in offener Silbe e: אֶמת emės (weil eigentlich ֱ: e: אֱמֶת).

Analog dem ו und י wird in diesem Buch das hba. i: und i: durch ִי und ִי.[2]) dargestellt: דִין din, דִינִים di:nėm, סגוּלה sgïłė, בתוּלה *b*sï:łė. — Das kurze i wird sehr oft nur geschrieben: שדוך (שידוך) šiděch.

31. Manchmal kommt auch im nicht-hba. Element des Jiddischen eine hba. Schreibart vor, indem nämlich die jiddischen Vokalbuchstaben die

---

[2]) Da die hba. Vokalzeichen immer mit den vorhergehenden Konsonantenzeichen verbunden sein müssen, so kann man natürlich nicht schreiben: גַאוָן, מַאכל, דִינִים.

[3]) Dazu gehören auch a) jene ehemals geschlossenen Silben, auf deren konsonantischen Auslaut ein Vokal mit eigenem Einsatz folgte. Heute sind es offene Silben, da infolge des Verschwindens des Vokaleinsatzes der Auslaut der vorangehenden zum Anlaut der folgenden Silbe geworden ist. Doch wirkt die frühere Geschlossenheit noch nach: שׂוֹנאִים sonėm (aus son-ėm). b) Wenn Auslaut und Anlaut dieser Silben gleich sind, so wird zwischen beide ein ė, ě eingeschoben: מְשׁוֹררים mėšorěrėm.

[4]) Dazu gehören jene ehemals offenen Silben, die heute dadurch zu geschlossenen wurden, daß die folgende Silbe vokallos und ihr Anlaut zum Auslaut der früher offenen wurde. אוֹתיוֹת oi's-jės (aber auch noch oi'-si-ės), אוֹצרוֹת oi'c-rės (aber auch noch oi'-cě-rės).

[5]) Begründet in den ursprünglichen Formen: אַ, עַ, עָ, עֵ, הַ, הָ (die zwei letzteren im o-Dialekt aha'). — Ebenso ist ursprüngliches ֲ im Wortinnern nach ח verstummt: מַחֲנֶה ma*ch*nė.

Rolle von hba. Vokalhilfsbuchstaben spielen: דאַ statt דאָ, מײד statt מיד. (Natürlich ist der Ursprung der jiddischen Vokalbuchstaben in einem derartigen Gebrauch als bloße Vokalträger zu suchen.)

32. Wo der **Wortakzent** nicht die vorletzte Silbe trifft, ist dies vermerkt. Siehe auch P. 7.

33. **Leseübung** (s. P. 8).

כָּבוֹד נָבִיא הַשָׂגָה בָחוּר בִטָחוֹן חָכָם מַלְאָכִימלעך

matů'chėmlěch chůchėm bitůchn̥ bůchěr hasůgė nůwė kůwėd

שָׂכן שָׂכנטע חַכָמִים מִלחָמות תָמיד סָפק חַלָקים

chałůkėm sůfėk tůmėd mitchůmės chachůmėm šů'chn̥tė šůchn̥

זָקן הַפסָקה חַטָאים צנאה גָדול בָטל חַרָטה

charů:tė bů:tł gů:dł cwů:ė chatů:ėm hafsůkė zůkn̥

פָטור גָלות חָלום חָלומען קָהלשע אַלמָנה בַּדחָניש

badchů:niš ałmů:nė ků:łčė chů:'łėmėn chů:łėm gů:łės pů:těr

פָנים אָסור חָסיד פַרנָסה טָעות מְשוּגָעים שָׂעהענוויַז

šů:'ėnwáz mėšigů:ėm tů:ės parnů:sė chů:sėd ů:sěr pů:nėm

תָעֲנית רָצון זִכָּרון חַדָרים קָרוב בַקָשה • חַדָשים

chadů:šėm baků:šė ků:'rėw chadů:'rėm ziků:'r-n rů:cn tů:nės

כָּשר פָשוטער יָתומל חָכמה קָרבן נִסָיון אורה

oi:'rěch niso:jėn korbm chochmė jů:'sėmł pů:'šėtěr ků:šěr

אַפיקורס אותיות זִכרונות חודש יְסודות מוציא מורא

moi'rė moicė jėsoidės choidėš zěchroinės oisjės apikoi:'rės

מַשהלע עולם קונה קרובֿהשאַפט אות אַפיקורסים בוררים

bo'rěrėm apikorsėm os kroi'wėšaft koinė oiłėm moi'šałė

דור יְסוד יורשים מוצאי- עוף תוך מְחַבר מְכַבד

měchabėd měchaběr toch of moccė- joršėm jėso'd dor

חַבר אַוַדאי קדיש שדכנען עַזות שחרית פטרט

patěrt šachrės azės ša'dchėnėn kadėš awadė chawěr

פרַט מַלאך ים יַמען אַכסַניא הַרגענען מְפַרנס

mėfarnės ha'rgėnėn achsanjė jamėn jam małěch prat

קָשיא מַשא חַתונה דַאגה כְּדַאי שאלה אַחרַיות

achrájės šálė kėdá da:ngė, dágė cha'sėnė masė kašė

לְוָיה מְחַיה קָינם טהרה יַעקבֿ כַּעס כַּעסן מַערבֿ

márėw kásn kás jánkėw ta:rė kájėnc měchájė łėwájė

תַּענוג אֶבֿיון אֶפשר הָקדש חֶטא חֶשבון פּשטל תֵּל

tel pěetł chežbm chet hegděš efšěr ewjėn tánėg

חֶסד עֶרבֿ פּנימער אֵבֿר בּהֵמה גֵריב הֵפך
hæipěch gæirėm bėhæimė æiwėr pé'nėmėr é'rėw chéséd

חֵדר כּדַי עֵסק פּסחדיג שֵׂכל אַפּילו בּנין
binjėn afiłė sæi'chł pæi'sěchdig æisėk kėdæi' chæiděr

יישובֿ ניגון, נגון עיקר שׂנאה אַסיפֿה גבֿיריש חסידות חסידיש
chsi:diš chsi:dės gwi:'riš asi:fė sinė ikěr nigņ jišėw

יִחוס עֲשירות אומה אֶמונה זכות יְרושה מְשונענער פּעולה
piłė měši'gėněr jěrišė zchis eminė imė aši:'rės ji:'chės

ישותּף בּוישה בּטוח מְחויבֿ רוח תּבֿואה תּשובֿה
či:wė twi:ě ri:ěch měchijėw bėti:ěch, bėti:'ch bi:šė šitėf.

Schreibübung (wie P. 12).

34. Wie aus den Beispielen ersichtlich ist, gelten die Aussprachebemerkungen P. 14—21 auch hier. Bezüglich der Schreibung ist zu bemerken, daß על, (ע)לע, ען oft ל, לע, ן mit vorhergehendem Apostroph geschrieben werden.: יתומ'ל, אומה'לע, דאנה'ן, פטר'ן (dagegen nach נ immer ען: שדכנ'ען). Durch Apostroph werden auch sonst oft Wortteile hba. Herkunft von den anderen getrennt: ישעה'ענווין, פּנימ'ער.

Zu P. 16 a: נִכבד nechbėd. — Zu P. 19, Anm. gehören regressive Assimilationen wie הֶקדש hegdės, חֶשבון chežbm, usw. — Zu P. 21: חורבֿה chorwė, cherwė, churwė, usw.

35. Leseübung (s. P. 8).

דער הימל איז בלאָ, לויטער און אַ פּיצעל וואלקען. די זון
zin di wo'łkņ pi'cł a ú:n łou'těr błú: iz hi'mł děr

בּראָט, סמאַלעט, עס ווייעט נישט קיין ווינטעלע, מען פּילט
fi:'łt mėn wi'ntałė kæin ništ wæi'ėt ės sma'łėt brú:t

נישט קיין ליפּטעלע. די תּבֿואה אויף די פעלדער, די בּיימער אין
in bæi'měr di fe'łděr di of, ouf, af twi:'ė di łi'ftałė kæin ništ

די וועלדער שטייען ישטיל ווי צונעקאוועט, קיין שאקעל אַפּילו
afi'łė šo'kł kæin ci:'gėkowėt wi štił štæi'ėn we'łděr di

זיך נישט צו טון. קי אויף דער פּאַשע ליגען מיד, אויסגעשטרעקט
ou'sgėštrekt mi:d łi'gņ pa'šė děr of ki: ti:n ci ništ zěch

די העלזער, שאקלען צוויילען די אויערען, קייען און מעלה-גרהן,
אנדערע גראָבען אונטער זיך די ערד מיט זייערע הערנער, שאַרען מיט

di he'łdzěr, šo'kłėn ciwá'łn di oi'ěr-n, ká'ėn in máłėgæi'rėn.
a'nděrė grúbm i'ntěr zěch di é'rd mit zæi'ěrė he'rněr, ša:'rėn mit

די קאָפּעטעס און רעוועס, שרײַען פֿאַר גרויס הויז. דער בוהאַי פֿאַרדרײַסט דעם עק, לויפֿט גאַלאָפּ, וואַרפֿענדיג דעם קאָפּ אין אַלע זײַטען, שטעלט פּלוצלים זיך אַנידער, אָנגעבוינען דעם שטערען האַרט צו דער ערד, שמעקט, פֿאָכט מיט די נאָזלעכער, לאָזט אַרויס אַ ברומען, סאָפּעט און דרינעט מיט די פּיס. לעבען אַן אַלטער, אויסגעקרימטער און האַלבפֿאַרדאַרטער ווערבע, איבערגעשפּאַלטען אין דער העלפֿט אַמאָל פֿון אַ דונער, שטייען פֿערד, איינער אויפֿ'ן אַנדערען פֿאַרלייגט די קעפּ, צו מאַכען באַטיש עפּעס אַ שאָטען, און שמײַסען מיט די וויידלען, פּטור צו ווערען, ווי ס'איז, פֿון די בייזע פֿליגען. אויף אַ צווײַגעל אין דער הויך ווינט זיך אַ סאָראָקע, אויסזעענדיג פֿון דער ווײַטענס ווי אָנגעטון אַ ווײַס טליתל מיט פּאַסען תּכלת פֿאַרענט, און דאַווענט, שאָקלענדיג זיך. זי בוקט זיך, פֿאַלט תּחנון מיט'ן קעפּעל, שפּרינגט אַ ביסעל אונטער, אַ קליין קראַקעלע געבענדיג אַ פּאָר מאָל, בלײַבט דערנאָך ווײַטער שטיין אָן לשון, שטרעקט אויס דאָס העלזעל און קוקט, גלאָט אַזוי, אין דער וועלט אַרײַן, מיט פֿאַרשלאָפֿענע אייגעלעך. — אויף דעם גאַנצען וועג איז שאַ־שטיל, מען זאָל דאָס הערען ערגיץ אַ שאָרך, אַ פּיפּס, מען זאָל דאָס זען פֿליענדיג ערגעץ אַ פֿייגעל, נאָר קאָמאַרען, מיקען טראָגען ווי די רוחות זיך אין דער לופֿט אַרום, פֿליען טאַנצענדיג פֿאַרבײַ די אויערען, טוען אַ גרילץ, אַ זומשע, אײַנרוימענדיג עפּעס אַ סוד און באַלד טאַקע מאַרש ווײַטער; נאָר צווישען הוי, צווישען תּבֿואות דאָרט, שמוצערען די גרילען, זומען, צימבלען און נייען מיט די טאַצען . . . ס'איז הײס, ס'איז שטיל, וואונדערליך שיין. שאַ! גאָטס באַשעפֿעניש רוען . . .

(מענדעלע מוכר ספֿרים)

* *
*

מען באַדאַרף וויסען, וואָס הייסט אַזוינס ביי אַ יונגעל פֿאָרען, בכדי צו פֿאַרשטיין הערשעלעס האַרץ בײַם קלויבען זיך אין וועג אַרײַן. גליקליכער פֿון אים איז אויף דער גאַנצער וועלט נישט געווען אין דעם טאָג, ווען ער האָט זיך צוגעגרייט פֿאָרען דאָס ערשטע מאָל אין זײַן לעבען אין אַ פֿרעמדער שטאָט אין איינעם מיט די עלטערען. לייזער־יאַנקעליכע האָט זיך אויך נאָכגעשלעפּט. געהייסען האָט עס, זי פֿאָרט אויף קבֿר־אָבֿות, נאָר באמת האָט עס געשמעקט מיט אַ געשעפֿטעל, אויך מיט אָנקוקען, דאַכט זיך, עפּעס אַ חתן, פֿאַר ציפּע־סאָשע אָדער פֿאַר עטמעצען אַנדערש — דאָס איז שוין איר זאַך, קיינעמס עסק נישט. און בכדי אויסצושלאָגען די הוצאות, האָט זי מיטגענומען אַ ביסעל סחורה, אָפּצוזעצען עס

di ko'pėtės in re'wėn, šrá'ėn far grois hic. děr buhai' fará'st dėm ek, łoift gało'p, wa'rfndig dėm kop in ałė zá'tn, štełt płi'cłėm zěch ani'děr, ů:'ŋgėboigŋ dėm šté"r-n hart ci děr é'rd, šmekt, focht mit di nů:'złechěr. łozt arou's a bri'mėn, sa'pėt in dri'gėt mit di fi:s. łé'bm an a'łtěr, ou'sgėkrimtěr in ha'łbfarda:'rtěr we'rbė, i'běrgėšpałtn in děr hełft amů:'ł fin a di'něr, štæi'ėn fér'd, æi'něr ofn a'nděr-n farłæi'gt di kep, ci ma'chŋ choč epės a šů:'tn, in šmá'sn mit di wæi'dłėn. pů:'těr ci wé"r-n, wi: siz, fin di bæi'zė fłi'gŋ. of a cwá'gł in děr hæi'ěch wigt zěch a soro'kė, ou'széėndig fin děr wá'tns wi ů':ŋgėtin a wás ta'łėsł mit pa'sn tchæi'łės fo:'r-nt, in da'wnt, šo'kłėndig zěch. zi bikt zěch, fałt ta'chnėn mi'tn ke'pł, špriŋgt a bi'sł i'ntěr, a kłæin kra'kałė gé'bmdig a pů:'r mů:ł, błábt děrnů:'ch wá'těr štæin ů:n lů:'šn, štrekt ous důs he'łdzł in kikt głat azoi', in der wełt ará'n, mit faršłů'fėnė æi'gałěch — of dėm ga'ncn wég iz ša štił, mėn zoł důs hé'ěr-n e'rgėc a šo'rěch, a pi:ps, mėn zoł důs zén fłi:'ėndig e'rgėc a foi'gł, nor koma'r-n, mi'kŋ trůgŋ wi di ri:"chės zěch in děr łift ari'm, fłi:'ėn ta'ncndig farba' di oi'ěr-n, ti:ėn a grilc, a zi'žė, á'nroumėndig e'pės a sod in bałd ta'kė marš wá'těr; nor cwišn hæi', cwi'šn twi'ės dort, šmi'cěr-n di gri'łn, zi'mzėn, ci'mbłėn in gæi'ėn mit di ta'cn . . . siz hæis, siz štił, wi'nděrłěch šæin. ša! gots baše'fėnis ri:'ėn . . .

(me'ndałė moi"chěr sfů:"rėm)

*   *
*

men bada'rf wisn, wůs hæist azoi'ns ba a jiŋgł fů:'r-n, běchdæi' ci farštæi'n he'ršałės harc bam kłoubm zěch in wég ará'n. głi'kłěchěr fin i:m iz of der ga'ncěr wełt ništ gėwé'n in dėm tůg, wen er ot zěch ci:'gėgræit fů:'r-n důs é"ršté mů:ł in zán łébm in a fre'mděr štů:t in æi'nėm mit di e'łtěr-n. łæi'zěr-já'ŋkėłěchė ot zech oi'ch nů:'chgėšłept. gėhæi'sn ot ės, zi fů:'rt of kæi'wěr-ů'wės, nor bėe'mės ot ės gėšme'kt mit a gėše'ftł, oi'ch mit ů:'ŋkikŋ, dacht zěch, e'pės a chů:sn, far ci'pė·so'šė o'děr far é'mėcn a'nděrš, důs iz šoin i:'r zach, kæi'nėms æi'sėk ništ, in běchdæi' ou'soištůgŋ di hoiců:'ės, ot zi mi'tgėfi:'rt a bi'sł schoi"rė, ů'pcizecn ės

Schreibübung wie P. 12.

אין גליַיכען[1]) געלט דארט, אין ג'. אונזער[2]) הערשעלען[3]) האט זיך[4]) געדאַכט,
אז ג' איז ערגעץ[5]) אין עק וועלט עפעס, לעבען[6]) די הָרי=חושך,[7]) יואו[8])

דער הימעל[9] לאזט זיך[10] אַראָפּ, און דער טאָג[11] פֿאַרצײַ[12] אַהינצו[13] װעט זיך ציִען לאַנג,[14] זיך גאָרניט אױסלאָזן.

עס פֿאַרשטײט זיך, אַז מיט אַ נאַכט פֿריִער[15] האָט הערשעלע קײן אױג נישט געקענט צומאַכן, זיך געװאָרפֿן אױף[16] זײַן געלעגער פֿון אײן זײַט אױף דער אַנדערער, טראַכטענדיק[17] אַלץ פֿון׳ם גרױסן גליק, װאָס אים שטײט פֿיר[15]. עס האָט אים זיך געדאַכט, װי גאַנץ נ׳ שטײט אַצינדער[18] און קוקט אַרום אױף זײַן טאַטן,[19] אַלע אין אײן קול[20]: װאו איז ער, רבי[21] לײזער־יאַנקעל, װען קומט ער, רב לײזער־יאַנקעל? אַ מעשה[22], אַ מעשה! נאָך איז נישטאָ רב לײזער־יאַנקעל! און פּלוצלים װערט אַ גרױסע פֿרײד, אַ גדולה[23] — רב לײזער־יאַנקעל פֿאָרט![24] רב לײזער־יאַנקעל איז שױן געקומען![25] ער איז נישט אַלײן, ער האָט מיטגעבראַכט אױך זײַן בחורל,[26] אַ כּלי שלמה![27] עס איז אַ צונױפֿלױפֿעניש, אַן ערדטרעטעניש[28], מען שלאָגט זיך איבער דעם טאַטן מיט דעם קינד, איטליכער רײַסט זיך צו זײַ[29] אױף אַכסניא,[30] אױף װאַרעמעס, אױף אַ קערמישעל.[31] מען טײַט אױף זײַ פֿון דער װײַטן מיט די פֿינגער:[32] אָט זענען זײַ, אָט גײען רב לײזער־יאַנקעל מיט זײַן בחורל! זײַ שטעלן אױס אַ שטיקעל, אַ „נעריצך״,[33] זינגען אַ מאַרש, אַ װאַלעכעל,[34] פֿאַרבײַסן מיט אַ קלײזאַנער בעטלער — און דער עולם װערט משונע,[35] שפּרינגט אױס דער הױט, הערענדיק אַזױנס.[36]

קוים װאָס הערשעלע האָט דערלעבט טאָג, איז ער געשװינד אױפֿגעשטאַנען, אָפּגענאָסן נעגעלװאַסער, געכאַפּט דאָס תּפֿילין־זעקעלע,[37] דורך[38] װעלכען[39] זײַנס[41] דאָס מזל[40] איז אים אַזױ דערהײבט געװאָרן, און געלאָפֿן אין בית־מדרש,[42] אין דער גיך אָפּדאַװענען[43]. אױסער דעם האָט ער טאַקע נאָך געהאַט עטליכע נײטיגע[44] געשעפֿטלעך,[45] װעלכע ער האָט באַדאַרפֿט פֿאַר׳ן[46] אױסקלאָרן[47] מיט זײַנע חברים[48] דאָרט אָפּאַרבעטן. די חברים זענען אױך באַצײַטנס[49] געקומען אין בית־מדרש אַרײַן, װײַל דער חודש אלול,[50] װי איטליכען איז באַקאַנט, איז איבערהױפּט אַ צײַט, װען פֿאַר יונגלעך שטעלט זיך דער גרױסער יריד,[51] און אַבי[52] געזונט, מיט אַרבעט האָט מען ניט צו זאָרגן, געשעפֿטן זענען ברוך־השם,[53] דאָ איבער׳ן[54] קאָפּ: מען באַדאַרף דערטאַפּן מיט קונצן דעם שופֿר[55] און זיך פּרואװן בלאָזן אונטערװײַלעכץ דאָרט אין דער װײַבערשער שול: דערבײַ מוז מען פֿירען[15] די גאַנצע תּכסיסי־מלחמה[56] מיט דעם שמש,[57] װאָס ער איז דעגנסטמאָל[58] דערצערנט און בײז װי ציען רוחות.[59] אױך באַדאַרף מען זײַן אױפֿ׳ן הײליגען[60] אָרט, אױפֿ׳ן פֿעלד, ס׳איז דאָך דאָרטען עפּעס דאָ אַ בױם מיט כּל־נדרי־באַרלעך.[61] הײַנט איז דאָך אױף דער װעלט עפּעס אױך דאָ אַ װעלדעל מיט ניסבײמער, ערשט צײַטיג געװאָרענע,[62] מען מוז גײן רײַסן, אָנשטאָפּן פֿולע פּלודערן.[63] געלױבט איז גאָט, װאָס אונטער אַזאַ צײַט מיט אַזױפֿיל װיכטיגע[44] געשעפֿטן איז מען נאָך באַטש פֿרײַ, פּטור[64] פֿון לערנען[65] . . . הערשעלע האָט געקוקט שטאַלץ

אויף זײַנע חבֿרים אַרום אום[66]) און פּאָליש פֿונ'ם בית־מדרש, טראַכטענדיג
בײַ זיך:[67]) אויך מיר מענשען, מעשטײַנס געזאָגט, זײַ בלײַבען דאָ און
איך[68]) — איך[69]) פֿאָר! מען זאל אים דענסטמאָל געװען זאָגען, אַ
שטײַנער: הערשעלע! דער פּריזק[70]) שענקט דיר דאָס גאַנצע שטעטעל
קבצנסקי[71]) מיט זײַן שלאָס, אַבי בלײַב דאָ, פֿאָר נישט — װאלט ער
געשפּיגען קלעק און נישט געװאלט אַפֿילו הערען. — ער ניצזעגענט זיך
מיט חבֿרה[72]) און לאזט זיך גײן לעבעדיג, פֿרײליך.[73])

(מענדעלע מוכר ספֿרים)

1) ingłá'*ch*n̨ — 2) indzěr — 3) he'ršałėn — 4) ot *zěch* — 5) e'rgėc — 6) łébm — 7) hů:rė-*ch*oi'šě*ch* — — 8) wi: — 9) himł — 10) *zěch* — 11) tů*g* 12) fů:'r-n — 13) ahi:'nci — 14) ci:'ėn łan*g* — 15) i:'r — 16) of, ouf, af — 17) di*g* — 18) aci'n*d* — 19) tatn — 20) koł — 21) reb l... — 22) ma:sė, másė — 23) gėdi'łė — 24) fů:rt — 25) mėn — 26) bů'*ch*ěr-ł — 27) kæi'łė štæi'mė — 28) cinoi'fłoifėniš, é''rtrétėniš — 29) ci'*zěch* — 30) a*ch*sa'njė — 31) ke'rmišł — 32) fi'n̨gěr — 33) nári:'co*ch* — 34) wů:'łě*ch*ł — 35) měši'gė — 36) hé''r-ndi*g* azoi'ns — 37) twi'łn-zekałė — 38) de'rěch, do'rě*ch*, dur'*ch* — 39) we'łě*ch*n̨, we'łě*ch*ė — 40) mazł — 41) zánc — 42) bėsme'drėš — 43) gi:'*ch* ů'pdawėnėn — 44) i*g*ė — 45) gėše'ftłě*ch* — 46) far-n — 47) fů:'r-n — 48) *ch*awæi'rėm — 49) bacá'tns — 50) *ch*oi'dėš e'łėł — 51) jěri:*d*, jěri'*d* — 52) abi:' — 53) běrchėše'm 54) i'běr-n — 55) šoi'fěr — 56) ta*ch*si:'sė mił*ch*ů'mė — 57) ša'mės — 58) de'nctmů:ł — 59) ri:''*ch*ės — 60) i*g*n̨ — 61) kołni'drė-ba:rłě*ch* — 62) cá'ti*g*ėwo:rėnė — 63) płi:'děr-n — 64) pů:'těr — 65) łé''rėnėn — 66) ari'mėm — 67) ba'*zěch* — 68) é*ch*, e*ch*, i:'*ch* — 69) ě*ch* — 70) pů:''rėc — 71) ka*b*canck — 72) *ch*e'wrė — 73) łé'bėdi*g*, fræi'łě*ch*

Schreibübung: Die Transkription ist selbst herzustellen. Dann wie P. 12. Nun nehme man noch einmal die ganze Lese- und Lautlehre durch!

Formenlehre.

Substantiv.

I. Deklination.

36. Das Substantiv besitzt keine Kasuszeichen, außer im Genetiv, der aber auch ohne ein solches gebildet werden kann.

	Akk.[1])	Dat.	Gen.	Nom.	
Sohn	זון	זון	זונס oder זון .. פֿון	זון	Sing.
	זין	זין	זינס oder זין .. פֿון	זין	Plur.

1) Im o-Dialekt gibt es keinen Akkusativ. Dies ist auch beim Adjektiv und Pronomen zu beachten.

Bei unbelebten Dingen wird der Genetiv mit ס (der s-Genetiv) im Singular weniger als bei belebten, im Plural nur sehr selten gebraucht. — Ferner ist er meist ungebräuchlich, wenn ein Wort auf einen Zischlaut ausgeht, was namentlich im Plural häufig der Fall ist.

II. Deklination.

37. Diese Deklination betrifft nur den Singular der folgenden zehn Worte sowie gewisser Namen. Sie besitzt außer der Genetivform auch eine Dativ- und Akkusativform. Im Gegensatz zum s-Genetiv tritt n u r diese Form auf. Die Endung ist ן-, resp. ען-.

a) Die Wörter טאַטע ‚Vater‘, זיידע ‚Großvater‘, רֶבּי ‚Rebbe‘, ‚Lehrer‘, מענש ‚Mensch‘ und ייִד (ji:*d*) ‚Jude‘ bilden den Genetiv von der Dativ-Akkusativform, z. B. Nom. טאַטע, Gen. טאַטענס oder טאַטען ... פֿון, Dat. טאַטען, Akk. טאַטען.

Hierher gehört auch האַרץ ‚Herz‘, Gen. האַרצענס oder האַרצען ... פֿון, Dat. האַרצען oder האַרץ, Akk. האַרץ. Ebenso לײַט, das aber gewöhnlich nach der I. Deklination ohne Kennzeichen erscheint. — Ferner werden derart die Personennamen gebeugt, die auf einen Zischlaut ausgehen: Nom. פֶּרץ, Gen. פֶּרצענס oder פֶּרצען פֿון, Dat. פֶּרצען, Akk. פֶּרצען.

Schließlich ist hier die substantivische Adjektivdeklination (P. 50, II) anzureihen.

b) Die Worte מאַמע ‚Mutter‘, באַבע, באָבע ‚Großmutter‘, מומע ‚Tante‘ bilden den s-Genetiv von der Nominativform und haben keine Akkusativform. Nom. מאַמע, Gen. מאַמעס oder מאַמען ... פֿון, Dat. מאַמען, Akk. מאַמע.

Ebenso werden alle nicht auf einen Zischlaut ausgehenden Personennamen flektiert, nur daß der Akkusativ dem Dativ gleich ist: Nom. טרײַנע, Gen. טרײַנעס oder טרײַנען פֿון, Dat. טרײַנען, Akk. טרייַינען; Nom. בָּרוך, Gen. בָּרוכס oder בָּרוכען פֿון, Dat. בָּרוכען, Akk. בָּרוכען.

38. Bezüglich des G e s ch l e ch t s sei erwähnt, daß Wörter mit den Bildungssilben -קייט, -ות, -עניש, -ערײַ, -עכץ, -שאַפֿט, -ונג und -ניצ immer Neutra[1]) sind: גוטסקייט ‚Güte‘, גָלות, ‚Exil‘, װאָגלעניש ‚Umherirren‘, שוסטערײַ ‚Schusterhandwerk‘, חַבֿרשאַפֿט ‚Kameradschaft‘, צייכענונג ‚Zeichnung‘, נעקעכץ ‚Speise‘ טועכץ ‚Tätigkeit‘

39. P l u r a l. Nach der Bildung des Plurals lassen sich sieben Gruppen von Substantiven unterscheiden.

I. Endung (ו)ת und (ע)ס:

[1]) Im o-Dialekt gibt es kein Neutrum.

1. ת und ס. Ersteres in hbr. Orthographie, dabei wird statt ה und א des Singulars ein ו geschrieben. חופה — חופות ‚Traubaldachin‘, מומע — מומעס ‚Tante‘, כוואַליע — כוואַליעס ‚Welle‘, זייגער — זייגערס ‚Uhr‘, וואלקען — וואלקענס ‚Wolke‘, איידעם — איידעמס ‚Schwiegersohn‘.

2. ות und עס. — a) Der Akzent bleibt an derselben Stelle: רוח — רוחות ‚Geist‘, ראַק — ראַקעס ‚Krebs‘. Ein ė, ĕ der letzten Singularsilben fällt manchmal aus: אוצר — אוצרות oic(ĕ)rės ‚Schatz‘. Auch Vokalwechsel kommt vor: קול (o) — קולות ‚Stimme‘, טשוואָק — טשוועקעס ‚Nagel‘. b) Der Akzent verschiebt sich auf die vorletzte Silbe des Plurals, die als letzte des Singulars ė oder ein silbisches ł oder n enthielt, und die nun einen vollen Vokal resp. Diphthong bekommt. Der Vokal (Diphthong), der im Singular drucktragenden Silbe gestaltet sich nach P. 29: חָלום — חֲלומות ‚Traum‘, לָשון — לְשונות ‚Sprache‘, סָפק — סְפֵקות ‚Zweifel‘.

II. Endung ען-, n oder ėn, nach Maßgabe von P. 15: קוואַל — קוואַלען ‚Quelle‘, נחת — נחתען ‚Freude‘, שָעה — שָעהען ‚Stunde‘, שניי — שנייען ‚Schnee‘, נאָדעל — נאָדלען ‚Nadel‘.

III. Endung ים:

1. Es finden Verschiebung des Akzents und Vokalwechsel statt, wie oben I, 2, b. Nach dem Vokal, resp. Diphthong der Akzentsilbe sind sieben Gruppen festzustellen: ů ... חודש — חֲדָשים ‚Monat‘. i ... תֵרוץ (terėc) — תרוצים. i: ... נָביא — נְביאים ‚Prophet‘. oi ... גיבור — גיבורים ‚Held‘. æi ... טלית — טַליתים ‚Gebetmantel‘. a ... חָתן — חֲתָנים ‚Bräutigam‘. Einsilbige verschiedener Bildung ... צד — צְדָדים ‚Partei‘, ‚Seite‘.

2. Der Akzent wird nicht verschoben. Dabei erleidet der Vokal resp. Diphthong

a) eine Veränderung, meistens verursacht durch den Ausfall eines ė der letzten Singularsilbe, wodurch sich die Silbe schließt: סוחר — סוחרים (o) ‚Kaufmann‘. Einsilbige: פרט — פְרָטים ‚Einzelheit‘.

b) keine Veränderung: פויער ‚Bauer‘ — פויערים; meistens verschwindet dabei ein ė der letzten Singularsilbe und silbisches ł und n wird unsilbisch. מְלַמד mėła'mėd — מְלַמדים mėłámdėm ‚Lehrer‘, שוטה šoitė — שוטים šoitėm ‚Narr‘.

IV. Umlautung. Der Vokal resp. Diphthong der Stammsilbe ändert sich folgendermaßen: a wird e, o — e, ů, ů: — é, i, i: — i, i:, oi — æi, ou — á. באַרג — בערג ‚Berg‘, קאָפּ — קעפּ ‚Kopf‘, באָרד — בערד ‚Bart‘, שוך — שיך ‚Schuh‘, פויגעל — פייגעל ‚Vogel‘, מויז — מייז ‚Maus‘.

V. Endung ער:

1. mit Umlautung des Stammvokals, resp. -Diphthongs: האַרץ — הערצער ‚Herz‘, קלאָץ — קלעצער ‚Kloß‘, פָּנים — פָּנימער ‚Gesicht‘, רוט — ריטער ‚Rute‘, בוים — בײמער ‚Baum‘, מויל — מײַלער ‚Mund‘.

2. ohne Umlautung: פֿאַרטעך — פֿאַרטעכער ‚Schürze‘.

VI. Die Form des Plurals ist der des Singulars gleich: אַרבעל ‚Ärmel‘, זעלנער ‚Soldat‘, װאָלקען ‚Wolke‘, פֿערד ‚Pferd‘.

VII. Endung ־עך (־אַך, ־יך):

Kommt nur nach ל vor; war dieses silbisch, so wird es durch die Endung unsilbisch und ein ע wird auch in der Schrift ausgestoßen: רענדעל — רענדלעך ‚Dukaten‘, פּאהלע — פּאהלעך ‚Schläfenlocke‘.

Bildung der Substantiva.

Folgende Bildungen werden noch entweder in ihrer Besonderheit gefühlt oder lebend gebraucht:

40. I. Grundform (manchmal Perfektpartizipstamm) des Verbs: ברען ‚Glut‘ (abstrakt), קלונג ‚Klingeln‘, ‚Läuten‘, ענטפֿער ‚Antwort‘; באַטרעף ‚Betrag‘, פֿאַרלאַנג ‚Forderung‘, ‚Wunsch‘. — Der Infinitiv: לײענען ‚Lektüre‘. — Eigene Bildung: גאָב ‚Gabe‘, צולאָג ‚Zugabe‘.

41. II. Adjektiva: געזונט ‚Gesundheit‘.

42. III. Zusammensetzung. Den Hauptakzent hat das bestimmende Wort. Es steht voran: קהל־שטיבעל ‚Gemeindestube‘, טויטשלעגער ‚Totschläger‘, זײגערמאַכער ‚Uhrmacher‘, דם־שונא ‚Todfeind‘, אָסיענצײַט ‚Herbst(zeit)‘, בײַזאַך ‚Nebensache‘, קעשענע־גנב ‚Taschendieb‘. — Es steht als zweites: זכות־אָבות ‚Verdienst der Väter‘, שכר־לימוד ‚Unterrichtsgeld‘.

43. IV. Bildung mittels Vor- und Nachsilben.

־אום Un-: אומכּבוד ‚Unehre‘. Zieht den Akzent auf sich.

־גע Ge-, Inf.: געװײן ‚Weinen‘.

־קײט[1]) -keit; -heit, -e, -sein, -ung, -schaft, -ut, -tum, -ismus: אָרעמקײט ‚Armut‘, גוטסקײט ‚Güte‘, פֿאַרגליװערטקײט ‚Starre‘; צוטראָגענקײט ‚Zerstreutheit‘. — ־ות -heit usw. s. oben: יקרות ‚Teuerung‘.

־עניש -nis, -sel, Inf., -ung, -e: רעטעניש ‚Rätsel‘, פֿינסטערניש ‚Finsternis‘. Nach r und é bloß ־ניש: ציטערניש ‚Zittern‘, ·מחיהניש ‚Vergnügen‘. Silbisches ł wird unsilbisch: װאָגלעניש ‚Umherirren‘.

־ערײַ -erei: שוסטערײַ ‚Schusterhandwerk‘. Trägt den Akzent.

־עכץ, ־עכטס Ge-, -ei, -ung usw. קלאָגעכץ ‚Gejammer‘, שאָלעכץ ‚Schale‘ (v. Vegetabilien).

־שאַפֿט -schaft, -heit: קלוגשאַפֿט ‚Klugheit‘.

---

[1]) o-Dialekt: kait.

-ונג -ung usw.: פֿירונג ‚Benehmen'.

-יע (-jė) -ie: טעאָריע (tėorjė) ‚Theorie', רעדאַקציע (rėdakcjė) ‚Redaktion'.

-יזם -ismus: סאָציאַליזם ‚Sozialismus'. Trägt den Akzent.

-נע- und -ערײַ Ge- und -e: געזינגערײַ ‚Gesinge'.

-ער, -אר (ĕr) -er: בעקער ‚Bäcker', בלעכער ‚Klempner', דאָקטער, דאקטאר ‚Arzt'. — -ערען (-ערין) -erin: טוקערין ‚Badefrau'.

-אָרער -er: אַרבעטאָרער ‚Arbeiter'. -אָרען (-אָרין): קימפּעטאָרען ‚Wöchnerin'.

-טע -in, -erin: חַבֿרטע ‚Freundin'.

-קע -in: לערערקע ‚Lehrerin', גאָלדמאַנקע ‚Frau Goldmann'.

-ניק -er usw.: קלויזניק ‚der sich im Studierhaus Aufhaltende', פּאַסקודניק ‚ekelhafter Mensch', שלימזלניק ‚Pechvogel', ‚ungeschickter Mensch'. — -ניצע Fem. dazu: שלימזלניצע.

-יכע -in: לײַזעריכע ‚Frau Leiser'.

-אַק, -ניאַק -ler: פֿרומאַק ‚Frömmler', טרֵיפֿניאַק ‚Treife-Esser'. — -אַטשקע Fem. dazu. טרֵיפֿניאַטשקע. Trägt den Akzent.

-יסט -ist: קאַפּיטאַליסט ‚Kapitalist'. — -יסטקע, -יסטען (-יסטין) Fem. dazu: מאָדיסטקע (מאָדיסטין) ‚Modistin'. Trägt den Akzent.

-שי -chen: Koseform bei Verwandtenbezeichnungen auf ė-Vokal: מומעשי ‚Tantchen'.

-עניו, -ניו[1] (-עניאָ, -ניאָ) -chen: Koseform bei einsilbigen und zweisilbigen, auf Vokal ausgehenden Verwandtenbezeichnungen und bei גאָט: גאָטעניאָ ‚lieber Gott'.

-ינקע -chen, Koseform: מאַמינקע ‚Mütterchen'.

-קע -chen, Koseform: ברודערקע ‚Brüderchen'.

D e m i n u t i v u m.

44. Die Verkleinerungsform — die im Jiddischen eine sehr wichtige Rolle spielt und ungemein häufig auch dort angewendet wird, wo es im Deutschen ungebräuchlich oder unmöglich ist — wird durch die Anfügung von silbischem ł (על, ל) gebildet. Dabei wird der Vokal resp. Diphthong eines einsilbigen Wortes, manchmal auch die Stammsilbe eines zweisilbigen Wortes, nach Maßgabe von 39, IV umgelautet. בעט — בעטעל ‚Bett', בָחור — בָחורל ‚Jüngling', זאַמד — זעמדעל ‚Sand', ראק — רעקעל ‚Rock', שטאָט — שטעטעל ‚Stadt', שטוב — שטיבעל ‚Haus', הויף — היפֿעל ‚Hof', בויך — בײַכעל ‚Bauch'.

1) sprich (ė)nju:

45. Der Plural wird nach 39, VII gebildet: טעלערעל — טעלערלעך ‚Tellerchen'; בעטלעך, זעמדלעך, רעקלעך, שטעֶטלעך, שטיֵבלעך, הײֵפֿלעך, בײַכלעך. Nur bei Substantiven der III. Pluralklasse wird zur Bildung des Deminutivplurals die Pluralform des Positivums benützt und an sie erst die Deminutiv- und die Pluralendung, also ־לעך, angefügt: חומש — חומָשים, Dem. חומשל — חומָשימלעך ‚Bibelbuch'. — Ferner die Ausnahme: קינד — קינדערלעך ‚Kind'.

46. I m m i n u t i v.

Ein Deminutiv stärkeren Grades und eine zärtliche Verkleinerung wird durch Verwandlung der gewöhnlichen Endung in ałė (auch ełė) gebildet: בעטעלע, זעמדאַלע, רעקעלע, שטעֶטעלע, שטיֵבאַלע, הײֵפֿעלע, בײַכאַלע. Plural: בעטאַלעך, זעמדעלעך, רעקאַלעך, שטעֶטעלעך, שטיֵבעלעך, הײֵפֿאַלעך, בײַכעלעך.

47. Gleichzeitig kommen beide Deminutive nur bei einsilbigen Wörtern vor. — Bei vokalisch auslautenden Wörtern fällt das gewöhnliche Deminutiv und der Imminutiv in des Form des letzteren zusammen: שטרוי — שטרײֵעלע ‚Stroh'. Ist der Vokal ein ė, so wird es als ה, ע in die Endung einbezogen: נְשָׁמה — נְשָׁמהלע ‚Seele', מומע — מומעלע, קאַטשקע — קאַטשקאַלע ‚Ente'. — Ebenso haben zwei- und mehrsilbige Substantiva keine Imminutivform, außer den zweisilbigen, auf silbisches ł auslautenden (die also im Positiv eine Deminutivgestalt haben): פֿויגעל — פֿײֵגעלע ‚Vogel'. Hier fallen die Bedeutungen des Deminutivs und Imminutivs zusammen. — Von manchen verkleinerungsfähigen Wörtern kommt kein Deminutiv, sondern nur der Imminutiv vor. קינד — קינדעלע, נאַר — נאַרעלע ‚Dummkopf', (Koseformen), קאַפּ — קאַפּעלע ‚ein bißchen'.

48. Wörter, die auf ן- auslauten, schieben vor die Endung ein ד ein: קרוין — קרײֵנדעל — קרײֵנדעלע ‚Krone'. Ist das n silbisch, so ist der Imminutiv unmöglich: חַזן — חַזנדעל ‚Vorbeter'. — Ein Teil dieser auf silb. n ausgehenden Substantiva bildet – manchmal neben der gewöhnlichen Form – das Deminutiv nach Abwerfung des n: שטעקן — שטעקעל ‚Stock', פֿלאקן — פֿלעקעל ‚Pflock'. Hier ist dann auch (ungeachtet der Mehrsilbigkeit des Positivs) der Imminutiv gebräuchlich: שטעקעלע, פֿלעקעלע. — Manchmal wird der Deminutiv regelmäßig und der Imminutiv nach Abwerfung des n gebildet: ניגון — ניגונדעל — ניגעלע ‚Melodie'.

49. Bei Substantiven, deren Akzentsilbe auf ל auslautet, lautet die Deminutivendung *ĕcht*- עכעל-, כעל- oder *ĕchn̦* עכען-: קול (o) — 1. קולעכעל (קולכעל) *kełĕcht*, 2. קולעכען *kełĕchn̦* ‚Stimme'; מ׳ל — 1. מ׳לעכעל (מ׳לכעל), 2. מ׳לעכען ‚Mühle'. Plural: 1. קולעכלעך (קולכלעך) *kełĕchłĕch*, מ׳לעכלעך und 2. קולעכער *kełĕchĕr*, מ׳לעכער.[1])

Adjektiv.

50. F l e x i o n. הויך ‚hoch'.

I. D e k l i n a t i o n.

Neutr. mit best.	Neutr. mit unbest. Artikel	Femin. mit best. oder unbest. Artikel	Maskul. mit best. oder unbest. Artikel	Sing.:
הויכע	הויך	הויכע	הויכער	Nom.
הויכען	הויך	הויכער	הויכען	Gen.
פון .. הויכען	פון .. הויך	פון .. הויכער	פון .. הויכען	Gen.
הויכען	הויך	הויכער	הויכען	Dat.
הויכע	הויך	הויכע	הויכען	Akk.

Plural für alle Geschlechter, ohne Artikel oder mit best. Artikel:

הויכע	Dat.	הויכע	Nom.
הויכע	Akk.	הויכע	Gen.
		פון .. הויכע	Gen.

II. (Substantivische) D e k l i n a t i o n.

Neutr. mit best.	Neutr. mit unbest. Artikel	Femin. mit best. oder unbest. Artikel	Maskul. mit best. oder unbest. Artikel	Sing.:
הויכע	הויכס	הויכע	הויכער	Nom.
הויכענס	הויכענס	הויכערס	הויכענס	Gen.
פון .. הויכען	פון .. הויכען	פון .. הויכער	פון .. הויכען	Gen.
הויכען	הויכען	הויכער	הויכען	Dat.
הויכע	הויכס	הויכע	הויכען	Akk.

Plural für alle Geschlechter, ohne Artikel oder mit best. Artikel:

הויכע	Dat.	הויכע	Nom.
הויכע	Akk.	הויכע	Gen.
		פון .. הויכע	Gen.

[1]) o-Dial.: Dem.: *kełcht*, *miłcht* — *kełchłach*, *miłchłach*. Dazu der Imnin.: *kełchełė*, *miłchełė* — *kełchełach*, *miłchełach*.

Anmerkung 1. Geht das Adjektiv auf ־ן aus, so verwandelt sich die Endung ען, ענם in עם, עסם; z. B. שײן ‚schön‘ — שײנעם, שײנעסם. Ebenso hat נײַ ‚neu‘ — נײַעם, נײַעסם.

Anmerkung 2. Geht das Adjektiv auf ־על aus, so fällt das ע in der Flexion aus: װאלװעל — װאלװלען.

Gewisse Adjektive sind unflektierbar, z. B. תּמעװאַטע ‚einfältig‘, פּטור ‚los‘. Ebenso Adjektive geographischer Namen mit der Endung ־ער, z. B. לעמבערגער ‚Lemberger‘.

Komparation.

51. Der Komparativ wird durch die Endung ער, der Superlativ durch die Endung סט gebildet: חָשובֿ — חָשובֿער — חָשובֿסט(ער), בלאָ — בלאָער — בלאָסט(ער). Endet das Wort auf einen Zischlaut, so ist das Superlativzeichen bloß ט: זיס — זיסט(ער).

52. Bei gewissen Adjektiven tritt Umlautung ein: a) נאָנט — נעָנטער — נעָנטסט(ער), פֿרום — פֿרימער — פֿרימסט(ער) usw. b) Bei einigen ist sowohl die umgelautete als die nichtumgelautete Form gebräuchlich, z. B. נאָנט — נאָנטער — נאָנטסט(ער). — c) Unregelmäßige Bildungen sind: הויך — העכער — העכסט(ער), גרויס — גרעסער — גרעסט(ער), קלײן — קלענער — קלענסט(ער), שײן — שענער — שענסט(ער). — d) Folgende bilden die Komparationsstufen von anderen Stämmen:

שלעכט ‚schlecht‘	— שלעכטער	— שלעכטסט(ער)	
„ „	— אַרגער	— אַרגסט(ער)	
„ „	— ערגער	— ערגסט(ער)	
גוט ‚gut‘	— בעסער	— בעסט(ער)	
‚meisten‘	—	—	מערסט(ע)
קלײן ‚klein‘	— קלענער	— קלענסט(ער)	
„ „	„	מינסט(ער)	

53. Die Flexion geschieht wie beim Positiv: גרינג ‚leicht‘: I. Deklination: גרינגערער — גרינגערען, פֿון ... גרינגערען — גרינגערען usw. II. Deklination: גרינגערער — גרינגערענם, פֿון ... גרינגערען usw. Superlativ: I. Deklination: גרינגסטער — גרינגסטען, פֿון ... גרינגסטען usw.

Wörter, die schon im Positiv auf ־ער ausgehen, z. B. טײַער ‚teuer‘, Komparativ טײַערער, können im Komparativ nicht flektiert werden. — Bei unflektierbaren Adjektiven werden die Komparationsformen beim Komparativ durch מער umschrieben.

54. Bildung der Adjektiva.

Durch Vorsilben: גע־ ‚ge-‘: געשמאַק ‚schmackhaft‘. — אומ־ ‚un-‘: אומרײַן ‚unrein‘; trägt den Akzent.

Durch Nachsilben: ־ינ ‚-ig‘: ליכטינ ‚hell‘. — ־דינ ‚-ig, -lich‘: שבתדינ ‚sabbatlich, Sabbat-‘. — ־עדינ ‚-ig, -sam, -haft‘: שרעקעדינ ‚furchtsam‘. — ־עוודינ ‚-ig, sam, -haft‘: שעֶמעוודינ ‚schüchtern‘, חֵנעוודינ ‚anmutig‘. — ־טשיק ‚-ig, -lich‘: קלײנטשיק ‚klein, winzig‘. — ־יש ‚-isch, -ig, -lich‘: דארפֿיש ‚dörflich‘, הינטיש ‚hündisch, ‚Hunde-‘. Nach ר in nicht drucktragender Schlußsilbe bloß ־ש: קינדערש ‚kindlich‘. — ־ליך (־לעך, ־לאַך) ‚-lich‘: גליקליך ‚glücklich‘. Bei Adjektiven hat dieses Suffix abschwächende oder vergemütlichende Bedeutung: קאַלטליך ‚kühl‘. — ־ישליך ‚-isch‘: יודישליך ‚echt jüdisch‘. ־ען und ־ערען ‚-en, -ern‘: בלעכען ‚blechern‘, הילצערען ‚hölzern‘. — ־ער ‚-er‘: קראָקעווער ‚Krakauer‘. — ־ינק(ע,ער) Koseform: טײַערינק(ע,ער) ‚teuerste, er‘. — ־אַטע, ־עוואַטע ‚-ig‘: הארבאַטע ‚bucklig‘, פֿאנפֿעוואַטע ‚schnaufelnd‘.

Durch Zusammensetzung.

Pronomen.

55. Personale:

Neutr.	Fem.	Mask.	2. Person	1. Person	Singular
	3. Person				
עס und סע, ס'	זיִ	עֶר	דו	איך und כ'	Nom.
פֿון איִם	פֿון איִר	פֿון איִם	פֿון דיִר	פֿון מיִר	Gen.[1]
איִם und ן'	איִר	איִם und ן'	דיִר	מיִר	Dat.
עס und סע, ס'	זיִ	איִם und ן'	דיך	מיך	Akk.
					Plural
	זײ		איִר	מיִר	Nom.
	פֿון זײ		פֿון אײַך	פֿון אונז	Gen.[1]
	זײ		אײַך	אונז	Dat.
	זײ		אײַך	אונז	Akk.

Höflichkeitsform ist der Plural der 2. Person. — מיִר, דיִר, עֶר, איִם, זיִ und איִר, lauten meist verkürzt מיר, דיר, ער, אים, זי und איר. Die Formen כ' und ס' mit ausgefallenem Vokal sind — sowohl vor

[1]) Genetivformen kommen in folgenden festen Verbindungen vor: 1. פֿון מײַנעטוועגן usw. (דײַנעט, זײַנעט, איִרעט, זײַנעט, אונזערט, אײַערט, זײערט). — 2. מײַנסגלײַכן usw. - 3. ווי מײַנער פּטור usw.

Vokalen als auch vor Konsonanten — ungemein häufig; bei דו, ער und זי findet der Ausfall ziemlich selten und nur vor Vokal statt: 'ד, 'ר und 'זי[1]).

Der Nominativ Plural der 1. Person lautet in der Konjugation der Umgangssprache häufig אונז (auch מיִר) mit später folgendem מיִר: ‚doppeltes Pronomen'. — In einem Teil des ai-Dialektes heißt der Plural der 2. Person: עץ — ענק — פֿאַן ענק — ענק, ענק, die Höflichkeitsform dagegen איִר usw.

56. Reflexivum. Im Genetiv, Dativ und Akkusativ stimmt das Reflexiv in der 1. und 2. Person Singular, sowie 2. Person Plural mit dem Personale überein, sonst lautet es זיך (Aussprache wie מיך). — Auch der durchgängige Gebrauch von זיך für alle Kasus und Personen kommt — namentlich im o-Dialekt — vor.

57. Possessivum. 1. Person: מײַן — אונזער, 2. Person: דײַן — אײַער[2]), 3. Person זײַן, איִר, זײַן — זײַער. Die Endung des Plural ist ־ע: מײַנע usw.

Das Possessiv kommt sowohl unflektiert als auch flektiert vor. Seiner adjektivischen Natur gemäß besitzt es zwei Deklinationen, die aber ihrem Wesen nach beide der II. Adjektivdeklination entsprechen.

I. Deklination.

Plural	Neutr.	Femin.	Maskul.	Sing.
זײַערע	זײַערעם	זײַערע	זײַערער	Nom.
זײַערע	זײַערען	זײַערער	זײַערען	Gen.
פֿון זײַערע	פֿון זײַערען	פֿון זײַערער	פֿון זײַערען	
זײַערע	זײַערען	זײַעריער	זײַערען	Dat.
זײַערע	זײַערעם	זײַערע	זײַערען	Akk.

Ebenso werden die übrigen Possessiva flektiert; wegen des Auslautes ־ן heißt es: מײַנעם, דײַנעם, זײַנעם usw.

Die II. Deklination stimmt mit der I. bis auf den ersten Genetiv überein, der זײַערענס — זײַערערס — זײַערענס lautet.

---

[1]) Die vokallosen Formen werden mit dem folgenden Wort zusammen ausgesprochen. — Aussprache von איך, מיך, דיך und איִם: ai-Mundart: é*ch*, i:'*ch*, ja*ch*; me*ch*, mi:'*ch*; de*ch*, di:'*ch*; ém. äi-Mundart: é*ch*, i:'*ch*; ebenso מיך, דיך: i:m. — o-Dialekt: i*ch*; mi*ch*; di*ch*; em. — Enklitische Aussprache für alle Mundarten: ě*ch*; mě*ch*; dě*ch*; ėm oder n.

[2]) Hier heißt es entsprechend: ענקער; Höflichkeitsform אײַער.

58. **Demonstrativum.**

דער ‚der, dieser' hat eine zweifache Flexion:

I. (Adjektivische) **Flexion.**

Plural	Neutr.	Femin.	Maskul.	Sing.
די	דאָס	די	דער	Nom.
די פון די	דעם פון דעם	דער פון דער	דעם פון דעם	Gen.
די	דעם	דער	דעם	Dat.
די	דאָס	די	דעם	Akk.

Die II. (substantivische) **Deklination** stimmt mit der I. bis auf den ersten Genetiv Singular überein, der דעמס — דערס — דעמס lautet.

Ebenso wird אָט דער und אָט אַ דער ‚dieser' flektiert. — דער דאָזיגער ‚dieser'; דער יעניגער ‚derjenige'; דער זעלבער, דער זעלביגער und דער אײגענער ‚derselbe' werden wie Adjektiva flektiert (דער s. P. 59). — יענער ‚jener', ‚der andere'; אַזוינער und אַזעלכער ‚ein solcher' wie die II. Possessivdeklination (im Singular kommt meistens das Neutrum vor). — אַזאַ, vor Vokal אַזאַן, ‚ein solcher' und אַ מין ‚solch' *Pl.* מיני sind unflektierbar.

59. **Artikel.** Der bestimmte Artikel stimmt mit dem Demonstrativum, I. Deklination, überein, nur sind die Vokale verkürzt: דער, די, דאָס usw.; statt פון דעם kann es auch פונ׳ם finèm heißen. — Der unbestimmte Artikel ist: Nominativ אַ — Genetiv אַ, פון אַ — Dativ אַ — Akkusativ אַ; vor Vokal אַן usw. — für alle Geschlechter. Plural gibt es nicht.

60. **Interrogativum.** ווער ‚wer' — וועמענס (וועמעס), פון וועמען — וועמען — וועמען. — וואָס ‚was' — פון וואָס — וואָס — וואָס. — וואָס פאַר אַ, וואָסער אַ, סאַראַ, וואָסער ‚was für ein', ‚welch' sind unflektierbar. — וועלכער ‚welcher' Possessivflexion.

61. Als **Relativum** werden die Interrogativa, und zwar meist וואָס, seltener וועלכער, auch ווער benützt.

62. **Indefinitum.** אַ יעדער und יעטווידער ‚jeder'; אײן ‚einer'; אַנדערער ‚anderer'; עטליכע ‚einige, etliche': diese werden wie Adjektiva flektiert. — איטליכער ‚jeder': Possessivflexion. — אַבי ווער, אַבי וואָס[1] ‚ein beliebiger, wer immer'. עמעץ oder עמעצער (auch אימעץ, אי-מעצער) ‚jemand'; יעדערער und יעדער אײנער ‚jeder'; קײן ‚kein': diese werden nach der II. Possessivdeklination flektiert. — Unflektierbar

[1]) פון im Genetiv vorangestellt: פון אַבי וועמען. — Für ‚beliebig' kommen noch vor ווער עס איז, וועלכער ס׳איז: Possessivflexion.

sind: גאָרני(ש)ט ‚nichts', עפּעס ‚etwas'; Verstärkung eines Nomens. מען, מע und ־ן (silbisch; nach Konsonanten) ‚man'; אַ סך ‚viel'; מער und מײַן ‚mehr'; ס'רובֿ (דאָס רובֿ) ‚die meisten'; ווײניג, ווינציג, קנאַפּ und קאַרג ‚wenig'; זיך ‚einander'; טײל — טײל ‚die einen — die andern'; אַבי וואָס פֿאַר אַ usw. ‚welch ... immer, beliebig'; אַלצדינג, אַלדינגם und גאָר ‚alles'. אַלץ und אַלדעם ‚all' (die Formen mit ד nur in bestimmten Verbindungen).

Plural	Singular	Plural	Singular
אַלע oder אַלדע	אַלדעם	אַלע	אַלץ
פֿון אַלע " פֿון אַלדע	פֿון אַלעם	אַלעמענס[1]) פֿון אַלעמען פֿון אַלעם[2])	פֿון אַלעמען פֿון אַלץ
אַלע " אַלדע	אַלעם	אַלעמען אַלע	אַלעם אַלעמען
אַלע " אַלדע	אַלדעם	אַלע	אַלץ

Numerale.

63. Grundzahlen.

17	זיבעצען	13	דרײַצען	9	נײַן	5	פֿינעף	1	אײנס
18	אַכצען	14	פֿערצען	10	צען	6	זעקס	2	צוויי
19	נײַנצען	15	פֿופֿצען	11	עלעף	7	זיבען	3	דריי
20	צוואַנציג	16	זעכצען	12	צוועלעף	8	אַכט	4	פֿיר

90	נײַנציג	70	זיבעציג	50	פֿופֿציג	30	דרײַסיג
100	הונדערט	80	אַכציג	60	זעכציג	40	פֿערציג

טויזענט 1000, מיליאָן Million, מיליאַרד Milliarde.

Bei zusammengesetzten Zahlen werden die Einer vor den Zehnern, sonst immer die größeren vor den kleineren dekadischen Einheiten genannt: אײן=און=צוואַנציג[3]) 21, הונדערט(=און)=אײנס 101; דרײַהונדערט 300; bis 1900 auch in Hunderten: צוועלעף=הונדערט=(און)=פֿיר=און=זעכציג, טויזענט=צווייהונדערט=(און=)פֿיר=און=זעכציג 1264.

Flexion. אײן[4]) ist unflektiert oder wird mit bestimmtem oder ohne Artikel nach der substantivischen Adjektivdeklination[5]), als Adjektiv mit bestimmtem Artikel nach der I. Adjektivdeklination flektiert.

[1]) Bloß für Menschen. — [2]) Bloß für Dinge.

[3]) Nach אײן und נײַן lautet beim Zahlwort און wie im. — [4]) Streng vom unbestimmten Artikel אַ zu unterscheiden. — [5]) Die Form des Zählens אײנס ist also das Neutrum dieser Deklination, ohne Artikel.

Die Zahlen von 2 bis 10 haben bei substantivischer Verwendung eine, allerdings nur selten gebrauchte Dativform auf ־ען: צווייען usw. (im o-Dialekt vollständige Flexion nach Substantivdeklination IIa). — Die Tagesstunde kann unter Auslassung des Wortes זייגער ‚Uhr‘ durch die Endung ־ען bezeichnet werden: נײַנען ‚neun Uhr‘.

Der Plural von איין ist איינע, von הונדערט und טויזנט ist הונדערטער und טויזנטער, von מיליאָן ist מיליאָנען.

64. Ordnungszahlen. ערשטער 1., צווייטער oder אַנדערער 2., דריטער 3., פֿערדער (פֿערטער) 4., פֿיפֿטער 5., זעקסטער 6., זיבעטער 7., אַכטער 8., von 9. bis 19. erhalten die Grundzahlen ohne Veränderung die Endung ־ט־, von 20. an die Endung ־סט־: נײַנטער, צוואַנציגסטער. — Die Zusammensetzung erfolgt wie bei den Grundzahlen; nur der letzte Bestandteil enthält die Ordnungsbezeichnung: הונדערט־(און־)פֿופֿצענטער 115. — Die Ordinalia werden als Adjektiva flektiert.

65. Bruchzahlen. האַלב ‚halb‘ wird als Adjektiv flektiert; statt אַ האַלבס kann es auch heißen אַ העלפֿט. — Die übrigen Brüche werden vom Ordinalstamm durch die Deminutivendung oder durch seine Verbindung mit חֵלק ‚Teil‘ gebildet: דריטעל — דריטחֵלק, צענטעל — צענטחֵלק; Plural דריטלעך — דריטחֲלָקים. — Zusammengesetzte Brüche werden auf zwei Arten gebildet: איין־(און־)אַ־האַלב und אַנדערטהאַלבן (oder אָנדערטהאַלבן); צוויי־(און־)אַ־האַלב oder דריט־האַלבן, דרײַ־(און־)אַ־האַלב oder פֿערטהאַלבן usw. Als Zahlen: איינס און אַ האַלבס 1½ usw.

66. Distributiva werden durch Verbindungen von צו mit den Grundzahlen gebildet: צו צוויי ‚je zwei‘.

Wiederholungszahlen werden mit מאָל gebildet: איינמאָל, צווייִמאָל ‚einmal, zweimal‘ usw.

Vervielfältigungszahlen: טאָפּעל(ט) ‚doppelt‘: Adjektivflexion.

Zahladverbien: Durch Verbindung von זאַלבע־ mit dem Ordinalstamm wird ein Gruppenbegriff hergestellt: זאַלבענאַנד (ėna'nd) ‚zwei zusammen‘, זאַלבעדריט (i'), ‚drei zusammen‘ usw.; ebenso durch die Verbindung der Grundzahl mit אירע: דרײַ אירע ‚drei zusammen‘ usw. — Durch Verbindung der Grundzahlen mit ־ערליי wird Art und Weise ausgedrückt: אַלערליי und כָּלערליי ‚allerlei‘, צווייערליי

‚zweierlei'. — Ordinaladverbien werden vom Ordinalstamm mittels der Endung =ענס gebildet: ערשטענס (auch בְּראשית), צווייטענס (auch שֵנית), דריטענס usw. ‚erstens, zweitens, drittens'.

Verbum.

67. Der Verbalbegriff wird auf zweifache Art dargestellt. Erstens durch einfache Verba (לייגען ‚legen', פּסקענען ‚entscheiden', אָנווערען ‚verlieren'), zweitens durch feste Verbindungen der Verba זיין, ווערען und טון oder געבען mit einem bestimmten Nominalausdruck[1]) (מוחל זיין ‚verzeihen', מְגולגל ווערען ‚sich verwandeln', געוואָר ווערען ‚bemerken', [געבען] אַ פֿלי טון ‚fliegen', ‚auffliegen'). — Im Zusammenhang mit diesen zwei Gruppen lassen sich fünf Konjugationen unterscheiden.

I. Konjugation: Die schwachen Verba.

68. Diese Konjugation zerfällt nach dem Auslaut der 1. Person Singular Präsens — der Grundform — in zwei Klassen.

1. Klasse.

69. Die Grundform geht auf einen beliebigen Laut außer ė aus: כאַפּ ‚fange', רו ‚ruhe', זיי ‚säe'.

Aktivum.

70. Präsens. Das Präsens ist auch die Form der schildernden Erzählung. — ‚Ich fange usw.; ich fing usw.':

1. Pers. Sing. איך כאַפּ	2. Pers. דו כאַפּסט	3. Pers. ער כאַפּט
Plur. מיר כאַפּען (dop.[2])	איר כאַפּט	זיי כאַפּען

71. Der Infinitiv hat die gleiche Form wie die 3. Person Plural Präsens: כאַפּען ‚fangen'.

[1]) Der Nominalausdruck ist nicht als Adjektiv verwendbar und diese Verbalklassen sind daher von den losen Verknüpfungen eines Nomens und Hilfsverbs (זיין גוט oder גוט זיין ‚gut sein', אָרעם ווערען oder ווערען אָרעם ‚arm werden') streng zu scheiden. Auch kann die lose Verknüpfung mit זיין nie, wie die Verbalklasse, transitiv sein.

[2]) Oft wird in der Umgangssprache statt מיר das ‚doppelte' Pronomen gebraucht, wobei das Verbum zwischen die beiden Pronomina tritt; es verliert dabei meist die Endung: אונז (מיר) כאַפּ' מיר. Diese Form mit doppeltem Pronomen ist in allen Fällen gebräuchlich; durch ‚dop' angedeutet.

72. Partizipien. Das Partizip der Gegenwart wird durch die Endung -ענדיג gebildet: כאַפּענדיג ‚fangend'. — Das Partizip der Vergangenheit durch die Vorsilbe -גע und das Suffix -ט: געכאַפּט ‚gefangen'. Es hat manchmal, namentlich bei Intransitiven, aktive Bedeutung, sonst passive.

73. Vergangenheit. Diese Zeit wird durch das Hilfsverb

איך האב[1]   דו האסט   ער האט
מיר האבען .רעספּ[2]   איר האט   זיי האבען

mit dem Partizip Perfekt umschrieben: איך האב געכאַפּט ‚ich fing, habe gefangen'.[3]

74. Futurum. Es wird durch das defektive Verb

איך וועל   דו וועסט   ער וועט
מיר וועלען .רעספּ   איר וועט   זיי וועלען

in verkürzter, sehr häufig gesprochener, auch geschriebener Form:

איכ'ל   דו'סט   ער'ט
מיר'לן[4]   איר'ט   זיי'לן[4]

mit dem Infinitiv umschrieben: איך וועל כאַפּען ‚ich werde fangen'.

75. Das Plusquamperfekt wird ziemlich selten gebraucht. Es wird umschrieben durch die Vergangenheit von האב —

Partizip Perfekt von האב ist געהאַט, daher die

Vergangenheit איך האב געהאַט ‚ich hatte, habe gehabt' —

mit dem Partizip Perfekt des Verbs: איך האב געהאַט געכאַפּט ‚ich hatte gefangen, habe gefangen gehabt'.

76. Das Futurum exaktum wird selten gebraucht. Es wird gebildet durch das Futurum von האב —

Infinitiv von האב ist האָבען[5], daher das

Futurum איך וועל האָבען ‚ich werde haben' —

mit dem Partizip Perfekt des Verbs: איך וועל האָבען געכאַפּט ‚ich werde gefangen haben'.

77. Daraus ergibt sich der Infinitiv Perfekt: האָבען געכאַפּט ‚gefangen haben'.

---

[1]) Das ה ist in allen Formen stumm. — [2]) Aussprache der Form mit doppeltem Pronomen: **mirdzo'mĕr**, resp. **momĕr (miro'mĕr)**. — [3]) Eine Umschreibung mit ‚sein' wie im Deutschen gibt es bei schwachen Verben nicht. — [4]) Dreisilbig: ל und נ silbisch. — [5]) Nicht האבען! ה im Inf. meist lautend.

78. Imperativ. Die 2. Person Singular ist der Grundform gleich, die 2. Pers. Plur. ist der 2. Pers. Plur. Präs. gleich oder erhält dazu das Affix ־ס; die 3. Person, manchmal auch die 2., wird durch זאל — זאלן mit dem Infinitiv des Verbs gebildet:

2. Pers. Sing. כאַפּ oder דו זאלסט כאַפּן 3. Pers. ער זאל כאַפּן
Plur. כאַפּט, כאַפּטס „ איר זאלט כאַפּן זײַ זאלן כאַפּן

Soll die Person hervorgehoben werden, dann geht das Pronomen vorauf: דו כאַפּ — איר כאַפּט(ס).

79. Optativ. Der Modus des Wunsches wird durch die Hilfsverben זאלן oder לאָזן mit dem Infinitiv des Verbs gebildet. — לאָזן wird in der 1. Person fast immer mit dem Pronomen zusammengezogen. ‚Möge ich fangen' usw.:

	לאָמיר		לאָמיך		זאלן מיר		זאל איך
כאַפּן	—	כאַפּן	—	כאַפּן	זאלט איר	כאַפּן	זאלסטו
	לאָזן זײַ		לאָז ער		זאלן זײַ		זאל ער

80. I. Konditional. Er ist die Bedingungsform für die Gegenwart und wird gebildet: a) durch das Hilfsverb

איך וואלט דו וואלסט ער וואלט
מיר וואלטן dop. איר וואלט זײַ וואלטן

mit dem Partizip Perfekt des Verbs: איך וואלט געכאַפּט, ‚ich würde fangen, finge' — b) durch das Hilfsverb זאלן mit dem Infinitiv des Verbums: איך זאל כאַפּן, ‚ich würde fangen, finge'.

81. II. Konditional. Er ist die Bedingungsform für die Vergangenheit und wird ebenfalls auf zwei Arten gebildet: a) durch den I. Konditional von זײַן mit dem Partizip Perfekt des Verbs: איך וואלט געווען געכאַפּט, ‚ich würde gefangen haben, hätte gefangen' b) durch איך זאל געווען mit dem Infinitiv des Verbs: איך זאל געווען כאַפּן, ‚ich würde gefangen haben, hätte gefangen'.

82. Hier sei die Konjugation von האָבן im Zusammenhange dargestellt:

Präsens: איך האב — דו האסט — ער האט; מיר האבן — איר האט — זײַ האבן. — Infinitiv: האָבן — Partizip Präsens: האָבנדיג — Partizip Perfekt: געהאַט — Perfekt: איך האב געהאַט — Futurum: איך וועל האָבן — Futurum exaktum: איך וועל האָבן געהאַט — Infinitiv Perfekt: האָבן געהאַט — Imperativ: האב, האט(ס), דו זאלסט האָבן usw. — Optativ: זאל איך האָבן und לאָמיך האָבן — I. Konditional: איך וואלט געהאַט und איך זאל האָבן — II. Konditional: איך וואלט געווען געהאַט und איך זאל געווען האָבן.

Passivum.

83. Das Passivum wird häufig durch Aktivkonstruktionen umschrieben. Es kommt manchmal dort, wo es im Deutschen ungebräuchlich ist, bei intransitiven Verben vor. Es wird durch das Hilfsverb װערען ‚werden' gebildet, zu dessen Konjugation wieder das Hilfsverb זײַן ‚sein' verwendet wird.

84. זײַן: Präsens: איך בין — דו ביסט — ער איז — מיר זענען[1]) dop.[2]) — איר זענט[1]) — זײ זענען[1]) — Infinitiv: זײַן — Partizip Präsens: זײַענדיג — Partizip Perfekt: געװען (געװעזען) — Perfekt: איך בין געװען — Futurum: איך װעל זײַן — Imperativ: זײַ, זײַט(ם), דו זאלסט זײַן usw. — Optativ: זאל איך זײַן und לאמיך זײַן — I. Konditional: איך װאלט געװען und איך זאל זײַן — II. Konditional: איך זאל געװען זײַן.

װערען:

Präsens: איך װער — דו װערסט — ער װערט — מיר װערען dop. — איר װערט — זײ װערען. — Partizip Präsens: װערענדיג. — Partizip Perfekt: געװארען — Perfekt: איך בין געװארען. – Futurum: איך װעל װערען. — Imperativ: װער — װערט(ם) — דו זאלסט װערען usw. — Optativ: זאל איך װערען und לאמיך װערען. — I. Konditional: איך װאלט געװארען. — II. Konditional: איך װאלט געװען געװארען.

85. Präsens: איך װער געכאפט ‚ich werde gefangen'. — Infinitiv: געכאפט װערען ‚gefangen werden'. — Partizip Präsens: געכאפט װערענדיג ‚gefangen werdend'. — Partizip Perfekt: געכאפט (געװארען) ‚gefangen (worden)'. — Perfekt: איך בין געכאפט געװארען ‚ich wurde gefangen, bin gefangen worden'. — Futurum: איך װעל געכאפט װערען ‚ich werde gefangen werden'. — Imperativ: װער געכאפט ‚werde gefangen', װערט(ם) געכאפט ‚werdet gefangen', דו זאלסט געכאפט װערען ‚du sollst gefangen werden' usw. — Optativ: זאל איך געכאפט װערען oder לאמיך געכאפט װערען ‚möge ich gefangen werden'. — I. Konditional: איך װאלט געכאפט געװארען und איך זאל געכאפט װערען ‚ich würde gefangen werden'. — II. Konditional: איך װאלט געװען געכאפט געװארען und איך זאל געװען געכאפט װערען ‚ich wäre gefangen worden'.

86. Aus dem Auslaut der Grundform ergeben sich gewisse Besonderheiten:

---

[1]) Auch זײַנען — זײַט und זײַנט — זײַנען.
[2]) Aussprache der ‚dop.': indze'mĕr, mir ze'mĕr.

a) Über den Einfluß des Auslauts auf die Endungen ־ען und ־ענדיג siehe P. 15.

b) Geht die Grundform auf Vokal oder וי, ײַ aus, so ist die Endung ־ען im allgemeinen unsilbisch und wird daher ohne Vokal geschrieben: רוּן rı:n ,ruhen'. Doch kann sie auch silbisch, mit ė ausgesprochen und der Vokal dann geschrieben werden. Bei וי, ײַ kann das ė auch in die anderen Formen dringen (Übergang zur 2. Klasse): װײַן wæin, װײַען wæiėn ,wehen' — װײַט wæit, װײַעט wæiėt ,weht'; בוין boun, בויען bouėn ,bauen' — בויסט boust, בויעסט bouėst, ,baust'. — Das gleiche ist bei ײַ, וי der Fall, doch muß hier der Infinitiv ein ė haben: קײַען káėn ,kauen' — קײַט kát, קײַעט káėt ,kaut'. — Dagegen lautet bei vokalisch (diphthongisch) auslautender Grundform ־ענדיג immer ėndig. רוּענדיג rı:ėndig, בויענדיג bouėndig, װײַענדיג wæiėndig, קײַענדיג káėndig.

c) Was umgekehrt den Einfluß der Endung ־ען auf den Auslaut betrifft, so wird silbisches l unsilbisch, eventueller Vokal in der Schrift wird ausgestoßen; siehe P. 15. וויקעל ,wickle' — וויקלענדיג ,וויקלען; silbisches n wird zu ėn: ירשן jaršn ,erbe' — ירשענען jaršėnėn, ירשענענדיג jaršėnėndig. Ein in ŋ oder m übergegangenes n wird dabei natürlich zurückverwandelt: רעכען rechŋ, ,meine' — רעכענען rechėnėn.

d) Geht die Grundform auf ט aus, so wird kein Endungs-ט mehr angefügt (P. 18): איך טראַכט ,denke' — ער טראַכט — איר טראַכט — טראַכט! — טראַכט(ס)! — געטראַכט. — In der 2. Person Singular fällt das ט weg: דו טראַכסט.

e) Geht die Grundform auf ד aus, so ergibt sich P. 19, IIa: איך רעד ,rede' — ער רעדט — איר רעדט — רעדט(ס)! — גערעדט (ret, gėret).

f) Geht die Grundform auf einen Zischlaut aus, so ist die Endung der 2. Person Singular Präsens bloß ט (P. 19, IIa): דו לאזט — דו קושט — דו זעצט — דו פרעסט. — Statt דו ־סט wird סטו geschrieben (P. 19, IIb): באַפּסטו — זעצטו usw.

g) Geht die Grundform auf ל oder נ aus, so siehe bezüglich des ס der 2. Person P. 20.

87. Folgende Verba bilden die 3. Person Singular Präsens unregelmäßigerweise ohne Endung: דאַרפֿען — דאַרף ,brauchen', װעלען — װיל ,wollen' (aber ס'װילט זיך ,man möchte gerne ...'), זאָלען — זאָל ,sollen', ניט טאָרען — ניט טאָר ,nicht dürfen', טוינ — טויגן

‚taugen', מוזן — מוז ‚müssen', מעגן — מעג ‚dürfen', פֿלעגן — פֿלעג ‚gewohnt gewesen sein', קערן — קער ‚sollen, müssen'.

88. Folgende Verba bilden die Vergangenheit unregelmäßig: ברענגען — געבראַכט ‚bringen' (neben געברענגט; äi-Mundart auch ge*brecht*); וועלן — געוואָלט; וויסן — געוואוסט ‚wissen', Präsens: ווײס — ווײסט — ווײס — ווײסן — ווײסט — ווײסן; פֿלעגן hat sinngemäß keine Vergangenheit.

89. Zusammengesetzte Verba.

Bei den Verben mit den Vorsilben אַנט, באַ, גע, דער, פֿאַר und צו sind diese in der Flexion nicht vom Stamm — er trägt den Akzent — trennbar: אַנטווײנען ‚entwöhnen', באַשײנען ‚Schönheit verleihen', גענאַרען ‚täuschen', דערזאָגן ‚zu Ende sagen', פֿאַרענטפֿערן ‚verteidigen', צופֿירן ‚auseinanderstrecken' — איך באַשײן, ער דערזאָגט; זײ פֿאַרענטפֿערן, דערזאָגענדיג, גענאַרענדיג; das Partizip Perfekt wird ohne גע- gebildet:; אַנטווײנט, צופֿירט; eventuelles צו steht vor dem Infinitiv: צו פֿאַרענטפֿערן, צו צופֿירן.

Bei den Verben mit den den Akzent tragenden Vorsilben אַהין, אַוועק, אויס, אַרויס, אויף, אַרויף, אום, אַרום, אונטער, אַהינטער, אַרונטער, איבער, אַריבער, איין, אַרײַן, אָן, אַנידער, אָפּ, אַראָפּ, ביז, דורך, אַדורך, מיט, נאָך, פֿונאַנדער, פֿיר, אַפֿיר, צו, צוזאַמען, צונויף und צוריק werden diese bei der Flexion vom Stamme getrennt, wobei sie den Akzent behalten. אומקערן ‚zurückgeben', אונטערהערן ‚belauschen', אַרײַנקוקען ‚hineinblicken', איבערזעצן ‚übersetzen', פֿירלײענען ‚vorlesen', צוזאָגן ‚versprechen'; אומקערנדיג, אַרײַנקוקענדיג, אונטערהערנדיג, פֿירלײענענדיג. Im Präsens wird die Vorsilbe nachgestellt: ער הערט, איך קער אום, אונטער, מיר קוקן אַרײַן, זײ לײענען פֿיר, זי זעצט איבער; im Partizip Perfekt wird sie durch גע, im Infinitiv mit צו durch dieses vom Stamme getrennt: אומגעקערט, אונטערגעהערט, פֿירגעלײענט, צוגעזאָגט; אומצוקערן, אַרײַנצוקוקן, איבערצוזעצן.[1]

90. Einige schwache Verba, denen im Deutschen starke entsprechen: בילן ‚bellen', גלײַכן ‚vergleichen', ווײַכן ‚meiden', לאָזן ‚lassen',

[1]) Beachte die ähnlichen Silben צו und צו z. B. צוכאַפּן cl*cha*'pm ‚wegreißen' (von mehreren), צוכאַפּ cl*cha*'p, צוכאַפּנדיג cl*cha*'pmdig, צוכאַפּט cl*cha*'pt, צו צוכאַפּן cl cl*cha*'pm — צוכאַפּן cl:'*cha*pm ‚an sich reißen', צוכאַפּנדיג cl:'*cha*pmdig, איך כאַפּ צו *cha*p cl:', צוגעכאַפּט cl:'*gecha*pt, צוצוכאַפּן cl:'cl*cha*pm.

פֿײַפֿען ‚pfeifen', שײדען ‚trennen', שײַנען ‚scheinen, strahlen', שפּינען ‚spinnen'; auch מײַדען ‚meiden', באַטרעפֿען ‚betragen, ausmachen', קומען ‚schulden' (Geld usw.).

2. Klasse.

91. Die Grundform geht auf ė (ע; א, ה) aus: טופּע ‚stampfe auf', קוילע ‚schlachte', חנפֿע ‚schmeichle', פֿאַרקאַטשע ‚kremple auf'. Die Konjugation erfolgt in analoger Weise wie bei der ersten Klasse.

Diese Klasse zerfällt in zwei Gruppen: a) Endung ־ן, ־נדיג z. B. קוילע־ן, קוילע־נדיג.[1]) — b) Endung ־נען, ־נענדיג z. B. חנפֿע־נען, חנפֿע־נענדיג. Es ist dies offensichtlich eine Nachbildung der auf silbisches n ausgehenden Verba (P. 86 c), als ob die Grundform חנפֿן wäre.

II. Konjugation: Die starken Verba.

92. Die Flexion unterscheidet sich von jener der schwachen Verba dadurch, daß das Zeichen des Partizip Perfekt nicht ט, sondern ען ist und daß der Vokal (Diphthong) der Grundform meist ablautet: מעסטען ‚messen' — געמאסטען. Ferner wird bei einigen Verben die Vergangenheit, Plusquamperfekt und Futurum exaktum nicht mit האָבען, sondern mit זײַן umschrieben: איך בין געשלאָפֿען, איך װעל זײַן געשלאָפֿען, געװעזען געשלאָפֿען.

93. Mit Bezug auf den Ablaut lassen sich zehn Klassen unterscheiden.

Die folgende Aufzählung der (einfachen) starken Verba ist eine ziemlich vollständige. — Die mit ° bezeichneten Verba bilden die Vergangenheit mit זײַן.

1. Klasse: אַ — א.

װאַרגען — געװאָרגען, װאַרפֿען, פֿאַרבען (im o-Dialekt, sonst schwach), פֿאַרדאַרבען resp.°, שטאַרבען°, שפּאַלטען (o-Dialekt, sonst Klasse 10): ähnlich שטרײַכען — געשטראָכען.

2. Klasse: ע — א.

בערשטען — געבאָרשטען (o-Dialekt, sonst schwach), ברעכען, באַשפּרעכען, העלפֿען, הענגען resp.°, דרעשען, דערשרעקען resp.°, װעָרען געשװאָלען, העפֿטען (o-Dialekt, sonst schwach), װערגען, װעָרען, טרעָטען resp.° (o-Dia-

[1]) Natürlich -ėn, -ėndig zu sprechen, da das ė zur Grundform gehört.

lekt, sonst Klasse 10), טרענקען זיך, טרעפען, לעשען, מעלדען, מעלקען, מעסטען, פלעכטען, קוועלען, קנעָטען (o-Dialekt, sonst Klasse 10), שָחטען (e) — געשָחטען (o), שטעכען, שמעלצען resp.°, שעלטען, שענקען (o-Dialekt, sonst schwach), שרעקען.

3. Klasse: יִ, י — א.

גילטען — גענאלטען, גיִסען, געניִסען, זיִדען — געזואטען, ניִסען, פאַרדריִסען, פאַרשליִסען, קרינען (o-Dialekt, sonst Klasse 10), קריִכען°, שיטען (o-Dialekt, sonst schwach), שילטען, שיִסען.

4. Klasse: עָ — יי.

אָנוועָרען — אָנגעוואוירען, געבוירען וועָרען, וועָגען, יעָרען°, שוועָרען, שעָרען. (Im o-Dialekt gehören außer וועָגען alle Stämme zu Klasse 2).

5. Klasse: ײ — יי.

בײגען — געבויגען, הײבען, ווײגען.

6. Klasse: יִ — וי.

פאַרליִרען — פאַרלוירען (im o-Dialekt: Klasse 3), פליִען — געפלויגען, פריִרען (o-Dialekt: Klasse 3), ציִען — געצויגען.

7. Klasse: י — ו.

אַנטרונען וועָרען, בילען — געבולען (o-Dialekt, sonst schwach), בינדען, געווינען, געלינגען°, געפינען, דינגען, דרינגען, הינקען, ווינקען, זינגען, געזונקען ווערען, טרינקען, לינקען (o-Dialekt, sonst schwach), פאַרשוואונדען וועָרען, צווינגען, צינדען, קלינגען, רינען°, שווימען°, שטינקען, שינדען, שלינגען, שפינען (auch schwach), שפריִנגען°.

8. Klasse: ײַ — י.

בײַטען — געביטען, בײַסען, בלײַבען°, גלײַכען (o-Dialekt, sonst schwach), ווײַזען, זײַען — געזיגען, טרײַבען, לײַדען — געליטען, לײַען — געליגען, מײַדען — געמיטען (o-Dialekt: schwach), קלײַבען (o-Dialekt), קנײַפען, רײַבען, רײַטען, רײַסען, שווײַגען, שמײַסען, שנײַדען — געשניטען, שפײַען — געשפיגען, שרײַען — געשריגען.

9. Klasse: Verschiedene.

גיי(ע)ן — געגאַנגען°, שטיי(ע)ן — געשטאַנען°. זיצען — געזעסען°, ליגען — געלעָגען°. לײַכטען — געלאכטען (auch schwach; o-Dialekt: געלויכטען). לויפען — געלאָפען. נעמען — גענומען. קלויבען — געקליבען.

10. Klasse: Gleicher Vokal im Präsens und Partizip Perfekt.

בעטען — געבעטען, געבען¹), גענעזען ווערען, געשע(ע)ן°, געפֿעלען°, זע(ע)ן, טרעטען resp.°, עסען — געגעסען, פֿאַרגעסען, פֿרעסען, קנעטען. — באָרען, בלאָזען, בראָטען, געראָטען°, גראָבען, טאָן (o-Dialekt)²), לאָדען, מאָלען, פֿאָרען°, צוואָגען, ראָטען, שאָבען, שלאָגען, שלאָפֿען°. — באַקען (o-Dialekt auch schwach), באַשאַפֿען, האַלטען, וואַקסען°, וואַשען, זאַלצען (o-Dialekt auch schwach), פֿאַלען°, שפּאַלטען. — לאָזען (o-Dialekt, sonst schwach). טון,³) טונקען, קומען, רופֿען. — הייסען. — גיבען (äi-Mundart)¹). — ליגען (äi-Mundart, sonst Klasse 9), קריגען. — נעמען (äi-Mundart, sonst Klasse 9) — לויפֿען, שטויסען. — קלויבען (äi-Mundart, sonst Klasse 9). — היטען (auch schwach).

III. Konjugation: Die mit זײַן gebildeten Verba.

94. Das mit זײַן verbundene Nominal-Element (meist ein erstarrtes hba. Partizip) bleibt unflektiert. — Das Passivum ist — auch bei transitiven Verben — ungebräuchlich.

Präsens: איך בין מקנא ‚ich beneide'.
Inf.: מקנא (צו) זײַן ‚(zu) beneiden'.
Partizip Präsens: מקנא זײַענדיג ‚beneidend'.
Perfektum: איך האב מקנא געווען ‚ich beneidete, habe beneidet'.
Futurum: איך וועל מקנא זײַן ‚ich werde beneiden'.
Plusquamperf.: איך האב געהאַט מקנא געווען ‚ich hatte beneidet'.
Fut. ex.: איך וועל האָבען מקנא געווען ‚ich werde beneidet haben'.
Imperativ: זײַ מקנא ‚beneide!' זײַט(ס) מקנא ‚beneidet!' דו זאלסט מקנא זײַן ‚du sollst beneiden' usw.
Optativ: זאל איך מקנא זײַן und לאָמיך מקנא זײַן ‚möge ich beneiden'.
I. Konditional: איך וואלט מקנא געווען und איך זאל מקנא זײַן ‚ich würde beneiden, beneidete'.

---

¹) ai-Mundart: Präsens: געב — געסט — געט — געבען — געט — געבען. Partizip Präsens: געבענדיג. Imperativ: געב — געט(ס). — äi-Mundart: Präsens: גיב — גיסט — גיט — גיבען — גיט — גיבען. Partizip Präsens: גיבענדיג. Imperativ: גיב — גיט(ס). — o-Dialekt: Präsens: גיב — גיסט usw. Partizip Präsens: געבענדיג. Imperativ: גיב — גיט(ס).

²) o-Dialekt: Präsens: טו — טוסט usw.; flektiertes Part.: געטאָנענער.

³) flektiertes Partizip: געטוּנענער und געטוענער.

III. Konditional: איך זאָל געװען מקנא זײַן ‚ich würde beneidet haben, hätte beneidet'.

IV. Konjugation: Die mit װערן gebildeten Verba.

95. Diese Verba werden als Passiva flektiert.

V. Konjugation: Die mit טון und געבן gebildeten Verba.

96. Diese Konjugation entsteht aus den Verben der I. und II. Konjugation, indem die mittels des unbestimmten Artikels substantivierte Grundform eines Verbs mit dem flektierten טון und געבן verbunden wird. Dadurch bildet sich der Begriff des Schnellen, Plötzlichen, der vorübergehenden Dauer und der Anschaulichkeit: אַ לױף טון ‚laufen, hinlaufen'.

97. Bei manchen starken Verben wird nicht die Grundform, sondern die Stammsilbe des Partizip Perfekt benützt: אַ װאַרף טון (nicht אַ װאַרף טון), ‚(hin)werfen', manchmal ein von dieser oder von der Grundform abgeleitetes Substantiv: אַ געשרײַ טון ‚aufschreien'.

98. Präsens: איך טו אַ לאַך ‚ich lache, lache auf, lache kurz' usw.

Infinitiv: אַ לאַך טון und טון אַ לאַך ‚auflachen'.

Partizip Präsens: טוענדיג אַ לאַך und אַ לאַך טוענדיג ‚auflachend'.

Partizip Perfekt: אַ לאַך געטון und געטון אַ לאַך ‚aufgelacht'.

Perfekt: איך האָב געטון אַ לאַך und איך האָב אַ לאַך געטון ‚ich lachte auf, habe aufgelacht'.

Futurum: איך װעל טון אַ לאַך und איך װעל אַ לאַך טון ‚ich werde auflachen'.

Plusquamperfekt: איך האָב געהאַט {אַ לאַך געטון / געטון אַ לאַך} ‚ich hatte aufgelacht'

Futurum exaktum: איך װעל האָבן {אַ לאַך געטון / געטון אַ לאַך} ‚ich werde aufgelacht haben'.

Imperativ: טו אַ לאַך ‚lache auf!'; soll der Inhalt des Wortes besonders hervorgehoben werden, dann heißt es: אַ לאַך טו

Optativ: זאָל איך {אַ לאַך טון / טון אַ לאַך} und לאָמיך {אַ לאַך טון / טון אַ לאַך} ‚möge ich auflachen'.

I. Kond.: איך זאָל {אַ לאַך טון / טון אַ לאַך} und איך װאָלט {אַ לאַך געטון / געטון אַ לאַך} ‚ich würde lachen, lachte'.

II. Kond.: איך זאָל געװען {אַ לאַך טון / טון אַ לאַך} und איך װאָלט געװען {אַ לאַך געטון / געטון אַ לאַך}
‚ich würde gelacht haben, hätte gelacht'.

Das Passivum kommt nicht vor. — Wie mit טון wird diese Klasse in gleicher Weise mit געבען konjugiert. Bei manchen Verben wird nur das eine oder das andere Hilfsverb gebraucht.

99. Bei zusammengesetzten Verben ist diese Konjugation seltener und tritt insbesondere bei den untrennbaren nur äußerst selten auf. Der Grundform des einfachen Verbums entspricht sinngemäß die Form der 1. Person Singular Präsens: איך שטײ אױף ‚ich stehe auf' — אַ שטײ אױף; die Konjugation geschieht meistens mit געבען: איך גיב אַ שטײ אױף ‚ich erhebe mich plötzlich' usw.

Präposition.

100. Außer einfachen Präpositionen gibt es auch Doppelpräpositionen: פֿון אונטער ‚unter ... her', ‚hinter ... her'; פֿון צװישן ‚zwischen ... her' usw.; ferner mit Adverbien zusammengesetzte: מיט צוריק oder צוריק ... מיט ‚vor' (zeitlich).

Zusammenziehung von Präposition und Artikel kann bei folgenden stattfinden: בײַ דעם = בײַם, אין דעם = אינ'ם (inėm), פֿון דעם = פֿונ'ם (finėm), צו דעם = צום; אױף דעם = אױפֿ'ן, ביז דעם = ביז'ן, מיט דעם = מיט'ן, פֿאַר דעם = פֿאַר'ן, מצד דעם = מצד'ן usw. Verbindung von Präposition und Demonstrativpronomen kann bei folgenden stattfinden: אױף דעם = דערױף, analog: אין, בײַ, מיט, נאָך, פֿאַר, פֿון, צו; bei diesen kann auch manchmal eine Verdopplung (ohne Bedeutungsänderung) auftreten: אױף דערױף usw.

Bei Verbindung einer Präposition mit dem Personal- und Reflexivpronomen ist erstere akzentuiert: נאָך זיך nů:'*chzěch*, אונטער זיך i'ntěrz*ěch* usw.

Adverbia.

101. Außer den 1. durch spezielle Wörter und 2. durch Adjektiva und Partizipia ausgedrückten können einfache Adverbien noch gebildet werden: 3. durch die Endungen

-ערהײט von Adjektiven und Partizipien: אַלטערהײט ‚im Alter', לאַכענדיגערהײט ‚in lachendem Zustande', געבראָכענערהײט ‚in zerbrochenem Zustande'.

-ווײַז fast nur von Substantiven (meist im Plural): צײַטנווײַז ‚zuzeiten', מחנותווײַז ‚scharenweise', יונגעלווײַז ‚als Knabe, im Knabenalter'.

Syntax.

102. Die Stellung der Wörter im Satz kann eine zweifache sein: I. Subjekt — Prädikat — Verbalzusätze; II. Verbalzusätze — Prädikat — Subjekt.

Aussagesatz.

I. Stellung.

Subjekt—Prädikat.

103. די לְבָנה לײַכט ‚Der Mond leuchtet'. די שונאים האבען מְנַצח געווען ‚Die Feinde siegten'.

Ist das Prädikatsnomen ein Adjektiv, so bleibt es unflektiert. Wird dies Adjektiv substantiviert, so wird es nach der II. Adjektivdeklination flektiert und stimmt mit dem Subjekt überein: דער חַזן איז אַלט — דער חַזן איז אַן אלטער ‚Der Vorsänger ist alt'. Dabei erhält es den unbestimmten Artikel, da das Substantiv als Prädikatsnomen immer den Artikel hat: ער איז אַ חַזן ‚Er ist Vorsänger'.

Unflektierbare Adjektive können nicht substantiviert werden. יאסעל איז געווען תַמעוואטע ‚Jossel war läppisch'. — Ebenso können Adjektive, die nur prädikative Verwendung haben, nicht substantiviert werden: זײַ זענען טָרוד ‚Sie sind beschäftigt'.

Das Prädikativum kann verstärkt (eigentlich verdoppelt) sein durch עם, דאָם oder עפעם, z. B. איך בין עפעם קראַנק ‚Ich bin krank'. דער טאַטע איז עם דער בַעל-שׂמחה ‚Der Vater ist der Festgeber'.

104. Bei zusammengesetzten Verbalformen steht das Prädikativum nach der ganzen Form. דאָם קינד איז געווען שײַן (אַ שײַנם) ‚Das Kind war schön'. ער איז געווארען אַ מְלַמד ‚Er wurde Lehrer'. ער איז געבליבען אַ בָחור ‚Er blieb unverheiratet'.

105. Das Personalpronomen der 2. Person als Subjekt kann manchmal ausfallen: וועסט זײַן אַ בַעל-מְלאכה ‚Du wirst ein Handwerker sein'.

Bei einem Plural des Subjekts kann manchmal das Prädikat im Singular stehen, namentlich bei זײַן in Verbindung mit דאָ ‚geben, existieren': ס'איז דאָ אַזוינע ‚Es gibt solche'.

Bei einem Singular-Subjekt kann das Prädikat dem Sinne nach im Plural stehen: זיי פֿרעגן אײנער בײַם אַנדערען, Einer fragt den andern'.

Bei einem zusammengezogenen Satz mit mehreren Subjekten im Singular steht das Prädikat im Plural: דער שווער און די שוויגער זענען געקומען, Schwiegervater und -mutter kamen'. Ebenso wenn statt און eine Präposition steht: דער שווער מיט דער שוויגער זענען געקומען.

106. Bei einem zusammengezogenen Satz, dessen Prädikate im Perfekt stehen und teils mit האָבען, teils mit זײַן gebildet sind, kann ohne Rücksicht auf diese Verschiedenheit das zweite Hilfsverb ausfallen: מיר זענען געקומען ... און געגעסען, Wir kamen und aßen'. די פֿײגעל האבען געזונגען ... און אַװעקגעפֿלױגען, Die Vögel sangen und flogen fort'.

Akkusativobjekt.

107. Das Akkusativobjekt steht, falls das Verb von zusammengesetzter Gestalt ist, nach der ganzen Form: ער האט פֿארקויפֿט זײַן שטוב, Er verkaufte sein Haus'. ער האט געוואלט אַן אַלטס, Er wollte ein altes'.

Ist das Objekt aber ein Pronomen, insbesondere Personale und Reflexivum, so steht es unmittelbar nach dem finiten Teil des Verbs, resp. Partizip: דער בעל-עגלה האט אים גערופֿען, Der Fuhrmann rief ihn'. מען האט זיך געפֿרײט, Man freute sich'.

Neben einem Akkusativobjekt oder in einem objektlosen Satz kann ein עס, דאָס oder עפּעס als eine Art unbestimmten Objektes stehen: ער שרײַבט עס א בריװ, Er schreibt einen Brief'. מען האט זיך דאָס געפֿרײט, Man freute sich'.

108. Ist das Objekt ein Verb, so wird der Infinitiv mit צו gebraucht. איך האב אָנגעהויבען צו פֿארשטײן, Ich begann zu verstehen'. Vom Infinitiv kann wieder ein Objekt abhängen: איך האָב אָנגעהויבען צו פֿארשטײען דאָס עסק, Ich begann die Sache zu verstehen'.

Das צו fällt regelmäßig aus bei זאלען, לאזען, מוזען, מעגען, פֿלעגען, קאנען, דארפֿען usw. (bei letzterem kann es auch stehen), oft auch bei anderen Verben (גײן, זען usw.). ער מוז אַהין פֿאָרען, Er muß hinfahren'. ער פֿלעג זיצען, Er pflegte zu sitzen'. די דאָקטוירים דאַרפֿען קומען, Die Ärzte müssen kommen' usw.

109. Von einem Verb können auch zwei Akkusativobjekte direkt abhängig sein: מען לערענט אים דרך־ארץ ‚Man lehrt ihn Respekt'.

110. Dativobjekt. Bei zusammengesetzten Verbalformen ist die Stellung wie beim Akkusativobjekt: דער זון האט געשריבען דעם טאטען ‚Der Sohn schrieb dem Vater'. ער האט אים געשריבען ‚Er schrieb ihm'. איך האב מיר גענומען ‚Ich nahm mir'.

Sehr häufig wird das Reflexivum im Dativus ethicus gebraucht: מיר גייען זיך ‚Wir gehen'. מיר זיינען זיך געגאנגען ‚Wir gingen'.

Dativ- und Akkusativobjekt.

111. Sind im Satz ein Dativ- und ein Akkusativobjekt vorhanden, so geht das erstere vorauf: זי גיט דער דינסט דאָס געלט ‚Sie gibt dem Dienstmädchen das Geld'. דאָס יונגעל האט געשריבען דעם חבר אַ בריף ‚Der Knabe schrieb dem Freunde einen Brief'.

112. Ist ein Objekt ein Pronomen, so steht es voran und zwar unmittelbar nach dem Finitum, resp. Partizip: זי גיט עס דער דינסט ‚Sie gibt es dem Dienstmädchen'. דאָס יונגעל האט אַלעמען געשריבען אַ בריף ‚Der Knabe hat allen einen Brief geschrieben'. Sind beide Objekte Pronomina, so ist die Stellung nach Betontheit wechselnd; ein Personale oder Reflexivum steht immer voran. Beide stehen meist unmittelbar nach dem Finitum: ער האט עטליכע עפעס געזאָגט ‚Er sagte einigen etwas'. זי גיט עס אים ‚Sie gibt es ihm'. ער האט עס עטליכע געזאָגט ‚Er sagte es einigen'. Aber: רב אַברהם האט ניט געוואוסט צו זאָגען איר ‚Reb Awrum wußte ihr nicht zu sagen'.

Ein Objekt kann auch von einem Substantiv abhängig sein. דאָס דערציילען די מעשה איז אים געפעלען געווארע ‚Das Erzählen der Geschichte gefiel ihm'.

Präpositionales Objekt.

113. Anm. Alle Präpositionen regieren den Dativ: אויף דער גאַס ‚auf der, die Gasse'; אינ'ם גרויסען וואלד ‚im, in den großen Wald'; אויפ'ן גראבען ספר ‚auf das, dem dicke(n) Buch'.

Bei אין, לעבען, פון kann der bestimmte Artikel ohne Bedeutungsänderung fehlen: אין שטאָט ‚in der, die Stadt'; פון שול ‚aus der Synagoge;' לעבען אויווען ‚neben dem, den Ofen'. — Hat das Substantiv ein Adjektivattribut bei sich, so kann der Artikel beim Femininum nicht ausfallen: אין גרייסען בית־מדרש ‚in das, im große(n) Beßmedresch'; אין דער אַלטער שול ‚in die, der alte(n) Synagoge'.

Nur das zusammengesetzte פֿון...וועגן ‚für, wegen, um ... willen' erfordert bei lebenden Wesen den zwischen die beiden Teile tretenden s-Genetiv: פֿון דעם זונס וועגן ‚für den Sohn'; bei Personal-Pronomen siehe P. 55, Anm. 1.

114. Das Objekt kann auch durch einen Präpositionalausdruck gegeben sein. Dieser steht nach dem vollständigen Verbum. מען האט געוואַרט אויפֿ די כּלזמרים ‚Man wartete auf die Musikanten'. ער שפּעט פֿונ'ם עולם ‚Er verhöhnt das Publikum'.

115. Hierher gehört das Objekt der Vergleichung bei einem Komparativ: מענדעל איז העכער פֿון משהן ‚Mendel ist größer (gewachsen) als Moische'. Statt פֿון wird manchmal פֿאַר gebraucht. Auch kann dieses Objekt wie eine Vergleichung beim Positiv durch einen abgekürzten Satz mit der Einleitung ווי, אײדער, manchmal ווידער umschrieben werden: ווי משה, אײדער משה.

Attribut.

116. Das Attribut kann ein Adjektiv, Partizip, Pronomen, Numerale, Substantiv oder Adverbiale sein.

117. Das Adjektiv und das Partizip stimmt mit seinem Substantiv in Zahl, Fall und Geschlecht überein; es steht

1. vor ihm und wird nach der I. Adjektivdeklination flektiert. די יודישע מִנהָגים זענען אַלט ‚Die jüdischen Sitten sind alt'. ער האט געזוכט דעם יונגען שרײַבער ‚Er suchte den jungen Schriftsteller'.

גרויס vor einem Abstraktum wird — wenn ein Artikel fehlt — in allen Kasus endungslos gebraucht: גרויס פֿרײד ‚große Freude'.

2. nach ihm; es wird dann durch den entsprechenden Artikel substantiviert und demgemäß flektiert. Diese Stellung ist seltener. זי זעט דאָס קינד, דאָס שלאַפֿע ‚Sie sieht das kranke Kind'.

118. Pronomen. In attributivischer Verwendung erscheint das Possessivum, das Demonstrativum (und Artikel) und das Indefinitum.

119. Das Possessiv steht

1. vor dem Hauptwort. a) Wenn dieses keinen Artikel hat, so bleibt das Possessiv unflektiert; es erhält die Pluralendung, wenn das Substantiv im Plural steht. ער האט געשריבען זײַן זון ‚Er schrieb seinem Sohne'. אונזערע צָרות זענען גרויס ‚Unsere Leiden sind schwer'. b) Hat das Hauptwort unbestimmten Artikel — der nach dem Possessiv steht — so wird dieses nach der I. Possessivdeklination flektiert: זי זוכט אירם אַ קינד ‚Sie sucht ein, ihr Kind, eines ihrer Kinder'.

— Im Plural fallen natürlich a) und b) zusammen: ער האט עס געשריבען זײַנע גוטע פֿרײַנד, ‚Er schrieb es seinen Freunde(n)‘.

2. nach dem Hauptwort, das bestimmten oder unbestimmten Artikel haben kann. Flexion nach der II. Possessivdeklination: ער װעט עס שרײַבען דעם פֿעטער זײַנעם, ‚Er wird es seinem Onkel schreiben‘. זי זוכט אַ קינד אירם, ‚Sie sucht ein, ihr Kind, eines ihrer Kinder‘.

120. Die Demonstrativa kommen als Attribute fast nur in adjektivischer Verwendung, vor dem Hauptwort stehend, vor: דיער und אט דער — Flexion s. P. 58. דער דיזלבער, דער יעניגער, דער דאזיגער, דער זעלביגער und דער אײַגענער — I. Adjektivdeklination. יענער — I. Possessivdeklination; ebenso אַזעלכער und אַזױנער, die aber nur im Plural adjektivisch gebraucht werden; die unflektierbaren אַזאַ und אַ מין, für die im Plural die beiden vorausgehenden dienen. איך פֿאַרשטײ אט דאָס רחמנות, ‚Ich verstehe dieses Mitleid‘. דיער דאזיגער מאַן איז ניצול געװארען, ‚Dieser Mann kam heil davon‘. מײַן טאַטע פֿלעג עס נעמען אַזאַ מלמד, ‚Mein Vater pflegte einen solchen Lehrer zu nehmen‘. איך װעל זען יענעם אָרט, ‚Ich werde jenen Ort sehen‘.

121. Von den attributiv verwendeten Indefiniten stehen

1. vor dem Substantiv: יעטװידער, יעדער, אַ יעדער und איטליכער: sie werden nach der I. Possessivdeklination flektiert; ihr Plural wird durch אַלע vertreten; עטליכע; אַלדעם (Flexion s. P. 62); bei den Formen ohne ד kann das Hauptwort bestimmten Artikel haben, der vor das Pronomen tritt. Bei עפּעס und אײן (I. Possessivdeklination) tritt im Singular der unbestimmte Artikel vor das Hauptwort. אבי װאָס פֿאַר אַ; ניט קײן, ניט קײן שום usw. איטליכס פֿײגאַלע האט געזונגען, ‚Jedes Vöglein sang‘. ער איז בעסער פֿון די אַלע מענשען, ‚Er ist besser als alle jene Menschen‘. איך האב עס דערצײלט אײנעם, אַ זקן, ‚Ich erzählte es einem, irgendeinem, einem von den Greise(n)‘. איך זע עפּעס אַ זעלנער, ‚Ich sehe einen Soldaten‘.

2. nach dem Substantiv: אַלײן und גופֿא z. B. מיר האבען עס געזען אַלײן und מיר אַלײן האבען עס געזען, ‚Wir selbst sahen es‘. די װעלט גופֿא איז אַ חלום, ‚Die Welt an sich ist ein Traum‘.

122. Numerale. Die Grund- und Bruchzahlen stehen

1. vor dem Hauptwort; dieses steht im Plural; die Zahlen bleiben unflektiert, nur bei bestimmtem Artikel hat אײן die 1. Adjektivdeklination; האלב kann flektiert sein. ער האט אױפֿגעהױבען אײן האנט

‚Er erhob eine Hand'. מיר ווילען די איינע זאַך ‚Wir wollen das eine'. צוויי בערג זענען די גרענעץ ‚Zwei Berge sind die Grenzen'.

Das Substantiv steht im Singular bei איין und bei den damit endigenden Zahlwörtern. Ferner stehen im Singular die Substantive: יאָר ‚Jahr', מאַן ‚Mann', שעה ‚Stunde', פֿונט ‚Pfund', מינוט ‚Minute', מעת-לעת ‚Tag = 24 Stunden', זייגער ‚Uhr', manchmal טאָג ‚Tag', sowie überhaupt meistens die eine Geldbezeichnung, Zeit- und Maßangaben ausdrückenden Substantive: דריי מענשען, הונדערט-צוויי-און-זיבעציג מאַן, זיבען יאָר, הונדערט-איינס הייזער neben -און-איין הויז, זעקס oder זעקס-אַ-האַלב שעה, ניין קרוין, פֿיר מעת-לעת, צוועלעף אַ זייגער און אַ האַלבע שעה.

2. nach ihrem Hauptwort — Singular oder Plural — wenn die Angabe durch אַ die Bedeutung ‚ungefähr' erhält: אַ מאַן פֿופֿציג ‚an fünfzig Mann; אַ וואָכען דריי ‚ungefähr drei Wochen'; ferner bei זייגער, z. B. ס'איז זעקס זייגער ‚Es ist sechs Uhr'. — איין (flektiert) in Ausrufen: גזלן איינער! ‚Bandit!'

Ordnungs- und Vervielfältigungszahlen werden naturgemäß wie die Adjektivattribute gebraucht.

Substantivattribut.

123. Es steht 1. vor dem Hauptwort und zwar im s-Genetiv. Das Hauptwort hat bei Bestimmtheit keinen Artikel, bei Unbestimmtheit den unbestimmten. Das Attribut hat regelrecht bestimmten oder unbestimmten Artikel: איך האָב געזען דעם רבּם אייניקעל ‚Ich sah den Enkel des Rabbi'. דעם רבּם אַן אייניקעל איז געשטאָרבען ‚Ein Enkel des Rabbi ist gestorben'. ער איז געווען אַ רבּם אַן אייניקעל ‚Er war Enkel, ein, der Enkel eines Rabbi'.

124. 2. nach dem Hauptwort:

a) im Präpositional-Genetiv: די צייט פֿון לעבען איז קורץ ‚Die Zeit des Lebens ist kurz'. Manchmal steht der Präpositional-Genetiv des Personalpronomens für das Possessiv: איך האָב געלייענט דעם בריוו פֿון אים ‚Ich habe seinen Brief gelesen'. Ist das Hauptwort ein Infinitiv, so wird statt des Genetiv-Attributes ein Objekt gebraucht, s. P. 112.

Das Attribut kann ein Infinitiv mit צו sein: ס'איז דאָ אַ האָפֿענונג אַהיימצופֿאָרען ‚Es besteht Aussicht, heimzufahren'. Der Infinitiv kann Objekte bei sich haben: ער פֿאַרשטייט דעם ענין צו געפֿינען קונים ‚Er versteht es, Kunden zu finden.'

b) ohne weitere Bezeichnung des Verhältnisses: אײַן זײַט פָּנים האט אים געפּלאַמט ‚Die eine Seite seines Gesichtes war rot'. זי האט גענומען דאָס טעפּעל געקעכץ ‚Sie nahm den Topf mit der Speise'.

c) es stimmt mit dem Hauptwort im Kasus überein, hat eigenen Artikel (der gleiche Fall wie P. 117, 2.): אַ ייד אַ למדן גיט זיך אַן עצה ‚Ein gelehrter Mann weiß sich zu raten'. דאָס קינד, אַ יונגעל, האט געװײנט ‚Das Kind, ein Knabe, weinte'. ער האט געפרעגט זרח דעם שוחט ‚Er fragte Surech, den Schächter'.

Keinen eigenen Artikel hat das im Plural stehende Attribut nach gewissen Kollektiven: פּאָר ‚Paar', צענדלי(נ)ג ‚Gruppe von zehn', טוץ ‚Dutzend', שאָק ‚Schock', מאה ‚Hundert', מנין ‚Gruppe von zehn (Juden, die älter als 13 Jahre sind)', עדה ‚Gemeinschaft', קהילה ‚(jüdische) Gemeinde', שטאָט ‚Stadt' usw.: אַ טוץ זעק ‚ein Dutzend Säcke', אַ מנין יודען ‚ein Minjen Juden', ער האט גענאַרט אַ שטאָט מענשען ‚Er betrog die ganze Stadt'.

Bei festen Namensverbindungen steht der s-Genetiv nach seinem Hauptwort: בערעל חנטשעס ‚Berel (Sohn) der Chantsche' (dagegen חנטשעס בערעל ‚Chantsches Berel'); לײזער דבורהס ‚Leiser (der Mann) der Dwoire'.

125. Ein adverbiales Attribut steht nach dem Hauptwort:

a) Ein Adverb (P. 101) findet sich bei manchen Verben bei einem Objekt: איך געדענק יענטען מײדעלװײַז ‚Ich erinnere mich der Jente, als sie noch ein Mädchen war'. ער זעט דעם בוים פאַרברענטערהײט ‚Er sieht den Baum in verbranntem Zustande'. דער שמש דערזעט אים פרײליך ‚Der Synagogendiener erblickt ihn fröhlich'. איך הער אים הוסענדיג ‚Ich höre ihn husten'.

Dieses Adverb kann sich in ein Adjektiv von der Attributstellung P. 117, 2, resp. in ein Substantiv von der Attributstellung P. 124 c (beide mit unbestimmtem Artikel) verwandeln. איך געדענק יענטען אַ מײדעל — ער זעט דעם בוים אַ פאַרברענטען — דער שמש דערזעט אים אַ פרײליכען — איך הער אים אַ הוסענדיגען.

Adverbialverbindungen: די בײמער בײַם טײַך זענען װערבעס ‚Die Bäume am Fluß sind Weiden'.

b) Einfache Adverbien ergänzen auch Adjektiva und Adverbien; sie stehen vor diesen. נאָר und זײער treten vor eventuellen Artikel, גענוג nach ihn.

126. Diese Attribute, P. 116—125, können (in koordiniertem Verhältnis) fast alle in ihren verschiedenen Stellungen miteinander verbunden erscheinen: ער האט געזוכט דעם יונגען חַזן, דעם שלאַפֿען ‚Er suchte den jungen kranken Vorsänger‘. דעם אלטען רֶב יַעקבֿס רייד ‚Die Worte des alten Reb Jakob‘. יעדער קוק זײַנער ‚Jeder seiner Blicke‘. דעם מֶלכם און דער מַלכּהס זין ‚Die Söhne des Königs und der Königin‘. א קלייִנער שוואַרצער וואלקען ‚Eine kleine schwarze Wolke‘. עטליכע גוטע מענשען ‚Einige gute Menschen‘. איך געדענק די מאַמע פֿון יענטען מײדעלווײַז ‚Ich erinnere mich der Mutter der Jente, als sie noch ein Mädchen war‘ usw.

Adverbiale Bestimmung.

127. Anm. Als adverbiale Bestimmungen dienen einfache Adverbia (P. 101) und Adverbialverbindungen. Als Adverbialkasus dient der Akkusativ.

128. Stellung der adverbialen Bestimmung, falls im Satz kein Objekt vorhanden ist: Bei zusammengesetzten Verbalformen stehen einfache Adverbien unmittelbar nach dem Finitum, Adverbialverbindungen stehen meist nach der vollständigen Verbalform. איך האב הײַנט געזונגען ‚Ich sang heute‘. ער האט גוט געשפּילט ‚Er hat gut gespielt‘. מען איז געזעסען פֿאַרטראַכטערהײט ‚Man saß in Gedanken‘. ער איז זיך נאך מְיַשֵבֿ ‚Er überlegt noch.‘ — זעלדע וועט קומען אין דער פֿרי ‚Selde wird am Morgen kommen‘.

Besteht das Prädikat aus Adjektiv mit זײַן, so steht גענוג immer vor ersterem: ער איז גענוג אַלט ‚Er ist alt genug‘.

129. Falls im Satz ein Objekt vorhanden ist, steht die adverbiale Bestimmung,

1. wenn sie einfach ist, meist vor dem Objekt: איך שרײַב הײַנט א בריוועל ‚Ich schreibe heute ein Briefchen‘. Bei zusammengesetzten Verbalformen steht sie unmittelbar nach dem Finitum: איך האב נעכטען געשריבען א בריף ‚Ich schrieb gestern einen Brief‘. ער האט תָמיד גובֿר געווען די שונאים זײַנע ‚Er hat seine Feinde immer besiegt‘. רֶב פֿײַוועל זינגט שענער פֿונ'ם נײַעם חַזן ‚Reb Fawel singt schöner als der neue Vorsänger‘.

2. nach dem Objekt, a) wenn dieses ein Personale oder Reflexivum ist. איך שרײַב אים הײַנט ‚Ich schreibe ihm, resp. ihn heute‘. דאָס ווײַב האט אים אומעטום געזוכט ‚Seine Frau suchte ihn überall‘. — b) wenn die adverbiale Bestimmung durch eine Adverbialverbindung

ausgedrückt ist: ער זוכט דאָס פּאַפּיר (resp. עם) אויף אַלע ערטער ‚Er sucht (es) allerorten das Papier'. מיר זענען געפֿאָרען אַ גאַנצען טאָג ‚Wir fuhren den ganzen Tag'.

130. Sind in einem Satz mehrere adverbiale Bestimmungen vorhanden, so regelt sich ihre Stellung im allgemeinen nach P. 127—129. Gehören welche unter ihnen gleichen Kategorien an (z. B. דאָרטען, אין שול), so tritt statt einer nach obigen Angaben getrennten oft eine zusammenhängende Stellung, u. zw. P. 129,2 ein. ער האָט געזונגען דאָס דאָזיגע לידעל דעמעלט אַ גאַנצען טאָג ‚Er sang damals den ganzen Tag dieses Lied'. — Bei mehreren adverbialen Bestimmungen, die gleichen Gruppen (z. B. דאָרטען, נעכטען) oder gleichen Kategorien und gleichen Gruppen (z. B. דאָרטען, אויבען) angehören, richtet sich die Reihenfolge nach der Gefühlsbetontheit.

131. Die Negation des Verbs (ניט, נישט — vor Konsonanten auch ניש, verstärkt גאָרני(ש)(ט), זייער ני(ש)(ט)) steht unmittelbar nach dem Finitum: אֶסתּר האָט ניט געוויינט ‚Ester weinte nicht'. — מער und שוין treten vor die Negation: ער האָט מער ניט גערעדט ‚Er sprach nicht mehr'. ער וועט שוין ניט קומען ‚Er wird nicht mehr kommen'. — Bei גאָרניט in der Bedeutung ‚nichts' kann das Verb die Negation haben oder nicht: איך האָב גאָרניט (ניט) געזען ‚Ich sah nichts'.

Der unbestimmte Artikel des Subjekts oder Objekts muß sich in קיין (verstärkt גאָר קיין und זייער קיין) verwandeln. In diesem Falle kann — wenn das Verbum in einfacher Gestalt erscheint — ניט hinter das Objekt treten. קיין מענש פֿאַרשטייט ניט זיין לשון ‚Kein Mensch versteht seine Sprache'. ער פֿאַרלאַנגט ניט קיין טובֿה oder ער פֿאַרלאַנגט קיין טובֿה ניט ‚Er verlangt keine Wohltat' — dagegen nur ער האָט ניט פֿאַרלאַנגט קיין טובֿה.

Das Personale und Reflexiv tritt zwischen Finitum und Negation: זיי וועלען אים ניט געפֿינען ‚Sie werden ihn nicht finden'.

132. Einige Adverbien können an die Spitze des Satzes treten: ממש זי זינגט ‚Sie singt förmlich'. בַּק זיי קריגען זיך ‚Sie streiten fortwährend'.

II. Stellung.

133. Diese Stellung tritt meist in der Form: adverbiale Bestimmung — Prädikat — Subjekt — Objekte auf. אויפֿ'ן הימעל ווייזען זיך שטיקלעך וואָלקען ‚Am Himmel erscheinen kleine Wolken'. Bei

zusammengesetzten Verbalformen steht das Subjekt nach dem Finitum: פֿאַראַיאָרען האָבען מיר נעקרינען די לעצטע יְדִיעות ‚Im vorigen Jahre erhielten wir die letzten Nachrichten'. דערנאָך איז דער זיידע מְתפּלל ‚Dann betet der Großvater'.

Das Subjekt kann auch durch ein unmittelbar vorangehendes עפּעס, עס oder דאָס eingeführt werden. הײַנט זענען עס שוין געקומען די מְחותָּנים ‚Heute kamen bereits die Gegenschwäher'.

Gleiche Stellung hat ein Objekt, das ein Personale oder Reflexivum ist (sodaß also das Objekt vor das Subjekt zu stehen kommt): דארטען האט אים געזוכט די מומע ‚Dort suchte ihn die Tante'. Ist das Subjekt auch ein Personale oder מען, so tritt das Objekt wieder dahinter: דארטען האט זי אים געזוכט ‚Dort suchte sie ihn'.

Weitere adverbiale Bestimmungen stehen an beliebiger Stelle. Hier, sowie bezüglich der sonstigen Verhältnisse innerhalb der einzelnen Satzteile, gelten dieselben Gesetze wie bei der I. Stellung.

134. Die adverbiale Bestimmung an der Spitze des Satzes kann ausfallen, so daß dieser mit dem Prädikat beginnt. האט ער זיך גענומען צום לערנען ‚Da(nn) begann er zu studieren'.

Das Prädikat wird verstärkt und hervorgehoben durch a) vorangehenden Infinitiv des gleichen Verbs: קומען קומט ער ניט ‚Er kommt nun nicht'. שרײַען האט ער ניט געוואלט הויך שרײַען ‚Er wollte nicht laut schreien'. b) vorangehendes Prädikatsnomen: לויטער איז געווען דער הימעל ‚Klar war der Himmel'. געלאַכט האבען זיי ‚Sie lachten'.

Vor ein unverstärktes Prädikat kann ein das Subjekt vorwegnehmendes עפּעס, עס oder דאָס treten: עס צוגײען זיך די וואלקענס ‚Die Wolken lösen sich auf'. Bei Verstärkung des Prädikats ist die Stellung von עפּעס, עס und דאָס wie in P. 133.

Zur Hervorhebung des Objektes kann dieses an die Spitze treten: גאַנצע טײַכען וואַסער האט געגאסען דער הימעל ‚Ganze Wasserströme goß der Himmel herab.'

Verbindung von Hauptsätzen.

135. Der durch eine koordinierende Konjunktion an einen anderen angefügte Hauptsatz behält im allgemeinen seine Wortstellung (I. oder II.) bei; nur bei manchen Konjunktionen (פֿון דעסטוועגען ‚trotzdem'),

insbesondere den konklusiven (מחמת דעם, דערפֿאַר, דעריבער ‚daher, deshalb') muß der zweite Satz die zweite Stellung haben; die Konjunktion steht dann entweder vor dem Prädikat oder nach dem Subjekt: a) ער איז אָרעם; דעריבער האבען זײַ נאָרניט פֿאַרלאַנגט oder b) ער איז אָרעם; זײַ דעריבער האבען נאָרניט פֿאַרלאַנגט ‚Er ist arm; daher verlangten sie nichts'; dagegen Stellung I., wenn die Konjunktion nach das Verbum (Finitum) tritt: c) ער איז אָרעם; זײַ האבען דעריבער נאָרניט פֿאַרלאַנגט.

Manche Konjunktionen können noch die kopulativen און, אויך neben sich haben (bei den konklusiven ist dann Stellung b unmöglich): ער איז אָרעם און דעריבער האבען זײַ נאָרניט פֿאַרלאַנגט.

136. Ein Satz von der I. Stellung kann auch ohne Konjunktion mit dem vorhergehenden dadurch inniger verknüpft werden, daß er in die II. Stellung und zwar nach P. 134 übergeht: ער איז אָרעם; האבען זײַ נאָרניט פֿאַרלאַנגט ‚Er ist arm, sie verlangten also nichts'.

Hierher gehören auch die mit angeführter direkter Rede beginnenden Sätze: נײַן! האט ער געזאָגט ‚Nein! sagte er'.

Anm. 1. Es kommt vor, daß der zweite Satz ohne das Subjekt עס oder ohne das Hilfsverb der Vergangenheit — auch wenn es ein anderes als im ersten Satz sein müßte — an diesen anschließt. ..., בין איך..., מיך געקאָסט אַ פֿופֿציגער ‚..., es kostete mich einen Fünfziger'. ער האט גענומען דאָס פֿעסאלע און אַוועק אין שטאָט ‚Er nahm das Fäßchen und machte sich auf den Weg zur Stadt'.

Anm. 2. Bei einem logischen Zusammenhang mit Satzteilen des ersten Satzes fällt das Subjekt des zweiten manchmal weg: עס ווערט איר ענג אין שטוב און וויל אַרויס ‚Es wird ihr im Hause zu eng, sie möchte hinaus'; hierbei kann auch ein Unterschied im Numerus bestehen.

Fragesatz.

137. Fragesätze, die nicht durch ein Fragewort eingeleitet sind, unterscheiden sich von Aussagesätzen nur durch den Ton: דו האסט נעכטען גערעדט מיט זײַ? und נעכטען האסטו גערעדט מיט זײַ? ‚Sprachst du gestern mit ihnen?'

138. Fragesätze, die durch ein Fragewort — siehe P. 60. וואָס פֿאַר אַ usw. für Singular und Plural, nur attributiv — eingeleitet werden, haben die II. Stellung; nur wenn das Fragewort ein Fragepronomen

als Subjekt des Satzes ist: I. Stellung. װער איז דער מְחַבר? ‚Wer ist der Verfasser?‘ װאָסזשע האב איך געטון? ‚Was habe, ich nun getan?‘ װאו איז געװעזן אײַער שװיגער? ‚Wo war Ihre Schwiegermutter?‘ װער איז נעכטען געקומען? ‚Wer kam gestern?‘

Zur Verleihung besonderen Nachdrucks kann das Subjekt vor das Fragewort treten: דו װער ביסט? ‚Wer bist denn du? דער רֶבי װער איז? ‚Wer ist denn Rebbe?‘ אײַער כּוח װאו איז געװעזן? ‚Wo war denn Ihre Kraft?‘

Befehl- und Wunschsatz.

139. Der Befehlsatz hat beide Wortstellungen: משה זאל אַרײַנקומען und זאל אַרײַנקומען משה ‚Moische soll hereinkommen‘.

140. Der Wunschsatz hat gemäß der Konjugation des Optativs nur die II. Stellung; לאָמיך אים נאר טרעפֿען ‚Wenn ich ihn nur träfe‘; doch treten Objekt oder adverbiale Bestimmung nur bei besonderem Nachdruck vor das Prädikat: מיר זאל זײַן פֿאַר דײַנע בײנדעלעך ‚Mich möge statt deiner‘ (wörtl. ‚deiner Knöchlein‘) ‚Unheil treffen‘.

Verbindung von Haupt- und Nebensätzen.

Konjunktionalsätze.

141. Sie werden durch subordinierende Konjunktionen eingeleitet und stehen

1. nach dem Hauptsatz. Die Wortstellung ist in beiden Sätzen von einander unabhängig: צװײטענס שרײַב איך דיר, אַז בײַ אונז האט זיך געטראָפֿען אַן אומגליק מיט אַ גליק אין אײנעם ‚Zweitens teile ich dir mit, daß bei uns ein Unglück und gleichzeitig ein Glück passiert ist‘. די מאַמע האט איר דערצײלט אַזױנע װערטלעך אַזױ לאַנג, ביז קרײנדעל איז אַװעק ‚Die Mutter erzählte ihr so lange solche Sprüche, bis Kreindel wegging‘.

2. vor dem Hauptsatz; die Wortstellung im Nebensatze ist die I. oder II., im Hauptsatze die II., und zwar: Prädikat — Subjekt — Verbalzusätze: װײַל איך בין דעמאלט ניט געקומען צון אים, װיל ער מיר ניט געבען קײן געלט ‚Weil ich damals nicht zu ihm kam, will er mir kein Geld geben‘.

142. Bei Bedingungssätzen kann im Hauptsatz nur der Konditional mit װאלט, im Nebensatz mit װאלט oder זאל stehen.

אַז איך וואלט אים געווען געטראָפֿען, וואלט איך עס אים געווען געזאָגט oder אַז איך זאל אים געווען טרעפֿען, וואלט איך עס אים געווען געזאָגט ‚Wenn ich ihn getroffen hätte, hätte ich es ihm gesagt'. ער וואלט עס ניט פֿאַרשטאַנען, אַז איך זאל עס אים זאָגען oder אַז איך וואלט עס אים געזאָגט ‚Er verstünde es nicht, wenn ich es ihm sagte'.

Anmerkung. In Bedingungssätzen vor dem Hauptsatz, und zwar namentlich mit dem Hilfsverb זאל kann die Konjunktion wegfallen: איך זאל וויסן דעם וועג, וואלט איך אַהין געגאַנגען ‚Wenn ich den Weg wüßte, ginge ich hin'. ווילסט דערציילען, דערצייל ‚Wenn du erzählen willst, so erzähle'. Ebenso muß in Zwecksätzen nach Verben der Befürchtung das Verbum die Negation erhalten: זי האט מורא, ער זאל נישט אַראָפּשפּרינגען ‚Sie fürchtet, er könnte hinunterspringen'. — Auch sonst fällt die Konjunktion manchmal weg: זי מיינט, איך בין מְשוגע געוואָרען ‚Sie glaubt, daß ich verrückt geworden bin'.

Relativsatz.

143. Ein Nomen und ein darauf bezüglicher Satz — I. oder II. Stellung — werden durch וואָס miteinander verknüpft. דער חבֿר, וואָס ער האט אים דעמאָלט געשריבען, איז געווען שמואל ‚Der Freund, dem er (auch: der ihm) damals geschrieben hatte, war Schmiel'. די צייַט, וואָס אַמאָל האט זי זיך אים אויסגעדאַכט אַ שווערע, רעכענט ער אַצינד פֿאַר דער שענסטער פֿון זיין לעבען ‚Die Zeit, die ihm einst schwer schien, hält er nun für die schönste seines Lebens'.

Ist das Relativverhältnis nominativisch, so fällt das Subjekt, d. h. das die Kasusbeziehung enthaltende Personalpronomen, meist weg. די מֶמשָלה פֿון די דאָזיגע מְלָכים, וואָס האט געדויערט העכער פֿירהונדערט יאָר, איז געווען זייער האַרט für וואָס זי האט געדויערט ‚Die Herrschaft dieser Könige, die mehr als vierhundert Jahre dauerte, war sehr hart'.

Ist das Relativverhältnis ein akkusativisches, so fällt beim Neutrum das Objekt, d. h. das die Kasusbeziehung enthaltende Personalpronomen der 3. Person oft weg: זיי האבען גערעדט וועגען דעם פָּנים, וואָס זיי האבען געזען für וואָס זיי האבען עס געזען ‚Sie sprachen über das Gesicht, das sie sahen'.

144. Ziemlich selten ist das Relativpronomen וועלכער, das durch seine Flexion — II. Possessivdeklination — den Kasus der Beziehung herstellt: דער חבֿר, וועלכען ער האט דעמאָלט געשריבען, איז

געזען שמואל ‚Der Freund, dem er usw.' — Der s-Genetiv wird oft, Dativ und Akkusativ selten, durch die entsprechende Form von װער ersetzt. ער זוכט יענעם, װעמענס געלטבײַטעלע ער האט געפֿונען ‚Er sucht den Mann, dessen Geldbörse er gefunden hatte'.

Indirekter Fragesatz.

145. Den direkten Fragesätzen ohne einleitendes Fragewort entsprechen analoge oder durch die Fragepartikel צי (צו) eingeleitete indirekte. Sie haben meist die I. Stellung. ער פֿרעגט זיי, צי זיי האבן געזען ‚Er fragt sie, ob sie gesehen haben'.

146. Den durch ein Fragewort eingeleiteten direkten Fragesätzen entsprechen die gleichen indirekten; Stellung meist I.; doch erhält der Nebensatz, wenn er durch ein Fragepronomen im Nominativ eingeleitet wird, noch als personales Subjekt das hinter das Fragepronomen tretende עס, z. B.: איך װײס, װער ס'האט אים געזען ‚Ich weiß, wer ihn gesehen hat'. מען פֿרעגט מיך, װאס ס'איז געװארן מיט מיר ‚Man fragt mich, was mit mir geschah'. Ein Prädikativum bei זײַן tritt vor עס: מען האט געװאלט װיסן, װי גרױס ס'זענען יענע שטעט ‚Man wollte wissen, wie groß jene Städte seien.'

Zur besonderen Hervorhebung kann der indirekte Fragesatz seinem Hauptsatz — der dann die erste Stellung hat — voranstehen.

147. Der Ausrufesatz ist ein indirekter Fragesatz mit einleitendem װי! z. B. װי עס לײַכטן די שטערן! ‚Wie die Sterne leuchten'.

Lesestücke.

1. Man beginne die Übungen mit einem Abschnitt von einigen Zeilen (später größer). Dieser Abschnitt muß vor allem mehreremale (laut) durchgelesen werden. — 2. Hierauf schlage man im Wörterbuch nach — anfangs so viel als möglich; bei manchen Wörtern ist durch den Vermerk s. W. ausdrücklich darauf hingewiesen — und übersetze sodann mit Hilfe der Anmerkungen den Abschnitt. Schließlich bringe man diese Übersetzung zu Papier. — 3. Beim ersten Text kontrolliere man sie hierauf nach der Übersetzung auf Seite 81 ff. und präge sich an der Hand der gemachten Fehler das Richtige ein. — 4. Nach einiger Zeit, etwa am nächsten Tage, übersetze man die deutsche Übertragung wieder ins Jiddische, kontrolliere nach dem Original und präge sich an der Hand der gemachten Fehler das Richtige ein.

יצחק לייב פרץ.

אן אפקומעניש.

פארצייטיגע חסידים האבען געוואוסט, ווער חיים־יונה־וויטעלס[1] איז געווען[2]. עס איז[3] געווען צו זאגען: ,דעם אלטענם בעל־תפילה. כידוע, האט מען נישט אזוי לייכט צוגעלאזט ביים אלטען צום עמוד, בפרט ראש־השנה און יום־כיפור. און חיים־יונה־וויטעלם האט טאקע געדאווענט ימים־נוראים און ער איז עס ווערט געווען: א יודי[4] א למדן[5], בנגלה און בנסתר[6], אבער נאר א שארפער למדן און א ירא־שמים — אן אמת[7] אפגעהיטענער יוד, אפילו נאך א יונגער מאן, נאר די תענית׳ם מיט די סגופים, וואס ער האט דורכגעמאכט, האלטען געווען געווען פאר צייטען מנונים... און עברי האט ער געזאגט! פארשטייט זיך, נישט אויפ׳ן חסידישען אופן, נאר אזוי עברי, א חיתוך־הדיבור![8] אי[9] ווארט פאלט ווי א[10] פערעל פון[11] מויל, און א קול האט ער געהאט — רבונו־של־עולם, מען זעט נאר[12] היינט אזוינע בעלי־תפילות נישט![12]

א קומא־לן[13] האבען מיר, אז ביים אלטען אין בית־מדרש האבען געדאווענט א[14] ד׳[15] מאות... קיין בענק זענען נישט געשטאנען, און דער גאנצער חלל[16] פון בית־מדרש איז געווען אנגעפראפט מיט מענשען. אז עמעצען איז אין מיטען דרינען, ביי שמונה־עשרה צי ביי תקיעות, צי ביי כהנים־דוכנען, אראפגעפאלען דער טלית פון קאפ, האט ער אים שוין נים ארויפגעצויגען... און כפלים אויפ׳ן הויף און א הויף איז געווען ביים אלטען — מען זעט נאר[12] היינט נישט[12] אזוינע הויף. און פון דעסטוועגען[17], אז חיים־יונה־וויטעלם האט ארויסגעלאזט א קול, האט געקלונגען ווי א גלאק אין די אויערען! האסטו[18] געמעגט שטיין אין ווייטסטען ווינקעלע פון הויף, האט עס דיר געקלונגען...... חיים־יונה־וויטעלם זאגט שוין בלחש[19], און ביי דיר אין אויער קלינגט נאך — א מעשענע קויל קוילערט זיך אין אויער! און היינט זיין בלחש, דאס איז נאר געווען פלאי־פלאים דאכט זיך, דאס קול האט זיך אראפגעלאזט ביז צו דער נידעריגסטער מדרגה, עס איז אזוי שטיל־זיס־ווייענדיג... טייל מאל דאכט זיך דיר, אז עפעס[20] א קליין קראנק קינד אין וויג, וואס פאכט שוין מיט׳ן לעבען, רופט אזוי שטיל צו דער רחמנותדיגער

---

[1]) Hauptakzent: wi'. [2]) P. 77. [3]) P. 70. [4]) ,Mann'. [5]) P. 124, b. [6]) in offener und in geheimer Lehre. [7]) adv. [8]) ,artikulierte Rede', ,deutliche Aussprache'. [9]) übers. best. Artikel, Plural. [10]) übers. ohne Artikel. [11]) ,aus seinem'. [12]) gehört zusammen. [13]) Betrag, Summe. [14]) ,an', ,gegen'. [15]) lies daled, ,vier' (hbr. Buchstaben als Ziffern). [16]) ,Hohlraum', ,Raum'. [17]) s. W. (= siehe Wörterverzeichnis). [18]) übers. ,man'. [19]) ,leise'. [20]) P. 55.

מוטער: קום, קום, מאַמע, העלף! און דעם שטילען, זיסען בלחש האָבען אויך געהערט אַלע, אַלע — דאָס איז שוין קיין קונץ ניט געװען! און צולאזט זיך חיים־יונה־װיטעלס אין אַ „נעלה"[1]) — רבונו־של־עולם! עס האָט זיך געדאַכט, די װענט װעלען צוגיין!

און צו דעם אַלעם, איז עס געװען אַ באַשמעקטער[2]) מענש, אַ הדרת־פּנים — די שכינה, כּביכול, האָט אויף אים גערוט. אָנגעטאָן װי אַ טאַק, נישט, חלילה, פֿאַר[3]) נאוה װעגען![3]) זיין דרך איז אַזוי געװען. אַ זיידענער קאַפּטען מיט סטראַקעס[4]), אַ לייפּסקער זיידענע־גאַרטעל, און אַ שטריימעל — האָט עס געבלאַנקט און געבליצט מיט די זילבערנע האָר ... און אַ באָרד אַ שװאַרצע, אַ לאַנגע, ביז'ן[5]) גאַרטעל אַריין[6]) אַ באָרד, און פּאות געקרייזעלטע, און אויף דער צורה איז געלעגען אויסגעגאָסען די אייגענע[7]) זיסע גבורה, װאָס האָט געשטעקט אין קול ... און אַ פּאָר אויגען — מענשען האָבען געגאַפֿט! נישט איינמאָל פֿלעג דער אַלטער זאָגען:

—אַזאַ מענש דאַרף[7]) זיך היטען פֿאַר אַן עין־הרע.

מיינט איר דאָך אַוודאי, ער האָט געמיינט פּראָסט אַן עין־הרע ... אָבער דער אַלטער פֿלעג קיינמאָל נישט רעדען אַזוי פּראָסט אין[8]) פּשטות אַריין ...[9]) אַן אַנדער מין עין־הרע האָט ער געמיינט. פֿאַרצייטענס פֿלעג זיך גאַנץ[9]) אָפֿט טרעפֿען[7]), אַז אַ פּריצה[10]), אַן אַלמנה[10]), צו אַ גרושה[10]), פֿלעג פּלוצלונג אַריינפֿאָרען אין אַ שטעטעל אַריין, און מיט געװאַלד אויסכאַפּען אַ יוד פֿון[11]) גאָס[11]), פֿאַרשטייט זיך; װאָס[12]) שענער און געזינטער, און אַװעקפֿירען צו זיך אין פּאַלאַץ אַריין, און נייטען צו זינדיגען, מיט גוטען, מיט בייזען. עס פֿלעג זיך טרעפֿען, אַז אַ יוד איז נישט עומד[13]) בניסיון[13]) געװען[13]), און כאָטש די פּריצה פֿלעג אים ס'רוב דערנאָך אַרויסװאַרפֿען, און ער פֿלעג נעבעך אַהיימגיין און תשובה טון, תעניתים פֿאַסטען, טון, װאָס מען האָט געהייסען, האָט עס דאָך נישט שטענדיג געהאָלפֿען ... אַזאַ שלעכט אויג האָט דער אַלטער געמיינט ...

געזאָגט האָט מען, אַז חיים־יונה־װיטעלס איז אַ גרויסער זהיר[14]), אַז אין אַ יריד־טאָג, און אין אַזוי[15]) זונטיג צו! אין חגא קומט ער ממש נישט אַרויס מפּתח[16]) ביתו[16]) און פֿון דעסטװעגען[7]), װי עס װייזט זיך אַרויס, האָט דער אַלטער רעכט געהאַט ...

---

1) ein gew. Gebet. 2) ‚anmutig'. 3) P. 114. 4) ‚Verschnürung'. 5) ‚bis zum'. 6) ‚hin'. 7) s. W. 8) ‚im einfachen Wortsinne'. 9) ‚sehr', ‚ziemlich'. 10) P. 124 b. 11) gehören zu אויסכאַפּען, nicht zu אַ יוד. 12) ‚möglichst' mit dem Positiv. 13) ‚der Versuchung standhalten'. 14) ‚Vorsichtiger'. 15) ‚gewöhnlich' (adj.) 16) hbr.: ‚aus seinem Hause.'

ניהי היום[1], חיים־יונה־וויטעלם דאַרף קומ'ען אויף ראש־השנה, דאָס הייסט, ער דאַרף[2] קומ'ען כאטש אַכט טאָג פֿאַר ראש־השנה. וואָרעם אַ מ'ענש אויפ'ן וועג, ווי געוואָרענט ער ווערט נישט זיין, איז עלול[3] זיך צו פֿאַרקילען די נתרת[4], בפֿרט חיים־יונה־וויטעלם, וואָס האט געהאַט אַ מהלך פֿון איבער צען מייל; און גיין פֿלעג ער, פֿון שכר־הליכה[5] וועגן, צו פֿוס... דאַרף ער טאַקע קומען פֿריער מיט אַ וואָך, אָפּרוען זיך, און אַזוי פֿלעג ער שטענדיג טון. ער פֿלעג קומען, אַרומגיין שטיל־שווייגענדיג, מיט אַ גרויס'ער רויטער שאַל אַרומגעוויקעלט דעם האַלז, און טאָג אויף טאָג שלינגען רויע אייער, אַ האַלב שאָק איבער'ן טאָג אַזדאי... און די אייער האט ער באַקומ'ען פֿריש פֿון די היג'ער פֿון הויף, וואָרעם אַ מפֿונק איז ער אויך געווען, אַז מיט וואָס[6] עס איז[6]) פֿלעג ער זיך קאַליע מאַכען דעם מאָגען. ניהי היום, חיים־יונה־וויטעלם דאַרף קומ'ען, עס איז אַכט טאָג פֿאַר ראש־השנה. עס גייט אַוועק אַ טאָג, בלייבט זיבען. נאָך אַ טאָג און נאָך אַ טאָג, און מ'ען הערט נישט, און מ'ען זעט נישט. טראַכט[2] מ'ען[7], עס מוז עפּיעס[8] זיין אַ סיבה... הערט מען[7], אַז עמ'ען פֿון יענער שטאָט איז געקומ'ען, עפּעס[8] אַ בעל־בתישער מ'ענש, אַ האַלבער חסיד, געקומען געוואָר ווערען, צי ס'איז עפּ'עס[8] אַ דרך, ווערט מ'ען געוואָר[7], וואו ער איז פֿאַרפֿאָרען, לויפֿט חבֿרה אין אַכסניא אַריין[7]. שלאָפֿט ער[7]). ליגט ער[7]) און כראַפּעט. כאַפּט חבֿרה אַ פֿרישע קאַן וואַס'ער פֿון ברונעם און גיסט אים אָפּ. שפּרינגט ער, דער ייד, אויף, נישט טויט, נישט לעבעדיג: — וואָס ווילט איר, גזלנים?

פֿרעגט חבֿרה אויף חיים־יונה־וויטעלם.

זאָגט ער, דער ייד נעבעך, און עס קלאַפּט אים אַ צאָן אָן אַ צאָן, אַז חיים־יונה־וויטעלם איז שוין לאַנג אַרויסגעגאַנגען פֿון דער היים, ער האט זיך מיט אַלע געזעגענט. עטליכע פֿון אנשי־שלומנו[9] האבען אים באַלייט פֿון שטאָט אַרויס ביז צום וואַלד. ביים וואַלד האט מען זיך אָפּגעשטעלט און גענומען אַ ביס'ל משקה, ווי דער שטייגער איז, ער איז אויך דערביי געווען. מען האט אים קיים צוגעלאזט... דערנאָך איז חיים־יונה־וויטעלם מיט'ן טלית און תפֿילין אַריין אין וואַלד אַריין און חבֿרה איז צוריקגעגאַנגען.

— ער איז נישטאָ! — זאָגט חבֿרה.

— ווער? — פֿרעגט דער ייד.

— משונע ביסטו[10], מטורף? — ווילסטו[11] נאָך אַ קאַן קאַלט וואַסער? חיים־יונה־וויטעלם איז נישטאָ.

---

[1] [i:', o'] hbr.: ‚eines Tages'. [2] s. W. [3] ‚geneigt', ‚disponiert'. [4] hbr.: ‚Kehle'. [5] ‚Verdienst der Wanderung'. [6] 62, Anmerkung. [7] 136. [8] P. 62. [9] die den selben Rebbe verehrenden Chssidim. [10] P, 134. [11] P. 105.

— אויב אַזוי — ענטפֿערט דער ייִד און ציטערט — האָט ער אָדער[1] פֿאַרבלאָנדזשעט, אָדער[1] ער איז קראַנק געוואָרען אויפֿ'ן וועג, אָדער אַ חַיה־רָעה...

— האַלט דאָס מויל![1] — שרייַט די חֶבֿרה. און עס בלייַבט[1], מען זאָל מודיע זייַן דעם אַלטען. מודיע זייַן... דעם אַלטען האָט מען נישט געדאַרפֿט[1] מודיע זייַן, נאָר אַזוי, פֿאַר דֶרך־אֶרץ... לְפָנים דאַרף־אַלץ זייַן עַל־פּי דֶרך־הַטֶבֿע און — מען מוז זיך דאָך אַרומקוקען וועגען אַ בַעל־תּפֿילה...

זוכט מען אויס אַ גרויסען מְקורבֿ[2], וואָרעם קָרובֿ צו ראש־הַשָנה איז מען צום אַלטען מיט קיין עֲסָקים נישט צוגעקומען... אַזוי, אַרייַן, אָפּגעגעבען שָלום־עֲלֵיכם, און אַרויס, אָבער קיין שום סְחוֹרות נישט... און אַזוי ביז נאָך הוֹשַענא־רַבה. אַזאַ מִנהג איז שוין געוועזען. נאָר ביי אַזאַ סיבה! זוכט מען אויס אַ מְקורבֿ, שטעלט ער זיך אייַן. גייט ער צום אַלטען אין חֶדר אַרייַן. צומאַכען אין נאַנצען די טיר אונטער זיך[3], לאָזט חֶבֿרה נישט, עֶמעץ האָט אַרייַנגעשטעלט אַ פֿוס, בלייַבט אַ שפּאַרע, און חֶבֿרה שטייט אונטער[1] דער טיר און הערט[1] אונטער[1].

הערען זיי ווי דער מְקורבֿ גייט צו — דער אַלטער מאַכט[1] עפּעס שטילי[1], דערנאָך דערהערט מען דעם סוף פּסוק[4]: „טָרְחֲכֶם, מַשָׂאֲכֶם, וְרִיבְכֶם..."[5] דערנאָך אַ פּאָר ווערטער, וועגען חֶשבון־הַנֶפֿש...[6] אַז דער גרעסטער און דער קלענסטער דאַרפֿען פֿאַר ראש־הַשָנה מאַכען חֶשבון־הַנֶפֿש, און עפּעס אַ מָשל־לְמֶלך[7]. וואָס, האָט מען נישט געהערט. ווייַל סוף־יָמיו[8] פֿלעגט דער אַלטער רעדען נאָר שטילי[1]. שפּאַרט מען נאָך אַ ביס'ל אויף די טיר, זעט מען, ווי דער אַלטער זיצט, מיט'ן קאָפּ אַראָפּגעלאָזט אויף דער האַנט, זייער מיד, ווי ער איז שוין געוועזען ביז צו דער פּטירה, די גרויסע ברילען אויפ'ן שטערען, די אַנדערע האַנט אויפ'ן זוהר...

— נו, אַ כּלל — מאַכט ער — וואָס ווילסטו?

דערציילט אים דער מְקורבֿ, אַז בּאַשר בְּכֵן, חַיים־יונה־וויטעלס איז נאָך נישטאָ... דערנאָך — אַז עס איז געקומען אַ ייִד פֿון דאָרט... און ער דערציילט אים כְּהַוָיָהּ[9] די מַעשה פֿון דער אַכסַניא, און וואָס דער ייִד האָט געזאָגט... הערט ער אויס, דער אַלטער, און שווייַגט, מען זעט בְּחוש, אַז מען האָט אים קיין נייַעס נישט דערציילט... דערנאָך האָט ער אָפּגעזיפֿצט. זעט מען, אַז ער האָט קיין נַחת נישט דערפֿון.

---

[1]) s. W. [2]) Ausspr. s. 21 ‚Naher', ‚Vertrauter'. [3]) P. 100, Anmerkung. [4]) P. 124 b. [5]) hebräisch; *torcha:'chem*, *masa:'chem*, *veri:'wchem*: ‚eure Mühe, eure Last und euern Streit'. [6]) ‚Rechenschaft der Seele'. [7]) hba: ‚Gleichnis von einem Könige'. [8]) hba: ‚an seinem Lebensende'. [9]) hba.: ‚wie es geschehen war'.

זאָגט דער מְקורבֿ — כּלומרשט פֿאַר זיך[1], נאָר אַזוי, דער אַלטער זאָל הערן — אַז חיים־יונה־וויטעלם איז אַ טאַטע פֿון קינדער — זאָגט דער אַלטער: — מִן־הַסתם...

— און ווער — פֿרעגט שוין פּראָסט דער מְקורבֿ — וועט צוגײן צום עָמוד?

מאַכט ער, דער אַלטער:

— שוטה, ער קאָן נאָך קומען.

און אַזוי, ווי ער זאָגט עס אַרויס, פֿאַלט אַרײַן חיים־יונה־וויטעלם מיט אַ שׂמחה. חֶבֿרה האָט אים אונטער[2] דער טיר אַ וואַרע געמאַכט. נאָר ער האָט בײַ זײ קײנעם אַפֿילו קײן[3] שָלום נישט[3] גענומען, און אַרײַנגעלאָפֿן גלײַך צום אַלטען און דאָס פָּנים האָט אים געשטראַלט פֿאַר שׂמחה און די אויגען האָבען אים געלאַכטען.

— רֶבי, האָט ער אויסגעשריגען — גאָט האָט מיר געהאָלפֿען, כ׳בין דאָ! אַ נֵס!

און דאָס קוֹל ציטערט אים פֿאַר פֿרײד. נאָר דאָ איז געשעען אַזוינס, וואָס זאָל שוין טאַקע קײנמאָל[3] נישט[3] געשעען!

דער אַלטער הײבט אויף דעם קאָפּ, קוקט אויף חיים־יונה־וויטעלם שאַרף, קאַלט און שאַרף. איך ווײס? אויף אַ קַל־שֶבַּקַלים[4] קוקט מען נישט אַזוי. און פּלוצלונג שטעלט ער זיך אויף מְלא־קוֹמָתוֹ[5], גלײַך אַ בוים וואָלט פּלוצלונג אַרויסגעשפּרונגען פֿון דער עֶרד... פֿון שָלום געבען

— נישט צו רעדען, דער אַלטער האַלט די האַנט אונטער[1] זיך[3], און פּלוצלונג ניט[6] ער אַ געשרײַ[6]:

— נואָף!

האָר און נעגעל האָבען זיך קאַפּױער געשטעלט. און חיים־יונה־וויטעלם, אַזוי, ווי ער איז געשטאַנען, האָט ער געגעבען[6] אַ פֿאַל[6] אויף דער ערד, גלײַך עס וואָלט אים פּלוצלונג אַ דונער[2] געטראָפֿען.

דער עולם שטײט אָפּהענדיג, און דער אַלטער זעצט זיך צוריק[7] און זאָגט מיט זײַן שטיל קול:

— נעמט אים, טראָגט אים אין בֵית־הַמדרש אַרײַן, מינטערט אים אויף, און זאָל ער זיך פֿאַר אײַך מִתוַדה זײַן...

און אַזוי איז געשען...

אַז חיים־יונה־וויטעלם איז אַ ביסעל צו זיך[1] געקומען און מען האָט אים אַרויפֿגעזעצט אויף דער באַנק, איז עס שוין נישט געווען דער אײגענער[2] חיים־יונה־וויטעלם... שוואַרץ ווי די עֶרד, די אויגען אײַנגעפֿאַלען

[1]) P. 100, Anmerkung. [2]) s. W. [3]) P. 131. [4]) hda.: ‚den Leichtesten der Leichten', den größten Sünder'. [5]) hda.: ‚zu voller Höhe'. [6]) P. 96—99 אַ נעשרײַ נעבן statt eines ungebräuchlichen אַ שרײַ נעבן. [7]) ‚wieder'.

און ברענענדיג, ווי אין אַ פֿיבער, אדער, השם-ישמרנו[1], ווי ביי אַ דיבוק. און דעם קאָפּ טוט מען אים אונטערשפּאַרן, אַניט שלאָגט ער זיך אָן דער וואַנט: אַזוי ציטערט ער אין גאַנצן . . . און פֿון די ווייסע ליפּן רינט עפּעס[2]) אַ מין שוים, רחמנא[3]) ליצלנו. און אַז דער מענש עפֿענט די ווייסע ליפּן און וויל רעדן, איז עס שוין ניטאָ זיין קול . . .

— רבותי — שטאַמלט ער מיט אַ גרויס געבעט,[4]) אַז עס האָט דאָס האַרץ געשניטן — רבותי, איך בין קיין נואף נישט . . . — און ער קוקט זיך אום, און זעט, אַז מען גלייבט אים נישט. אין די אויגן זעט ער. בעט ער זיך: — רבותי, פֿירט מיך צו צום אָרון-קודש!

ער וויל שווערן — נו, קען מען אים צולאָזן צו אַ שבֿועה, אַז דער אַלטער האָט בפֿירוש געזאָגט? . . . זאָגט חבֿרה: — ווילסט דערציילן[5]), דערצייל, נאָר אָן שבֿועות . . .

הייבט ער אָן דערציילן. דאָס קול ברעכט זיך אים וואָס[5]) אַמאָל איבער, נאָר די אויגן, מיט וועלכע ער קוקט אַרום אויפֿ'ן עולם, בעטן זיך . . . ער דערציילט — מוחל[4]) און אויערן אויפֿצושטעלן!

אַרויסגעגאַנגען איז טאַקע חיים-יונה-וויטעלס פֿון זיין שטאָט צו דער רעכטער צייט, ווי יאָר ביי יאָר. גענומען טלית און תּפֿילין, אַ ביסעל צדה-לדרך[6]), און געלאָזט זיך אין וועג אַריין. דער יוד אויף דער אַכסניא האָט נעבעך ערליך דערציילט: חבֿרה האָט אים באַלייט, געטרונקען לחיים, און קענען האַלבען[4]) טאָג[4]) איז[7]) חיים-יונה-וויטעלס אַוועק[7]) רעכטס מיט'ן וואַלד, און חבֿרה איז צוריק אין שטאָט אַריין . . .

נייט ער אַזוי אַ[8]) שעה אַנדערטהאַלבען, שטעלט ער זיך אָפּ און וויל מנחה דאַווענען. דעם וואַלד קען ער גוט, כמעט יעדען בוים, נאָר פֿאַרלאָזן זיך אויף טבֿיעות-עין[9]) וועגן מזרח וויל ער ניט. נייט ער, וואו דער וואַלד ווערט ליכטיגער, און וויל אַרויס[7]) אויפֿ'ן פֿעלד, בכדי צו זען, וואו די זון לאָזט זיך אַראָפּ צום אונטערגיין. קומט ער אַרויס אויף אַ וועג צווישען וואַלד און פֿעלד, טוט[10]) ער אַ קוק[10]) אַרויף צום הימעל און בלייבט שטיין: ער האָט נאָך אַזאַ הימעל נישט געזען, אַזאַ ברענענדיגען מערבֿ נישט געזען. ממש אַ שטיק פֿייער. קוקט ער אַזוי און איז מהרהר בתשובֿה. ער דערמאָנט זיך אָן פֿייער פֿון גיהנום . . . און ער שטייט אַזוי, און איז מהרהר בתשובֿה, און הערט נישט, אַז אונטער[4]) אים[11]) אין שווערן זאַמד פֿאָרט אַ קאַרעטע . . . עס איז אַן אָפֿענע קאַרעטע, אויבען-אָן איז געזעסען אַ יונגע פּריצה . . . אונטער[4]) איר[11]) אַ יעגער,[12]) אַ מין קאָזאַקעל, ווי פֿאַרצייטענס דער שטייגער איז

[1]) hba.: ‚Gott behüte uns!‘ [2]) P. 62. [3]) hba.: ‚der barmherzige Gott rette uns!‘ [4]) s. W. [5]) P. 141, 2. [6]) hba.: ‚Wegzehrung‘. [7]) ergänze etwa: געגאַנגען. [8]) P. 122, 2. [9]) hba.: ‚Feststellung durch das Auge‘. [10]) P. 96—99. [11]) P. 100, Anmerkung. [12]) Livrierter Diener.

נעװען. פֿון פֿאַרענט אױך אַ יענער, אױך אַ מין קאַזאַקעל, אַחוץ אַ שטײַסער מיט דרײַ פּאָר לײַצען אין דער האַנט — דרײַ פּאָר פֿערד נאַשפּיץ[1]. און אַז ער האָט דערהערט, איז שױן נעװען צו שפּעט, איז ער שױן געפֿאַלען דער פּריצה אין די אױגען אַרײַן.

— שטײ, יוד! — האָט זי אַ געשרײ געטון — שטײ, באַשמעקטער מענש! — און זי פֿאַרהאַלט[2] די קאַרעטע.

מן־הסתּם איז חיים־יונה־װיטעלס נישט שטײן געבליבען, כּהרף־עין איז ער צוריק אַרײַן אין װאַלד, און לױפֿען לױפֿט ער פֿאַר זיך — פֿײַל פֿון בױגען, מיט אַלע כּוחות. הערט ער אָבער דער פּריצהס קולות... זי שיקט אים נאָך די קאַזאַקלעך — שלעכט! זײ װעלען אים דעריאָגען! האָט ער אַ ישוב און באַהאַלט זיך.

װאו באַהאַלט ער זיך?

אין יענע װעלדער זענען פֿאַרהאַן משונהנע בײמער... הױכע, געזונטע[2] בײמער, און די צװײַגען װאַקסען בײ זײ אַרױס פֿון שטאַם, װי בײַ אַלע בײמער, נאָר — גבֿורת־הבורא[3] — אַז זײ קומען אַרױף ביז אַ געװיסער הײך, בײגען זײ זיך אױס װי די פֿײַלענבױגען און װאַקסען קײַלעכדיג צוריק אַראָפּ, ביז צו דער ערד, און װאַקסען אַפֿילו טײלמאָל טיף אין דער ערד אַרײַן. שפּרינגט ער אַרײַן אין אַזאַ סוכּה פֿון צװײַגען, װאַרפֿט זיך מיט אַן איטפּעט אױף דער ערד און האָט אַ מערכה, װאָס ער פֿאַלט אױף אַ װײכען מאָך... נאָר װען ער זאָל[4] זיך אַפֿילו געװען[4] עפּעס טון, װאָלט ער אױך קײן קול נישט אַרױסגעלאָזט[5]. ער האָט מורא אַפֿילו הױך צו עטעמען. ער האָט פּחד, מען זאָל נישט הערען, װי עס שלאָגט בײַ אים דאָס האַרץ, װײַל די קאַזאַקלעך לױפֿען אױף און אָפּ, קומען נעענטער און דערװײַטערען זיך, און רופֿען אײנער צום צװײטען: האָפּ־האָפּ! האָפּ־האָפּ! װי מען איז זיך נוהג אין װאַלד. נאָר שטילערהײט[6], אין צונאָסענעם האַרץ, איז ער מתפּלל צום בורא־עולם[7], ער זאָל אים ניט ברענגען צו קײן נסיון... װײַל די פּריצה, דאָס האָט ער דערזען, איז געװען נאָר אַ יפֿהפֿיה, אין אַן אָפֿען סױבלענעם פֿוטער, און פֿון פֿאַרענט האָבען איר געבליצט בריליאַנטען, אַ מכשפֿה! — בעט ער זיך נעבעך: רבונו־של־עולם, צי עס איז אַ בשר־ודם, צי אַ רוח, צי װײס איך װאָס, זײַ מיך מציל פֿון אירע הענט!...

און די הױט ציטערט אױף אים, װײַל ער הערט, װי די פּריצה שרײַט און בײזערט זיך, פֿאַרװאָס[3] מען געפֿינט אים נישט. — איך װעל פֿון אײַך, כּלבים, די הױט אָפּציִען, און דאָס פֿלײש פֿאַר די הינט װאַרפֿען... אױף אַ פֿאַל װעל איך אײַך זעצען... — און ער פּרוּװט

[1]) hintereinander. [2]) s. W. [3]) hba.: ‚Macht des Schöpfers‘.
[4]) P. 81. [5]) P. 141. [6]) P. 101. [7]) ‚Schöpfer der Welt‘.

זיך טרײַסטען, אָפשר איז עס, טראַכט[1] ער, גלאַט[1] אַ מרשעת, אַ שׂונא־ישׂראל[2], װיל מיך כאַפּען און פּײַניגען[1], און תּפיסה אַרײַנזועצען — איז ער מקבל אויף זיך דעם גזר־דין ... אַבי ניט קײן זינד! רבונו־של־עולם, אַבי ניט קײן נסיון!

עס איז אבער באַשערט געװען אַ נסיון ... און אַז די פּריצה האָט געזען, אַז די קאָזאַקלעך געפינען נישט, האָט זי געהאַלטען אַ הונט אויף דער שוים, נעמט זי און לאָזט אַראָפּ דעם הונט, און דער הונט לויפט אין װאַלד אַרײַן, און שנאַפּט אונטער די בײמער, און האָט אים דערשנאַפּט ... און די קאָזאַקלעך זענען צוגעקומען, און האָבען תּכף־ומיד אַרויסגענומען שטריק און האָבען אים געבונדען און אַװעקגעטראָגען צו דער פּריצה.

— פאַרװאָס האָט איר אים געבונדען? — בײזערט זי זיך.

— ער האָט געביסען! — ענטפערען זײ און װאַרפען אים דער פּריצה צו פיסענס אין קאַרעטע אַרײַן. און דאָ הײבט זיך אָן דער נסיון.

בשעת־מעשה, אַז מען האָט אים געכאַפּט און געבונדען, האָט חיים־יונה־װיטעלם אַ גדר געטון, די אויגען נישט צו עפענען, איר אין פּרצוף אַרײַן נישט צו קוקען ... נאָר קול באשה[3] איז אויך געװעג. ער פילט, װי דאָס קול צוגײט אים אין אַלע אבֿרים, װי עס װערט אים הײס אין אַלע גלידער. צו די קאָזאַקלעך האָט זי געשריגען[4]. צו אים — ממש זי זינגט[5]. זי װעט אים — זאָגט זי זינגענדיג — אַלײן אויפבינדען, און יעדען אָרט, װאו דער שטריק האָט זיך צוגעריבען, װעט זי אויסקושען ... זי װעט אים פירען צו זיך אין פּאַלאַץ אַרײַן ... אַ גן־עדן װעט ער האָבען ...[6]

און די קאַרעטע פאָרט צוריק, און זי בינדט אים אויף[7] די שטריק, און דאָרט, װאו זי ריהרט זיך צו צו זײַן לײַב, יאָגט אים אַרײַן פון די פינגער אַ מין שמעקענדיגע[1] װאַרעמקײט.

איז ער דאָך אבער פאָרט חיים־יונה־װיטעלם, שטאַרקט[8] ער זיך, פאַלט ער צון אירע פיס, הײבט זיך אָן צו בעטען ... זײער לשון האָט ער געקאָנט ... בעט ער זיך:

— פּריצה, ליכטיגע פּריצה ... גרויסע פּריצה, װאָס װילסטו פון מיר?

— איך װיל דײַן גוטס — זאָגט זי — איך געפעל דיר דען נישט?

— פּריצה, ליכטיגע פּריצה ... װאָס טויג דיר אַ מיאוסער, קרעצינער יוד? — צײַט[9] ער לעבט, האָט ער קײן שפּרינקעלע אויפ'ן לײַב נישט געהאַט, נאָר ער װיל זיך פאַרמיאוסען — צי איז דײַן ערנסטער

[1] s. W. [2] ‚Judenfeind(in)'. [3] hbr.: ‚die Stimme eines Weibes'. [4] שרײַען. [5] P. 132. [6] P. 133. [7] Die zwei- und mehrmalige Wiederholung des Verbs bezeichnet eine eifrige oder andauernde Tätigkeit. [8] P. 137. [9] kj.

קנעכט, דער פאַסטעך, וואָס פאַשעט דייַנע חזירים, נישט שענער און נישט שטאַרקער פאַר מיר? [1]

און זי לאַכט:

— ניין! שענער און באַשמעקטער פאַר דיר[1]) איז נישטאָ! דייַן אָטעם — זאָגט זי — ברענט מיך ווי אַ פייַער... און זאָלסט נאָך די אויגען עפענען...

און ער בעט זיך ווייַטער:

— גרויסע, ליכטיגע פּריצה, איך בין אַ יוד... און אונזער הייליגע תּורה אַסרט אַזוינע זאַכען... לאָז מיך נישט פאַרלירען די[2]) וועלט און יענע[3]) וועלט...

זאָגט זי, זי וועט אים געבען מער ווי שני[4]) עולמות[4])...

בעט ער זיך:

— איך בין אַ יוד און האָב אַ וויַיב אַ יודענע[5]), און זעקס קינדער בחורים האָב איך... צו דאַרף אַזאַ געגעדיגע, גרויסע, ליכטיגע פּריצה צונעמען[3]) ביי אַן אָרעמער יודענע אַ מאַן, און ביי זעקס יודישע בחורים אַ טאַטען — דו, וואָס האָסט פּאַלאַצען און משרתים...

און זי האַלט זיך בייַם אירינגען:

— קוק אויף מיר! — זאָגט זי כּמעט מיט אַ געבעט[3]).

און פאָרען[6]) פאָרט[6]) מען אַלץ צוריק און די פּריצה ניט[7]) אין מיטען אַ באַפעל[7]):

— גאַלאָפּ דורכ'ן שטעטעל!

פאַרשטייט ער, אַז מען קומט צו צו זיין שטעטעל, אַז די פּריצה האָט מורא, ער זאָל נישט אַראָפּשפּרינגען[8])... וועט ער טאַקע — שטאַרקט ער זיך — מיט גאָטס הילף אַראָפּשפּרינגען — עפענט די אויגען, צו זען, ווען אַראָפּצושפּרינגען...

— און דעמאָלט — פאַרברעכט ער די הענט — האָב איך זי נאָך אַמאָל געזען... אירע אויגען האָבען מיך דורכגעברענט... און פון דעסטוועגען — שפּרינגט ער אויף מיט אַ פלוצליכער גבורה — פון דעסטוועגען[3]) האָב איך דעם יצר־הרע גובר געווען... איך בין נישט קיין נואף... — און דאָס קול ווערט אים אַלץ[3]) שטאַרקער און שטאַרקער

— אין מיטען מאַרק בין איך אַראָפּגעשפּרונגען... אַ נס איז מיר געשען, די פערד האָבען זיך פאַר עפּעס דערשראָקען און אַ כאַפּ געטון[7]) אָן אַ זייַט... אַניט וואָלט איך[9]) אַרונטער[9]) אונטער די רעדער... און דאָס האָב איך געוואָלט, דאָס איז געווען מייַן מיין...[3])

---

[1]) P. 115. [2]) p. demonstr. [3]) ſ. W. [4]) hba.: ‚zwei Welten'.
[5]) P. 124 c. [6]) P. 134. [7]) P. 90. [8]) P. 142. [9]) P. 81; ergänze etwa: געווען אַרונטערגעפאַלען.

און ער שטעלט זיך אויף, און די אויגן פֿלאַמען אים, און ער הייבט אויף די רעכטע האַנט, ווי צו אַ שבֿועה, און וויל ווייטער עפּעס זאָגן, סך־הסתּם שווערן, נאָר בּאותה רגע[1]) דערהערט זיך דעם אַלטענס קול:

— אָבער ווייטער, וואָס איז ווייטער געשען?

בּשעת ווען חיים־יונה־וויטעלס האָט זיך מתודה געווען און דער עולם איז געשטאַנען אַרום אים, איז אַריינגעקומען דער אַלטער, און קיינער האָט נישט געהערט. מענשן, וואָס ער איז געשטאַנען אונטער[2]) זיי[3]), האָבן דערנאָך געזאָגט, אַז טײַלמאָל האָבן זיי געפֿילט, ווי עפּעס ברענט זיי אין די פּלייצעס, זיי האָבן אָבער קיין צײַט נישט געהאַט זיך אומצוקוקן. אַז מען האָט דערהערט דעם אַלטענס קול, האָט זיך תּוך כּדי דיבור דאָס ראָד[2]) פֿאַר אים געשפּאַלטן, און ער איז נענטער צוגעגאַנגען צו חיים־יונה־וויטעלס.

— דערצייל! דערצייל ווייטער! — הייסט דער אַלטער.

— ווייטער? וואָס ווייטער? — וואונדערט און שרעקט זיך חיים־יונה־וויטעלס. — ווייטער? ... די קאַרעטע מיט דער פּריצה, אפֿשר איז עס אַ כּישוף, אפֿשר אַ רוח געווען, איז אַוועק ... די מאַרק־מענשן זענען געבליבן ווי פֿאַרשטיינערט. אַנדערע האָבן אָנגעהויבן צו מיר צוצולויפֿן. איך אָבער בין געשווינד אַהיימגעלאָפֿן, און די טיר פֿאַרשלאָסן[4]), און פֿון אינעווייניג די לאָדן פֿאַרמאַכט[4]), איך האָב קיינעם נישט געוואָלט זען ... די קינדער זענען אין דער היים נישט געווען ... נאָר טרײַנע־ביילע ... אַז זי האָט מיך דערזען, האָט זי אַ ווילד געשריי געטון ... איך היים איר שווייַגן ...

— שווייַג, שווייַג ... אַ גרויס נס ... נאָר אַ גרויס ...[5])

— וואָס, וואָס? — פֿרעגט זי מיך.

ניי זאָג איר![6])

קומט זי צו מיר צו, און עס כאַפּט מיך אַרום אַ שׂמחה, אַ וואַרעמקייט, כאַפּ איך אַרום מײַן טרײַנע־ביילע, און הייב אָן מיט איר צו טאַנצן, און צו זינגען ... רעדן קאָן איך נישט ... על־הנסים[7]) זינג איך ... מיינט זי, איך בין משוגע[8]), וויל זי ווייטער[9]) שרײַען, האַלט איך איר צו דאָס מויל ...[2])

— און וואָס ווייטער? — פֿרעגט דער אַלטער שוין מיט נוטען.

— רבי, הייליגער רבי! וואָס ווייטער? איך זאָג דאָך, איר ווייסט אַלץ ... איך האָב געוואָלט אַרויסטרײַבן דעם גאַנצן יצר־הרע, נאָר אין גאַנצן. האָב[10]) איך זי מחבּק און מנשק געווען ...[10]) ס'איז דאָך מײַן ווײַב, מײַן כּשר ווײַב ... און די לאָדן ...

---

1) hba.: ‚im selben Augenblicke'. 2) s. W. 3) P. 100, Anm. 4) P. 106. 5) P. 118, 2. 6) Der Imperativ als Ausdruck der Unmöglichkeit. 7) ein Dankgebet. 8) P. 142. 9) ‚wieder'. 10) hba.: ‚Da umarmte und küßte ich sie'.

און דער אַלטער האַקט אים איבער און רופֿט זיך אָן:

— יאָ, חַיים־יונה־וויטעלס ... אָבער בְּשעת־מַעשׂה האָסטו די אויגען פֿאַרמאַכט[1], און דעמעלט האָסטו יענע נעזען, יענע ... און אַ רֶגַע[2] כְּמֵימְרא[2]) האָסטו זיך צו יענער מִתְכַּוֵון געווען ... אַ רֶגַע כְּמֵימְרא ... נײַן?

חַיים־יונה־וויטעלס איז פֿאַר שרעק און צַער שִׁיר[1]) ניִשט[1]) נאָך אַמאָל אומגעפֿאַלען.

— רֶבִּי — מאַכט ער — עס איז אֶמת ... אַ רֶגַע, נאָר אַ רֶגַע ...

און דער אַלטער הײבט אָן שמײכלען ...[1])

— האָסטו, הײסט עס, געזינדיגט אַ רֶגַע מיט דער מַחשָׁבָה ... מײַן בַּעל־תְּפילה האָט אַ רֶגַע געזינדיגט מיט דער מַחשָׁבָה. וואָס? און מַחשָׁבָה איז גֶפֶש ... און ווער דען זינדיגט, אַז ניִשט דאָס גֶפֶש? דער גוּף אֶפשר זינדיגט? דער עָפָר וָאֵפֶר[3]) אֶפשר? וואָס?

און חַיים־יונה־וויטעלס פֿאַלט אַנידער, און פֿאַלט צו מיט די ליפּען צום אַלטענס פּאַנטאָפֿעל:

— רֶבִּי! — שרײַט ער צון אים אַרויף — האָט איר שוין פֿאַר מיר קײן תְּשובָה ניִשט?

און דיער אַלטער בײגט זיך צון אים אַראָפּ און הײסט אים זיך אויפהײבען און זאָגט אים:

— נאַרעלע! ביסט נאָך ווײניג אָפּגעקומען? ... דאָס האָב איך דאָך געמײנט![1])

און אַצינד — שָׁלום־עֲלֵיכם! — און ער דערלאַנגט אים שָׁלום.

— און שְׂכַר־הֲליכה — זאָגט ער — וועסטו אויך האָבען, כאָטש דו ביסט געקומען צו פֿאָרען ... דאָס איז שוין מײַן זאַך!

וויאַזוי חַיים־יונה־וויטעלס האָט דאַמאָל געדאַוועט, קאָנט איר אײַך מְשער זײַן. אין די עוֹלָמוֹת[4]) הָעֶליונים[4]) האָט געקלונגען ...

Jizchok Lejb Perez.

Die Buße.

Die früheren Chssidim[1]) wußten, wer Chajem-Joine-Wittels war. Es genügte zu sagen: Der Vorbeter des Alten[5]). Bekanntlich kam man beim Alten nicht so leicht vor das Vorbeterpult, insbesondere am Roscheschune und Jomkipper. Und Chajem-Joine-Wittels betete

---

[1]) s. W. [2]) hba.: ‚Augenblick'. [3]) hba.: ‚Staub und Asche'. [4]) ‚obere Welten'. [5]) So nennt der Erzählende den seinen Zuhörern bekannten רֶבִּי.

tatsächlich an beiden; und er war es wert. Ein Gelehrter[1]), in offener und in geheimer Lehre, ja, ein grundgelehrter und ein gottesfürchtiger Mann — ein wahrhaft achtsamer Jude. Er war zwar noch jung, aber Fasten und Kasteiungen, die er auf sich genommen hatte, wären für hundert andere genug gewesen. . . . Und seine Aussprache![2]) Natürlich machte er es nicht auf chssidische Art, aber wie deutlich und gegliedert war alles! Die Worte entströmten seinem Munde wie Perlen. Und seine Stimme — lieber Gott, man findet ja heute solche Vorbeter gar nicht mehr.

Im Beßmedresch des Alten beteten wohl vier hundert Leute. Bänke gab es nicht und doch war der ganze Raum mit Menschen vollgepfropft. Wenn einem etwa während der Schmenessre oder beim Tkijesblasen oder beim Priestersegen der Gebetmantel vom Kopfe fiel, konnte er ihn nicht mehr hinaufziehen! Und doppelt soviel Menschen standen im Hofe. Einen Hof, wie ihn der Alte hatte, findet man heute gar nicht mehr. Und trotzdem, wenn Chajem-Joine-Wittels seine Stimme ertönen ließ, so klang es in den Ohren wie Glockenlaut! Man konnte im fernsten Winkel des Hofes stehen, so klang es dennoch. . . . Chajem-Joine-Wittels mochte schon zum leisen Gebete übergegangen sein, so klang es doch noch im Ohre — wie das Rollen einer metallenen Kugel klang es im Ohre! Und dann sein leises Beten, wie war das wundersam. Seine Stimme schien sich zu den tiefsten Stufen hinabzulassen, sie war so still-süß weinend . . . . Manchmal schien es, als ob ein kleines krankes Kind in der Wiege, das mit dem Tode ringt, ganz leise nach der mitleidsvollen Mutter rufe: Komm, komm Mutter, hilf! Auch das stille, süße, leise Beten hörten alle, alle — da war nichts dabei! Und wenn Chaim-Joine-Wittels sich in einem „Jaale" emporschwang — mein Gott, man glaubte, die Wände müßten schmelzen!

Und zu all dem war er noch obendrein von großer Anmut und Schönheit, als ob die Gottesherrlichkeit auf ihm ruhte. Er trug schöne Kleider, doch nicht etwa, behüte Gott, aus eitlem Stolz. Es war so seine Art. Ein seidener Kaftan mit Verschnürung, ein Leipziger seidener Gürtel und ein Stramel, das strahlte und blitzte mit seinen silbernen Haaren. . . . Sein Bart war schwarz und lang. Bis an den Gürtel ging er ihm. Die Pejes waren gekräuselt. Auf seinem Antlitz lag die selbe süße Macht, die in seiner Stimme steckte. . . . Und seine Augen — die Menschen staunten sie an.

Oft sagte der Alte:

„Ein solcher Mensch muß sich vor einem bösen Blick hüten."

Ihr glaubt gewiß, daß er damit einen gewöhnlichen bösen Blick meinte. . . . Aber der Alte sprach nie so gewöhnlich, im bloßen Wortsinn. . . . Er meinte eine ganz andere Art von bösem Blick. Früher einmal kam es nämlich ziemlich oft vor, daß eine Edelfrau,

---

[1]) d. h. in der jüdischen Lehre. [2]) beim Singen der Gebete.

deren Mann tot oder von ihr geschieden war, plötzlich in eine Stadt kam, mit Gewalt einen Juden von der Gasse wegfangen ließ — natürlich mußte der so schön und stattlich als möglich sein — und ihn in ihren Palast mitschleppte, um ihn in Güte oder mit Bösem zur Sünde zu zwingen. Es kam vor, daß ein Jude der Versuchung nicht widerstand. Und obgleich ihn die Edelfrau dann meistens hinauswarf und der Arme nach Hause ging, Buße tat, fastete und alles auf sich nahm — so half das doch nicht immer.... Einen derartigen bösen Blick meinte der Alte. ...

Man sagte, daß Chajem-Joine-Wittels sehr vorsichtig war und an einem Markttag oder Sonntag oder Feiertag¹) sein Haus überhaupt nicht verließ. Und trotzdem hatte, wie es sich zeigte, der Alte recht. ...

Eines Tages hätte Chajem-Joine-Wittels zu Roscheschune kommen sollen, das heißt, er hätte mindestens acht Tage früher kommen müssen. Denn auf dem Weg erkältet man sich trotz der größten Vorsicht sehr leicht den Hals, besonders Chajem-Joine-Wittels, der noch dazu eine Strecke von mehr als zehn Meilen hatte, und um des Verdienstes der Wanderung willen zu Fuß ging. Deshalb mußte er auch eine Woche früher kommen, um sich auszuruhen. So hielt er es immer. Er pflegte zu kommen, schweigend umherzugehen, den Hals mit einem großen roten Schal umwunden, und Tag für Tag wohl ein halbes Schock rohe Eier zu trinken.... Die Eier bekam er frisch von den Hühnern des Hofes. Denn er war sehr verwöhnt. Mit jeder Kleinigkeit verdarb er sich den Magen. Also, eines Tages sollte er kommen. Es waren acht Tage vor Roscheschune. Der Tag ging vorüber. Es blieben nur noch sieben. Tag nach Tag ging vorüber, nichts war zu sehen und zu hören. Man dachte an irgend einen Unfall. ...
Da erfuhr man, daß jemand aus seiner Stadt gekommen sei, ein Bürger, ein halber Chussid, um Umschau zu halten. Man erfuhr, wo er eingekehrt ist und alle eilten hin. Er schlief gerade. Lag und schnarchte. Da nahm man einen Krug Wasser vom Brunnen und übergoß ihn mit dem kalten Wasser. Zu Tode erschreckt sprang er auf: „Was wollt ihr, Räuber?"

Man fragte ihn nach Chajem-Joine-Wittels.

Da erzählte der Arme zähneklappernd, daß Chajem-Joine-Wittels schon lange von zuhause weggegangen sei und sich von allen verabschiedet habe. Einige Chssidim hätten ihn bis zum Walde vor der Stadt hinausbegleitet, dort sei man stehen geblieben und hätte, wie es Brauch sei, einen kleinen Trunk getan. Er selber sei auch dabei gewesen. Man hätte ihn kaum zugelassen. Dann sei Chajem-Joine-Wittels mit dem Gebetmantel und den Twillin in der Hand zum Wald hinein-, und die Leute wären wieder zurückgegangen. ...

„Er ist nicht hier!" sagte man.

„Wer?" fragte der Mann.

---

¹) christlichen.

„Bist du toll oder von Sinnen?" fielen sie ihn an. „Willst du noch einen Krug kalten Wassers? Chasem-Joine-Wittels ist nicht hier."

„So?" — antwortete er zitternd. „Dann hat er sich verirrt, oder ist auf dem Wege krank geworden, oder ein wildes Tier . . ."

„Halt den Mund!" schrien die Leute. Man beschloß, dem Alten zu berichten. . . . Dem Alten brauchte man ja nichts zu berichten . . . Doch aus Respekt. . . . Äußerlich muß man sich ja an den natürlichen Gang der Dinge halten. . . . Und — man mußte sich auch um einen anderen Vorbeter umsehen. . . .

Man wählte jemanden aus der nahen Umgebung des Alten. Denn vor Roscheschune konnte man bei ihm mit Anliegenheiten keinen Zutritt finden. . . . Man durfte hinein, konnte ohne viel Zeremonien ihn begrüßen und mußte gleich wieder hinaus. So war es bis nach Hoischanerabbe. Das war schon Brauch. Aber in einem derartigen Falle! Man wählte also jemanden aus der nahen Umgebung des Alten, der es wagte. Er ging ins Zimmer. Man ließ ihn die Tür nicht ganz schließen, einer stellte den Fuß dazwischen, sodaß eine Spalte blieb. Man stand an der Tür und horchte.

Man hörte, wie der Vertraute auf den Alten zuging — der sagte ganz leise etwas, dann hörte man das Ende des Verses: „eure Mühe, eure Last und euern Streit" . . . dann einige Worte über Rechenschaft der Seele . . . daß der Höchste und der Niedrigste vor Roscheschune Abrechnung der Seele machen müsse. . . . Dann ein Königsgleichnis[1]), das man nicht hören konnte, weil der Alte gegen sein Lebensende ganz leise zu sprechen pflegte. . . . Man schob die Tür ein bischen weiter auf und sah, wie der Alte dasaß, den Kopf auf die Hand gestützt, sehr müde, wie er es schon bis zu seinem Hinscheiden war, die große Brille auf der Stirn, die zweite Hand am Soier[2]) . . .

„Nun," — sagte er — „also, was willst Du?"

Da erzählte ihm der Vertraute, daß, da Chajem-Joine-Wittels noch nicht da sei . . . dann, daß jemand von dort gekommen sei . . . Und er erzählte ihm die ganze Geschichte vom Gasthof und was jener erzählt habe. . . .Der Alte hörte zu und schwieg. Man erkannte deutlich, daß man ihm nichts Neues berichtet habe. Dann seufzte er. Man sah, daß es ihm keine Freude bereitete. Darauf sagte der Vertraute — sozusagen vor sich hin, doch so, daß es der Alte höre, Chajem-Joine-Wittels habe Kinder . . . Der Alte antwortete: „Natürlich . . ."

„Wer wird also an das Vorbeterpult treten?"[3]) fragte schließlich der Vertraute gerade heraus.

---

[1]) Häufige Form von Gleichnissen, wo an dem Beispiel eines Königs irgend etwas Gott Betreffendes klar gemacht wird.

[2]) Ein mystisches Werk (Sohar). [3]) d. h. vorbeten.

Der Alte erwiderte:

„Narr, er kann noch kommen!"

Und sowie er das sagte, stürzte Chajem-Joine-Wittels freudig herein. Man machte ihm vor der Tür eine Gasse. Aber er begrüßte niemanden und lief direkt zum Alten. Sein Gesicht strahlte vor Freude und seine Augen leuchteten.

„Rebbe!" rief er. „Gott half mir, ich bin gekommen! Ein Wunder!" Und seine Stimme zitterte vor Freude.

Doch da geschah etwas, was nie geschehen möge!

Der Alte erhob den Kopf und blickte Chajem-Joine-Wittels scharf, kalt und scharf an. Ich glaube, den größten Sünder blickt man nicht so an. Dann richtete er sich plötzlich hoch empor, als ob ein Baum plötzlich der Erde entspränge.... Kein Gruß — er legte die Hand auf den Rücken und plötzlich rief er:

„Buhler!"

Die Haare stellten sich allen zu Berge. Chajem-Joine-Wittels stürzte der Länge nach, wie vom plötzlichen Blitzschlag getroffen, zu Boden.

Die Leute standen unschlüssig. Der Alte setzte sich wieder und sagte mit seiner leisen Stimme:

„Nehmt ihn, tragt ihn ins Beßmedresch und bringt ihn zu sich. Dann soll er vor euch beichten...."

Und so geschah es....

Als Chajem-Joine-Wittels sich ein wenig erholt und auf der Bank aufgerichtet hatte, da war er nicht mehr derselbe, wie zuvor. ... Er war totenbleich, die eingefallenen Augen brannten wie im Fieber oder wie bei einem Dämon, Gott steh uns bei! Man mußte ihm den Kopf stützen, damit er nicht gegen die Wand falle; so zitterte er am ganzen Leibe.... Von den weißen Lippen rann etwas wie Schaum, Gott sei uns gnädig! Und als er die weißen Lippen zum Sprechen öffnete, da war es eine fremde Stimme....

„Meine Herren," stammelte er so flehentlich, daß sich einem das Herz zusammenkrampfte — „meine Herren, ich bin kein Buhler..." Und er schaute um sich und bemerkte, daß ihm niemand glaubte. Er erkannte es in ihren Augen. Da flehte er: „Meine Herren, führt mich zum heiligen Schreine!"

Er wollte schwören. Konnte man ihn denn schwören lassen, nach den unzweideutigen Worten des Alten ...? Man erwiderte, wenn er erzählen wolle, dann solle er es tun, doch ohne Eide....

Er begann zu erzählen. Die Stimme brach je und je, aber die Augen, mit denen er die Menschen um sich herum ansah, flehten....

Er erzählte ganz Außerordentliches:

Chajem-Joine-Wittels hatte sein Heim zur rechten Zeit verlassen, so wie alle Jahre. Er hatte den Talles und die Twillin und ein bißchen Wegzehrung genommen und sich auf den Weg gemacht. Der Arme im Gasthof hatte getreulich berichtet: Man begleitete ihn, trank auf sein Wohl und — es war gegen Mittag — er schlug die Richtung nach rechts, durch den Wald, ein, während die übrigen in die Stadt zurückkehrten. . . .

Er ging etwa anderthalb Stunden, dann machte er Halt, um Minche zu beten. Er kannte zwar den Wald sehr gut, fast jeden Baum, doch wollte er sich wegen des Ostens[1]) nicht auf das Auge verlassen. Er ging weiter, bis der Wald heller wurde und wollte aufs Feld hinaus, um zu sehen, wo die Sonne untergehe. Er gelangte auf einen Weg zwischen Wald und Feld hinaus, blickte zum Himmel empor und blieb stehen. Er hatte noch nie einen solchen Himmel, noch nie solchen wie wahres Feuer flammenden Westen gesehen. Er schaute und hielt Einkehr. Er gedachte des Feuers der Hölle. . . . Und während er so stand und Einkehr hielt, hörte er nicht, wie im schweren Sand ein Wagen heranrollte. . . . Es war ein offener Wagen, in dem vorne eine junge Edelfrau saß. Hinter ihr ein livrierter Diener, eine Art Kosak, wie es einstmals Brauch war. Vor ihr saß auch ein Diener, gleichfalls eine Art Kosak. Außerdem auch ein Kutscher mit drei Paar Zügeln in der Hand — es waren drei Paar Pferde hintereinander. Als er den Wagen hörte, war es schon zu spät. Er war der Edelfrau schon aufgefallen.

"Halt, Jude!" rief sie aus, "Halt, Anmutiger!" und ließ den Wagen halten.

Chajem-Joine-Wittels blieb natürlich nicht stehen. Augenblicks sprang er zurück in den Wald hinein und lief mit ganzer Kraft pfeilschnell geradeaus. . . . Er hörte die Stimme der Edelfrau. . . Sie schickte ihm die Kosaken nach. . . . Das ist schlimm. Sie werden ihn einholen! Er beschloß sich zu verstecken.

Wo sollte er sich verstecken?

In jenen Wäldern gibt es seltsame Bäume. . . . Hohe, starke Bäume, deren Zweige wie bei allen Bäumen aus dem Stamme hervorwachsen. Wenn sie aber — groß ist Gott! — bis zu einer gewissen Höhe gelangen, krümmen sie sich wie Bogen und wachsen im Halbkreis bis zum Boden zurück, wachsen manchmal sogar tief in die Erde. Er sprang in eine solche Zweighütte hinein, warf sich heftig zur Erde und fiel zu seinem Glücke auf weiches Moos. . . . Aber auch wenn ihm etwas geschehen wäre, hätte er keinen Laut von sich gegeben, denn er fürchtete, auch nur laut zu atmen. Entsetzen faßte ihn, man könnte hören, wie sein Herz klopfte. Die Kosaken liefen hin und her, näherten und entfernten sich und riefen einander zu "Ho-ho!" "Ho-ho!", wie man im Wald zu tun pflegt. Nur ganz leise im hingegebenen Herzen betete er zum Schöpfer, er möge ihn nicht in Versuchung führen... Denn die Edelfrau — das hatte er gesehen — war eine Schönheit. Ihr Zobelpelz war offen. An der Brust strahlten Brillanten. Es war eine Hexe! Und der Arme flehte: "Herr Gott, sei es ein Mensch, ein Gespenst oder was immer, rette mich aus ihrer Hand. . . ."

---

[1]) Der Betende nimmt die Richtung nach der Stätte des **Tempels** ein.

Er zitterte am ganzen Leibe, denn er hörte, wie die Edelfrau schrie und zürnte, daß man ihn nicht finde. „Ich werde euch die Haut abziehen und euer Fleisch vor die Hunde werfen lassen, ihr Hunde! Ich werde euch pfählen lassen!"

Er suchte sich zu trösten, daß es vielleicht bloß ein böses Weib sei, eine Judenfeindin, die ihn fangen und martern lassen und in den Kerker werfen wolle — und er nahm das Verhängnis auf sich ... Nur keine Versuchung! Herr, nur keine Versuchung!

Doch die Versuchung war bestimmt. Als die Edelfrau sah, daß ihn die Kosaken nicht fanden, nahm sie den Hund, den sie auf dem Schoß hielt und ließ ihn hinunter. Der Hund lief in den Wald, schnüffelte unter den Bäumen umher und machte ihn schließlich ausfindig. ... Die Kosaken kamen, nahmen Stricke, banden ihn und trugen ihn zu der Edelfrau.

„Warum habt ihr ihn gebunden?" rief sie.

„Er biß!" antworteten sie und warfen ihn zu den Füßen der Edelfrau in den Wagen. Und nun begann die Versuchung. ...

Während man ihn gefangen und gebunden hatte, gelobte Chajem-Joine-Wittels: Die Augen nicht zu öffnen, ihr nicht ins Gesicht zu sehen ... Aber auch die Stimme eines Weibes ist genug. Er fühlte, wie ihre Stimme ihm durch alle Glieder fuhr, wie ihm in allen heiß ward. Die Kosaken hatte sie angeschrien. Aber zu ihm sang sie fast. Sie werde ihn — sagte sie singend — selbst losbinden, und werde jede Stelle, wo die Stricke lagen, küssen. ... Sie werde ihn in ihren Palast führen. ... Er werde wie im Paradiese sein. ...

Und der Wagen fuhr zurück und sie knüpfte alle Stricke auf und dort, wo sie ihn berührte, strömte ihm eine duftende Wärme von ihren Fingern in den Leib.

Aber er war Chajem-Joine-Wittels. Er ermannte sich, fiel ihr zu Füßen und begann zu flehen ... Er konnte die fremde Sprache ... Er bat:

„Edle Frau, strahlende Edelfrau, hohe strahlende Edelfrau, was willst du von mir?"

„Ich will dein Bestes" — sagte sie — „gefalle ich dir etwa nicht?"

„Edle Frau, strahlende Edelfrau ... Was soll dir ein häßlicher, krätziger Jude," — seit er lebte, war noch kein Fleckchen an seinem Leibe gewesen, doch er wollte sich verekeln — „ist denn dein schlechtester Knecht, der Hirt, der deine Schweine weidet, nicht schöner und stärker als ich?"

Sie lachte.

„Nein! Schöner und anmutiger als du, ist keiner! Dein Atem" — sagte sie — „verbrennt mich wie eine Flamme.... Und wenn du noch die Augen öffnest. ..."

Und er flehte weiter:

„Hohe, strahlende Edelfrau, ich bin ein Jude.... Und unsere heilige Lehre verbietet solches ... Bring mich nicht ums Diesseits und ums Jenseits...."

Sie erwiderte, sie werde ihm mehr als zwei Welten geben ...

Er flehte weiter:

„Ich bin ein Jude und habe ein jüdisches Weib und sechs junge Söhne.... Braucht denn eine so gnädige, hohe, strahlende Edelfrau einem armen jüdischen Weibe den Mann und sechs jüdischen Kindern den Vater zu rauben — du, die Paläste und Diener hat?..."

Aber sie wollte nichts hören.

„Sieh mich an!" sagte sie fast bittend.

Und inzwischen fuhr man immer weiter zurück. Plötzlich befahl die Edelfrau:

„Galopp durch die Stadt!"

Daraus entnahm er, daß man sich seiner Stadt nähere und daß die Edelfrau fürchtete, er könne abspringen... Das wird er auch — nahm er sich ein Herz — mit Gottes Hilfe tun. Er öffnete die Augen, um zu sehen, wann er springen solle....

„Und da" — er rang die Hände —„sah ich sie noch einmal... Ihre Augen durchsengten mich..."

„Und trotzdem" — er sprang mit plötzlicher Kraft auf — „trotzdem habe ich den bösen Trieb besiegt.... Ich bin kein Buhler!" Seine Stimme ward immer stärker. — „Mitten auf dem Markte sprang ich ab. Ein Wunder geschah mir, die Pferde erschraken aus irgend einem Grunde und jagten zur Seite.... Sonst wäre ich unter die Räder geraten.... Und das wollte ich, das war meine Absicht...."

Er stand auf, seine Augen flammten, er hob die rechte Hand wie zum Schwure, und wollte weiter sprechen, wollte wahrscheinlich schwören, doch im selben Augenblicke ertönte die Stimme des Alten:

„Aber was geschah dann?"

Während Chajem-Joines-Wittels beichtete und alle ihn umringten, war der Alte hereingekommen. Keiner hatte ihn gehört. Einige, hinter denen er stand, sagten später, sie hätten manchmal gefühlt, wie etwas in ihrem Rücken brenne, sie hätten aber keine Zeit zum Umdrehen gehabt. Als man die Stimme des Alten hörte, öffnete sich blitzschnell der Kreis vor ihm und er trat näher an Chajem-Joine-Wittels heran.

„Erzähle! Erzähle weiter!" befahl er.

„Weiter? Was weiter?" sagte Chajem-Joine-Wittels verwundert und erschrocken. — „Weiter? Der Wagen mit der Edelfrau — vielleicht war es auch eine Hexe, vielleicht ein Gespenst — flog davon ... die Leute am Markt waren wie erstarrt: Einige begannen auf mich zuzulaufen, ich aber eilte schnell nach Hause, verschloß die Tür und die Läden von innen, und wollte niemanden sehen ... niemanden ... die Kinder waren nicht zu Hause ... nur Trane-Bejle ... Als sie mich erblickte, stieß sie einen wilden Schrei aus ... Ich gebot ihr Schweigen ...

„Schweige, schweig . . . ein großes Wunder . . . ein sehr großes . . . "

„Was, was?" fragte sie.

Was konnte ich ihr sagen!'

Sie kam auf mich zu und da erfaßte mich eine solche Freude und Wärme, daß ich meine Trane-Bejle in den Arm nahm und mit ihr zu tanzen begann, zu tanzen und zu singen . . . Ich konnte nicht sprechen . . . Ich sang „Al-hanissim" [1]) . . . da glaubte sie, daß ich von Sinnen bin und wollte schreien, da hielt ich ihr den Mund zu . . ."

„Und was dann?" fragte der Alte, doch schon mit Güte.

„Rebbe, heiliger Rebbe! Was dann? Ich sehe, daß Ihr alles wißt . . . Ich wollte den ganzen bösen Trieb verjagen, ganz und gar . . . Da umarmte und küßte ich sie . . . Es ist doch mein Weib, mein ehrsames Weib . . . Und die Läden . . ."

Der Alte unterbrach ihn und sagte:

„Ja, Chajem-Joine-Wittels . . . Aber dabei schlossest du die Augen und sahst die a n d e r e, in diesem Augenblicke die a n d e r e . . . Eine Sekunde lang begehrtest du die andere . . . Eine Sekunde . . . Nicht wahr?"

Vor Schreck und Qual wäre Chajem-Joine-Wittels beinahe nochmals zusammengebrochen.

„Rebbe" — sagte er — „es ist wahr . . . wahr . . . Einen Augenblick, bloß einen Augenblick . . ."

Da begann der Alte zu lächeln. . . .

„So hast du also einen Augenblick lang in Gedanken gesündigt. . . . Mein Vorbeter hat einen Augenblick lang in Gedanken gesündigt. Wie? Und Gedanke ist Seele . . . Wer sündigt denn, wenn nicht die Seele? Etwa der Körper aus Staub und Asche? Wie?"

Chajem-Joine-Wittels fiel nieder, mit den Lippen zu den Füßen des Alten.

„Rebbe!" rief er zu ihm empor. „Habt Ihr keine Buße mehr für mich?"

Und der Alte beugte sich zu ihm nieder und gebot ihm aufzustehen und sagte:

„Närrchen! Hast du noch nicht genug gebüßt? . . . Das war ja meine Absicht! — Und nun — Schulem alejchem!" Er reichte ihm die Hand.

„Und Verdienst der Wanderung" — sagte er — „wirst du auch bekommen, obwohl du hergefahren bist . . . dafür laß mich nur sorgen!" . . .

Wie Chajem-Joine-Wittels dies Mal betete, kann man sich vorstellen. Es klang in den himmlischen Sphären. . . .

---

[1]) Ein Dankgebet.

מענדעלע מוכר ספרים.

Ein Abschnitt aus dem Roman ווינש-פינגערל.

פֿרײַטיג. אַ שײנער פֿרימאָרגען. ליכט, װאַרעמקײט און אַ שײַנענדיגער הימעל. דער רעגען, װאָס[1] האָט געגאָסען בײַ דער נאַכט מיט דונערען און בליצען, האָט אָפּגעפֿרישט די אַלע געװיקסען[2], װעלכע[1] האָבען אָנגעהויבען געלבליך[3] צו װערען פֿון די גרויסע תּמידיגע היצען און איבער אַ נײַעס[4] געװאָרען אָפּגעלעבט[5], גרין װי פֿריער. אַקעגען טאָג כאַפּט[6] זיך אויף אַ װינטעלע[7], עס צוגײען זיך די װאָלקענס[8], עס װײַזט זיך די זון[8] און די װעלט װערט[9] אָפּגעטונקט מיט ליכט[9].

באַשעפֿענישען אין װאַלד[10], אין פֿעלד[10], װאַבען[6] אויף און דער־װעגען[4] פֿאַר[11] זיך אַ ליבע װעלט: די גראָזען פֿרײט, די בײמער אָפּגע־צװאָגען, טראָפּענס טוי פֿינקלען דערויף װי דימענטען — און זײ שעפּען גרויס[12] תּענוג פֿון זײ. אַלע לעבעדיגע[4] באַשעפֿענישען, פֿונ'ם קלײנעם[13] װערעמעלע[14] ביז[4] די פֿײגעל, גײען אַרום צו זײער אַרבעט[9], שמוצערען[15], צװיטשערען, שפּרינגען און פֿליען[4], קריכען און קלעטערען. און די נ . . . ער פֿאַרשװינען פֿעדערען זיך אויך און גײען[6] — בחורים, מײדלעך, קינדער[4] און קײַטי[4] — אַרום פֿון דער שטאָט צו דער „רײטער קרעטשמע", מיט אַלע מיני כּלים אין די הענט, קײפּען[16] דאָרט יאַלײלען בראַנפֿען לכבוד שבת[17], װײַ[18] דער שטײַנער זײער[19] איז פֿון תּמיד אָן.

און האַרט לעבען[20] װאַלד, בײַ דער זײַט[21] װעג, װאָס פֿירט פֿון נ' צו דער „רױטער קרעטשמע", איז ליהודים[6]. מיכאַי הוליעט[6] עס[22] מיט גאַװרילאַן[23] און בײדע זענען לעבעדיג[4] פֿרײליך. פֿאַר גרויס[12] שׂמחה זינגען זײ, מיט אַ שיכּור, פֿון אַ ניגונדעל[24], טאַנצענדיג שטאַרק פֿאַרפֿלאַמט, האָפּ־האָפּ צום טאַקט פֿון סטעמפּעניס צושפּילען אויפֿ'ן פֿידעלע[25].

אַט דער דאָזיגער[26] סטעמפּעניו איז עפּעס[27] ניט װי אַלע[28] אַנדערע[28] מענשען מיט זײַן פּנים[29], מיט זײַנע[30] תּנועות און מיט דעם גאַנצען אויסזען זײַנעס[31], מעשטײנס געזאָגט. בײַ מענשען האָט איטליכער פֿאַר[32] זיך אײן מאָל פֿאַר אַלע מאָל זײַן אײגען געשטאַלט, זײַן אײגען פּנים! אָבער סטעמפּעניו, איז שװער געװען צו זאָגען, װאָס[1] אײגענטליך פֿאַר[1] אַ[1] פּנים ער האָט, װײַל װאָס[4] אַ[4] רגע װערט עס אַלץ[4]

1) 143. 2) 107. 3) 54, Adv. zu געל. 4) s.W. 5) ‚aufleben'. 6) 70. 7) 133. 8) 134. 9) 126. 10) 125a. 11) 100; ‚vor'. 12) 117, 1, Anm. 13) 117, 1; 50, 1. 14) 44. 15) ‚zwitschern'. 16) 108; ‚um zu'. 17) 129, 130. 18) 146. 19) 119, 2. 20) Präp 21) 124a. 22) 107, Anm. 23) 37b. 24) 48. 25) 47. 26) 120. 27) 103, Anm. 28) 111, 1; 43, 1. 29) 37. 30) 113, 1a. 31) 119, 2. 32) 100; ‚für'. 33) gehören zusammen.

אַנדערש, לויט דעם, וואָס אִים אויף דער לונג, אויף דער צונג, און לויט די[1] אָנשטעלען[2] זײַנע[1]) בְּשעת-מַעֲשֶׂה אין דער[3] מינוט. מאַלפּעס מיט[4] זייער שטײַנער נאָכקרימען זיך, האָבען זיך געמענט[5] באַגראָבען אַקעגען זײַנע הַעֲוויהלעך נישט תָּמיד אָבער האָבען אַלע טײַלען פונ'ם פָּנים אויסגעדריקט אײן זאַך[6], נאָר[2] אַמאָל האָט איטליכער פון זײ אויסגעדריקט עפּעס נאָר אַנדערש, בְּשעת אײן זײַט פָּנים[7] איז פאַראומערט, איז די אַנדערע פול פרײד, אײן אויג ווײנט, דאָס אַנדערע לאַכט. מעוּבֶרתע[8] איז געווען אַ סַכָּנה אָנצוקוקען אִים דענסטמאָל, זײ זאָלען[9] נישט ספּיל זײַן פאַר שרעק. קײנמאָל[10] האָט מען נישט געזען סטעמפּעניען[11] אין שוּל, ניט אין דער וואָכען, ניט שַׁבָּת[12] און יום-טוב[12], אויך האָט מען אִים נישט געזען האַלטען יודישקײט[10]. פון דעסטוועגען[2] האָט דאָס קײנעם ניט געאַרט, גאָרנישט מאַכענדיג זיך פון אִים, גלײַך[2] ווי זײ וואָלטען אִים אַרויסגעלאָזט פון דעם עֲרָבוֹת[13], און זאָל[14] ער זיך[15] טאָן, וואָס ער וויל, נענוּג, זײ זענען שוין מער[16] נישט[16] עָרֵב פאַר אִים. סטעמפּעניו ווײסט שפּרוּכען צו[17] קָרָחת, צו צאָן-ווײטיג און צו נאָך און נאָך סַכּות. ליבע-פלעשלעך[18] אַזוינע[19] האָט ער געהאַט, וואָס[20] אײן טראָפּען דערפון[20], אַרויפגעגאָסענדיג בײַ אַ מאַנסביל אויפ'ן קלײד אָדער בײַ אַ נְקֵבָה, איז גענוּג געווען, ער זאָל[9] זײ[21] אָנצינדען אַ פײַערדיגע ליבע אין האַרצען, און אַ סַך בַּעֲלִים פונ'ם עוֹלם זענען געווען אויף די דאָזיגע ליבע-פלעשלעך זײַנע[22], וואָס זענען באַקאַנט געווען אונטער זײַן נאָמען.

אַ מין[23] פידעלע עפּעס[24] האָט סטעמפּעניו געהאַט[25], אויף וועלכען ער פלעגט[26], מעשטײנס געזאָגט, שפּילען אין די וועלדער, אין דערפער, אין שענקען און אין אַלע ייִנגע ערטער, וואו שְׁקָצים מיט שיקסעס פלעגען[26] טאַנצען אין זייערע[27] אַ חָנא. ער פלעגט[26] דאַרטען לוסטיג מאַכען דעם עוֹלם אויך מיט פאַקוסען און אָנשטעלען, שלינגען שטיקער פײַער און ציִען פונ'ם מויל[2] לאַנגע סטענגעס, צוברעכען אײער אין זײַן היטעל[18] און אַרויסלאָזען דערפון פליִענדיגע טויבען, נעמען עפּעס[24] אַ מַטְבֵּע בײַ אײנעם, אַ בלאָז געבענדיג אויף איר און זי פלעגט נישט[2] ווערען[2] און פלעגט זיך דערנאָך געפינען אין קעשענע בײַ יענעם[2]. האָט ער געוואָלט — איז פון דער העלער הויט בײַ עמעצען געהאָנגען אַ ישלאָס אויפ'ן מויל.

סטעמפּעניו איז נישט אײַנגעזעסען אויף אײן אָרט, נאָר אַרומגעוואַנדערט[28] שטענדיג פון אײן אָרט צום אַנדערען, וואו עפּעס[29] אַ געזעמעל — אהא, דאָרטען איז ער.

---

[1]) 119, 2. [2]) ſ. W. [3]) P. Dem. [4]) 125a. [5]) 108. [6]) 133. [7]) 124a. [8]) Dat. [9]) 142, Anm. [10]) 133. [11]) 37b. [12]) adverbiale Beſtimmung. [13]) 135, 1. [14]) 140. [15]) 110. [16]) 131. [17]) ‚für', ‚gegen'. [18]) 44. [19]) zur Hervorhebung Hauptwort vor Attribut. [20]) Genetiv. [21]) Dativ. [22]) 119, 2. [23]) Pron. [24]) 107, Anm. [25]) 134, Anm. [26]) 108; ſ. W. [27]) 119, 1b. [28]) ‚pflegte umherzuwandern'. [29]) 103, Anm.

אַצינד שפּילט ער פֿאַר מיכאַיען[1]) מיט גאַווריִלאַן. ער ריפּעט[2]) אויפֿ'ן פֿידעל. זיי שפּרינגען, טאַנצען, און ווער עס[3]) גייט, שטעלט זיך אָפּ, אַזוי, אַז ס'האָט זיך פֿאַרקליבען אַרום זיי אַ גרויס רעדעלע[4]) פֿון ג... ער עולם, קינד און קייט, וואָס זעען צו די שמחה, וואונדערענדיג זיך, וואָס[5]) ס'איז היינט אַזוינס[6]) פֿאַר[5]) אַ[5]) יום-טובֿ[3]), וואָס ס'איז דאָ די שמחה אַזוי גרויס אויף זיי.

און אין מיטען דער דאַזיגער חדווה שפּרינגט פֿונ'ם עולם אַרויס אַ יודענע מיט אַ יאָמער, אַ געוויין, ברעכענדיג די הענט און שרייענדיג געוואַלד אויף דער פֿריילִיכער קאָמפּאַניע: — אוי, רוצחים, מערדערס... און פֿאַלט טאַקע באַלד אין חלשות.

עס איז[7]) אַ מהומה, אַ געטומעל[8]), אַ שרעק, און אויס[7]) שמחה. עס פֿידעלט נישט סטעמפּעניו, מיכאַי מיט גאַווריִלאַן ניכטערען זיך אויס פֿאַר שרעק. און דאָס פּנים ווערט זיי בלאַס ווי די וואַנט.

— ווער איז דאָ, ווער, וואָס? — פֿרעגען איינער ביי דעם אַנדערען מיט גרויס[9]) וואונדער.

— דאָס איז בתיה, שמואל דעם טאַנדעטניקס[10]) ווייב.

„בתיה, אט דאָס איז די יודענע[7]), וואָס איז נעכטען געקומען אין בית-מדרש, געוואָר ווערען, פֿאַרוואָס איז איר משהלע[11]), וואָס לערענט[7]) דאָרטען, ניט געקומען אַהיים, נישט האָבענדיג אין מויל[7]) דעם[12]) גאַנצען טאָג[12]). און וואו איז ער?[13]) אַז זי האָט אים דאָרטען נישט געפֿונען און רב אַבֿרהם האָט נישט געוואוסט צו זאָגען איר[3]), וואו ער איז, איז[7]) זי פֿון דאָרט אַוועק[7]) מיט אַ געבראָכען האַרץ.

די זון איז שוין פֿאַרגאַנגען. עס איז שוין פֿינסטערליך[14]) און בתיה זיצט ביי זיך אין שטיבעלע[4]), פֿאַראומערט, פֿאַרזאָרגט אויף איר[15]) טייער[16]) זינדעלע[17]), איר גדולה, וואָס איז אַ בענטשונג פֿון גאָט. זי זיצט אין איינע[7]) צרות, פֿאַרגעסענדיג זיך אין אַלע אַנדערע הויזליכע זאַכען, זי פֿאַרגעסט אירע קליינע טעכטערלעך[18]), אַז זיי זענען הונגעריג, אַז ס'איז שוין צייט, אָנצוצינדען אַ ליכט, איינהייצען דעם אויווען און אָפּצוקאָכען דאָס טעפּעלע[19]) געקעכץ אויפֿ[20]) ביי-דער-נאַכט[20]). און די קליינע קינדערלעך זענען פֿאַר-טרויערט, זיצען, פֿאַרשלאָגענדיג זיך ווי שעפּעלעך[21]) אַלע אין איינעם אין אַ ווינקעל מיט אַראָפּגעלאָזענע קעפּעלעך[21]) און אַרויסברענגענדיג פֿון זיך שטילע[7]) זיפֿצען. און ווער ווייסט — ביז וואַנען וואָלט[22]) בתיה אַזוי געוועזען[22]) געזעסען[23]), ווען נישט די קאַין, וואָס, אויפֿכאַפּענדיג זיך פֿונ'ם

---

[1]) 37b. [2]) ‚kratzen‘ [3]) 146. [4]) 44. [5]) gehören zusammen. [6]) Verstärkung des Prädikativs. [7]) s. W. [8]) statt טומעל. [9]) 117, 1, Anm. [10]) ‚Tröbler‘. [11]) 47. [12]) 127. [13]) 138. [14]) 54. [15]) 111, 1; 50, 1. [16]) 126. [17]) 48. [18]) 44, 45. [19]) 44. [20]) ‚für abends‘. [21]) 46. [22]) 81. [23]) 146.

שלאָף אויפֿן אויווגן[1]), וואלט[2]) ניט[3]) אַראָפּגעשפּרונגען[2]) צון איר אויף דער באַנק, אײַנהאָרבענדיג[4]) זיך און רײַבענדיג זיך אין[5]) איר פֿאַר ליבשאַפֿט. בתיה טוּט[6]) זיך אַ כאַפּ[6]), דערמאָנענדיג[7]) זיך אין דעם, אַז זי האָט אויף זיך אַ הויז, קינדערלעך און אויך אין שמואליקען[8]) אירען[8]) דערמאָנט זי זיך, אַז אַ[10]) גאַנצען טאָג[10]) נעבעך יאָגט ער זיך נאָך דער שווערער ביטערער פּרנסה זײַנער[9]), אויסזײַענדיג אין אַלע גאַסען, אין הײַזער און הויפֿען. און אויף דער נאַכט ערשט קומט ער נעבעך אַהײם, מיד, הונ= גערינג — דאַרף[7]) זי דאָך איצטער זען, וואָס צוגרײטען צו וועטשערע. ווי[11]) זי טראַכט דאָ אַזוי וויגענדיג דעם מאַן, פֿאַלט איר אײַן, אפֿשר האָט יאָר עס[12]) גענומען משהלען[8]) און זענען בײדע אוועק[13]). הײַנט איז דאָך דאָנערשטיג, זוען[7]) שמואל גײט[14]), ווי דער שטײנער זײַנער איז תמיד, מיט דעם פֿעסעלע צו דער „רויטער קרעטשמע", ברענגען פֿון דאָרט בראָנפֿען פֿאַר די בעלי=בתים זײַנע[9]). אַ טאָג איז דאָך געוועזען הײַנט אַ ליכטיגער[15]), אַ שײַנענדיגער און אַ וואַרעם[16]) ווינטעל האָט געווײַעט[17]) אין גאָטס וועלטעל, אויף די פֿעלדער פֿול תבואות און גרינוואַרג, נאָר אַ גן=עדן, ריחות פֿון שמעקענדיגע[7]) קרײַטעכצער, מחיה נפֿשות — איז אפֿשר שמואל, הערענדיג אָנטאָן אַ פֿאַרגעניגען משהלען[18]), אַרײַן צון אים אין בית=מדרש[19]) און גענומען, דורכצונײַען זיך מיט אים אַ ביסעל אין[19]) פֿרײַען פֿעלד... וואָס זאָג איך אפֿשר, געווים האָט שמואל אַזוינס געטאָן, און געטאָן זײַער גלײַך[7]). משהלע אונזערער, אונזער מתנה פֿון גאָט, ווײסט דאָך נישט מער ווי דאָס בית=מדרש, וואו ער פֿאַרברענגט די גאַנצענע טעג אין[19]) לערנען תורה. ער איז נעבעך שוואַך, דאַר=קוואַר[20]), אין גאַנצען נאָר הויט און בײן — מיר[21]) פֿאַר זײַן קאָפּ. וואָס פֿאַר אַ תענוגים, מעשטײנס געזאָגט, האָט ער בײַ אונז אָרעמע טאַטע=מאַמע? תענוגים זאָג איך, איז עס ניט אַ געלעכטער? ווי קומט צון אונז תענוגים? הלואי, לעבעדיגער גאָט, טאַטע=פֿאָטער, מיר זאָלען[22]) אים[23]) קענען געבען[24]) צו יעדער צײַט כאָטש דאָס נײטיגסטע צום לעבען! וויסט[7]) איז דער מאַמע זײַנער! און ער אַלײן[25]), דאָס טײַערע קינד, פֿאַדערט ער דען פֿון אונז וואוילטיג? אַ שטיקעל דאַר ברויט, אַז[26]) ער איז הונגעריג, איז פֿאַר אים גענוג; אַ ישוּך[27]), אַז[26]) ס'צורײַסט זיך אים אַמאָל, ס'קוקען אַרויס די פֿינגער[7]), איז פֿאַר אים אויך רעכט, אָננעמענדיג עס פֿאַר גוט. אפֿילו

---

1) 125a. 2) I. Konditional, wie die Präsentia in den Nachbarsätzen zeigen. 3) doppelt, infolge des eingeschobenen Satzes. 4) ‚Buckel machen'. 5) ‚an'. 6) 96. 7) 30b. 8) 119, 2. 9) 127. 10) 141, 2. 11) 107, Anm. 12) 136, Anm. 2. 13) 141, 1. 14) 103. 15) 117, 1. 16) 86b. 17) Dativ. 18) 113, Anm. 19) Verstärkung zu דאַר. 20) ergänze: זאָל זײַן, d. h. ‚mich treffe statt seiner' (nämlich ‚Schlimmes'). 21) 140. 22) 110. 23) 108. 24) 121, 2. 25) 142, 2. 26) Das Subjekt aus dem Konjunktionalsatz herausgehoben. 27) s. W.

נענוג לופֿט, ווי איז מיר, קענען מיר אים אויך נישט נעבען: אַ דירה[1] אַ ביסעל[2], ענג, נידעריג, מען זיצט דאָ, מעשטיינס נעזאָגט, איינער ביים אַנדערן אויף די קעפּ. אַז איך הער אים אַמאָל ביי דער נאַכט הוסענדיג[3], גייט מיר די נְשָׁמה אויס. זייער גליַיך האט נעטאָן שמואל, וואָס ער האט אַוועקגענומען משהלען אַ ביסעל פֿון דער גְמָרא, ער זאל[4] זיך דורכגיין מיט אים אַ ביסעל אין פֿריַיען פֿעלד. אַ גרויסע מְצוה האט ער אין אים נעטאָן. זאל[5] משהלע שעפּען אַ ביסעל פֿרישע לופֿט, אויסגליַיכען זיך די ביינער און זאל ער וויסען פֿון אַ גוטער מינוט אין זיין לעבען.

טראַכטענדיג אַזוי האט זיך בַתיה באַלד באַרואיגט. זי שטייט אויף, צינדט אָן אַ ליכט[6] און נעמט[7] זיך[7] צו דער אַרבעט, לעבעדיג, אויפֿגערוימט. דאָס האט געווירקט אויף די קינדערלעך און זיי האבען זיך נעלאזט[7] אונטערהעלפֿען[7] דער מאַמען מיט חֵשק. די שיילט קאַרטאָפֿליעס, די טראָגט צו אַ קרינעל וואַסער, די טוט[8] אַ שפּרונג[8] און ברענגט דאַרע ישפּענדלעך[9], די צולייגט עס אויפֿ'ן פּריפּעטשיק. און בַתיה צינדט אונטער, צובלאָזט דאָס און מאַכט אַ פֿיַיער און שטעלט צו דאָס טעפּעל[10]. די שפּענדלעך טרעשטשען[11], פֿונקען פֿליען, די פֿלאַם באַפּט אַרום דאָס טעפּעל — און ס'איז ליכטיג-פֿריילידך[7] די קינדער אויף די הערצלעך[9], די קאַץ זיצט זיך[12] אויפֿ'ן געזעסעל[7], וואַרעמט זיך אַנטקעגען דעם פֿיַיער, לעקט די לאַפּקעס[13] און האט הַנָאה.

— אַ קאַץ וואַשט זיך, איז אַ סימן אויף געסט — זאָגט דאָס עלטערע[14] מיידעל.

— דער טאַטע וועט באַלד קומען מיט משהלען — מאַכט בַתיה מיט אַ פֿריילידך שמייכעלע.

און אַ מיידעלע, דאָס יונגסטע פֿון די קינדער, שפּרינגט אַרום מָלא-שִׂמחה, פּאַטשט מיט די הענטלעך און זינגט זיך[12] דאָס געוויסע לידעל:

פּי — פּי — פּי, יאו[7] וועט ער שטעלען!
וואו איז דער טאַטע? אונטער[7] דער טיר!
ניטאָ אים היי! מיט וואָס וועט ער צודעקען?
ווען[7] וועט ער קומען? מיט אַ שטיקעל פּאַפּיר!
מאָרגען פֿריי! ווער וועט דאָס טרינקען?
וואָס וועט ער ברענגען? איך מיט דיר!
אַ גלעזעלע ביר!

— אַלע — מיר טרינקען — אַלע! — צושריַיען זיך אויף איר די קינדער, מאַכענדיג[7] צו דער מאַמען: — יא, מאַמע, אַלע?

---

[1]) ergänze etwa: ‚ist das'. [2]) interjektionell gebraucht. [3]) 125a. [4]) 142, Anmerkung. [5]) 140. [6]) 107. [7]) s. W. [8]) 96. [9]) 44. [10]) 101. [11]) ‚knistern'. [12]) 110. [13]) s. לאַפּע. [14]) Im Deutschen der Superlativ.

— אַלע, קינדערלעך, אַלע — גענעמט[1]) זײַ אײַן[1]) די מוטער מיט גוטע רייד[1]) — באַלד וועט דער טאַטע קומען, ברענגען געלט[2]), איך וועל קויפֿן מעל[2]), מאַכן חַלה אויף שַבת[3]), קויפֿן פֿיש, מאַכן אַ קוגעל און ס'וועט זײַן גוט.

האָץ[4]), האָץ, האָץ,
לעבעדיגע[1]) פֿריילידי[1]), אַלע,
מאַמע באַקט די חַלה!
האָץ, האָץ, האָץ,
דער טאַטע גיט געלט
די מאַמע קוועלט[1]).
— קינדער, צום טיש!
נאַט אײַך יויך אַ שיסעל,
פֿון אַ הון אַ פֿיסעלע[5]),
פֿון אַ הערינג דאָס קעפּעלע[5]),
און אַ קוגעלע[1]) פֿון עפּעל!
האָץ, האָץ, האָץ,
חַנה, לֵאה, צפּורה[6]),
האָץ, האָץ, האָץ,
אֶסתּר, שָׂרה, דבֿורה![6])

דאָס לידעל זינגט, שפּרינגענדיג, טאַנצענדיג פֿאַר גרויס פֿרייד אַ שיין קלוג מיידעלע, אַ באָרוועסע, אין איין[1]) העמדעל, און ביים אויסלאַזען[1]) איטליכען גראָם כאַפּט זי די קאָץ ביי די אויערען — ענפֿערט זי איר אָפּ אויף איר קול מיט אַ מיויקע.

דערווייל גייט אַוועק אַ היפּשע[1]) צייט און שמואליק מיט משהלען זענען[7]) נישטאָ. דאָס פֿייער אויפֿ'ן פּריפּעטשיק גייט פֿאַמעליכען אויס, דאָס צוגעשטעלטע טעפּעל קאַלישע[8]) זידט, קאַכט אַלץ שטילער, דאָס ליכט צאַנקט[1]), אַלץ טונקלער, פֿינסטערער ווערט אין שטוב און אויך בַּתיהן אויפֿ'ן האַרצען, די מָרה־שחורה כאַפּט זיך ווידער צון איר אַריין, פֿריער אין האַרצען – שאַ, ניט קיין וואָרט! – נישט מְצַער צו זיין די קינדערלעך געבעך. און שפּעטער אַ ביסעל, העהע, לאָזט זי זיך שוין הערען מיט ווערטער! אַצינד איז בַּתיהן אַ וויַיטיג אין צווייען[1]). זי זאָרגט זיך אוי פֿאַר'ן מאַן, אוי פֿאַר'ן זון. שמואליקס שטייגער איז געווען, צו קומען אַהיים אַ[9]) גאַנצע וואָך[9]) — פֿאַרנאַכט[1]), דאַנערשטיג נאָר אַ ביסעל פֿריער, כְּדֵי צו געבען ביי־צייטענס עפּעס געלט אויף שַבת, און היינט, ס'איז שוין האַלבע[1]) נאַכט, הענער קרייען — און ער איז ניטאָ! ס'איז ניט קיין גלאַטע[1]) זאַך, עס מוז דאָ עפּעס זיין, וואָס־זשע[10]) אַזוינס? אט דאָ צושפּילט זיך ביי בַּתיהן דער כּוח־הַמדַמֶה, זי טראַכט[11]) איבער[11]) שרעקליכע זאַכען, נאָר אַ מורא, אַזוי, אַז[12]) די שטיל־פֿאַרבאַרגענע מָרה־שחורה כאַפּט זיך אַרויס פֿונ'ם האַרצען, אויסגיסענדיג זיך אין טרערען, אין ביטערע קרעכצען[1]). די קינדער, קוקענדיג אויף דער[13]) מאַמען[14]), ווי זי וויינט, זיפֿצט, זענען[1]) זיי טרויעריג אַוועק[1]) אין אַ ווינקעל, צונויפֿשטיקענדיג זיך דאָרט אין איינעם[1]), פֿאַראומערט מיט אַראָפּגעלאָזטע קעפּלעך. דאָס ליכט האַלט שוין אין

1) f. W. 2) 107. 3) 125, 1. 4) ,Hopp'. 5) 44. 6) Namen. 7) 105. 8) ,Kartoffelsuppe'. 9) 127. 10) f. ושע. 11) 89. 12) 141, 1. 13) 114. 14) 37b.

גאנצען בײַם אויסגײן, אויסשעפּענדיג שוין דאָס לעצטע ביסעל חלב אין ליַכטער, קײן פונק פײַער שוין ניטאָ אויפ'ן פּריפּעטשיק, קאַלט ווי אײַז שטײט דאָס טעפּעל, קײנעם קומט אויפ'ן זינען ניט אַרויף דאָס עסען. אַלע זענען פאַראומערט, אפילו די קאַ'ן פאַרלײגט דעם װײדעל, נײט אַנגעדרודעלט[1]) און ציִעט[2]) זיך אויס אויף דעם אויווען, ווי[3]) זי דרעמעלט. די מולטער[4]) אפילו, וואָס מען פאַרקנעט אין איר חלה אויף שבת, שטײט לײדיג[5]) אין אַ ווינקעל און זעט אויס פאַרלאָזט, פאַרווײסט, און די גריל, וואָס הײבט אָן געווײנטליך צו גרילען בײַ־נאַכט, בשעת אַלע אין שטוב[5]) לײגען זיך שלאָפען, שטײט הײַנט, אַרויסשטעקענדיג דאָס קעפּעל פון דעם לאָך, קוקט ווי אַ גולם, און ניט קײן פּיפּס. אײן גרויסע פליג נאָר טײלט זיך אָפּ פונ'ם איבעריגען עולם פליגען[6]), וואָס שלאָפען, אָנהאַלטענדיג זיך מיט די פיסלעך אויפ'ן סופיט[7]), אויף די ווענט, און לאָזט[5]) זיך[5]) גײן ווי צו חלום[8]), באַאומרואיגען מענשען מיט איר'ע נאַרישע אָנשטעלען, טוט[9]) זיך אַ דרײ[9]), אַ פלי[9]) אַהין און אַהער, פלינק־געשווינד ווי אַ רוח, אָנשלאָגענדיג זיך אָט אין אַ פענסטער, אָט אין עפּעס אַ כלי, אָט ניט[9]) עס מיט איר אַ טראָג[9]) פאַרבײַ[9]) אָן אויער, טאַנצענדיג, זומשענדיג[10]), דער רוח ווײסט זי וואָס.

און ווי די דאָזיגע פליג, אַזוי האָבען זיך געטראָגען[5]) בתיהם געדאַנקען, אויפרירענדיג איר דעם מוח. עס ווערט איר ענג אין שטוב און װיל[11]) אַרויס אין[12]) גאַס, זוכען איר'ע ליבע און נאָכפרעגען זיך אויף דעם מאַן בײַ יענע בעל־בתים; וואָס ער ברענגט זײ[13]) תמיד בראַנפען אין דעם[14]) טאָג. נאָר באַלד באַטראַכט[5]) זי זיך, ס'איז דאָך שוין לאַנג פאַרמאַכט[5]) אומעטום טיר און טויער און מען שלאָפט. זי ניט[9]) אויך אַ קוק[9]) אויף איר'ע בידנע קינדערלעך, ווי זײ ליגען צונעטוליעט אײנס צום אַנדערען; ווי איר'ע ליבע טײַערינקע[15]) פײנעלעך — טראַכט[5]) זי — קומען עס[16]) געבעך אָפּ און שווײַגען. אַ לעבען, מעשטײנס געזאָגט, אין צרות — און עס דערלאָזט איר ניט דאָס האַרץ, אַוועקוואַרפען זיך בײַ נאַכט אַלײן אין שטוב. אין מיטען דרינען טראָגט דער רוח אָן פון ערגעץ עפּעס אַ הונט, ער שטעלט זיך אונטער'ן פענסטער, אַראָפּלאָזענדיג דעם װײדעל, פאַרדרײַ־סענדיג הויך דעם קאָפּ, און הײבט אָן ראַיען, מיט אַ יאָמער, אַ שרעק. דאָס ראַיען פונ'ם הונט, וואָס, לויט מען זאָגט, באַווײַזט עס ניט אויף קײן גוטס, האָט בתיהן נאָר צודרײט. פאַר שרעקעניש, פאַר צוטראָגעניש טוט זי אַ נעם די קאַטשערע, לויפט געשווינד אַרויס און פאַרטרײַבט דעם הונט, אויסלאָזענדיג צון אים איר שוואַך ביטער געמיט[5]) מיט טויטע

[1]) ‚ärgerlich, mürrisch'. [2]) 86b. [3]) ‚als ob'. [4]) ‚Brottrog'. [5]) s. W. [6]) 124 b. [7]) sufi't ‚Zimmerdecke'. [8]) vergleiche קומען צו חלום. [9]) 96. [10]) ‚summend'. [11]) 136, Anm. 2. [12]) 114, Anm. [13]) Dativ. [14]) 58. [15]) 54. [16]) 108.

קללות. דער הונט אנטלויפט, שטעלט זיך אפ פון דער ווייטענס און הייבט אן בילען שוין מיט זיין געוויינטליך קול, גליידי[1] ווי ער טענהט זיך אויס מיט בתיהן[2], ווי בלעמס[3] אייזעל אמאל, פרעגענדיג זי: „וואס האב איך דיר אזוינס געטאן, וואס דו האסט מיך אזוי געשלאגען מיט א שטעקען? אי, נארישע[1] יודענע! ווייסט דאס דען ניט, א הונט[4], אז ער איעט, איז נארנישט, שוטים נאר שרעקען זיך דערפאר?"

ריין, לויטער[5] איז געווען דער הימעל אין אנהייב אווענט. עס האט זיך געלאזט זען א פערטעל פון דער יונגער לבנה צווישען א גרויסען עולם ליכטיגע שטערן, שטייענדיג אויף דער וואך. באלד אבער האט דער רוח אנגעטראגען די שווארצע חברה וואלקענס, זיי האבען זיך ביס־לעכווייז צוהוליעט, ווי דער שטיינער איז, געארבעט מעשים, ביז ס'איז געווארען א קאכעניש, א שטורעם, און שטאקפינסטער. עס האט געבליצט, געדונערט, און טרערען — גאנצע טייכען[1] וואסער, האט געגאסען דער הימעל[6]. דער עולם אין שטאט איז געשלאפען[7], נישט אנגעהויבען וויסען[8], וואס ס'טוט[1] זיך[1] אזוינס אין דרויסען. געפילט[9] האט עס נאר איין יודענע — בתיה מיט אירע קינדערלעך, וואס די צרות זייערע האבען נישט געלאזט זיי שלאפען.

אויף מארגען פרי איז בתיה אוועק, נאכדעם ווי זי האט אנגעזאגט צפורהן[9], דער עלטערער טאכטער, אכטונג צו געבען אין שטוב אויף די קינדער, און איז געגאנגען אהין צו דער „רויטער קרעטשעם," געוואר ווערען[8] דארט וועגען דעם מאן. א ברכה פון גאט איז אומעטום, א גרויס געריטעניש אויף די פעלדער, עס שמעקט[1], עס זינגט, עס לעבט — און בתיה גייט פארזארגט, פארזאומערט, איר גייט ניט אין קאפ די שיינע וועלט ארום איר.

אין דער „רויטער קרעטשעם" האט מען איר געזאגט, אז שמואליק אירער איז, ווי דער שטייגער זיינער תמיד, געווען נעכטען דארט, גענומען דאס פעסעלע בראנפען זיינס און אוועק[10] דערמיט צוריק אין שטאט. נארי[1] אין פנים ביי די ישוב־מענשען איז גרינגי[1] געווען צו דערקענען, אז שמואליקס פארפאלען ווערען איז זיי א גרויס וואונדער. מיט'ן מויל מאבען זיי פלומרש: — עט, גארנישט — כדי צו טרייסטען בתיהן, זי זאלי[11] זיך אזוי ניט ערגערען[12], ניט אזוי וויינען, אבער אין הארצען דענקען זיי, אז ס'איז עפעס[13] ניט גלאט, דא מוז זיין עפעס[13] נאר[14] א מיאוסע מעשה. בתיה גייט פון דארט אוועק ווי אן[15] א קאפ פאר גרויס עגמת־נפש. זי גייט ביים ברעג וואלד, נישטערענדיג מיט די אויגען און פירשטעלענדיג

---

1) ſ. W. 2) 37 b. 3) ‚Bileam'. 4) ſiehe S. 93, A. 27. 5) 134b. 6) 134, Anm. 7) 93. 8) 108. 9) 37b. 10) 136, Anm. 1. 11) 142, Anm. 12) ‚kränken'. 13) 103, Anm. 14) 125b. 15) ‚ohne.'

זידי[1]) שרײַקליכע זאַכען — גַזלָנים, חַיות רָעות און כּדומה אַזױנע אָנ־שיקענישען, װאָס קענען זיך מיט מענשען אין אַ װאַלד מאַכען — און פלוצים דערזעט זי פֿאַר זיך אַ רעדעל מענשען, סטעפּסעניו שפּילט אױף זײַן פֿידעלע, מיכאַי און גאַװרילאַ טאַנצען, געמענדיגע[2]) זיך[2]) אין מיטען דרינען טאַקע צון[2]) אַ פֿעסעלע בראַנפֿען, װאָס ליגט צװישען זײערע זאַכען אונטער אַ בױם. בתיה שטופּט זיך צװישען דעם עולם, טוט אַ קוק — אױ װײ, ס'איז דאָך דעם מאַנס פֿעסעלע! זי װאַרפֿט זיך אױף די בײדע . . .

שָׁלום עֲלֵיכם.

Zwei Typen.

רֶב משה־װעלװעל דער בַּעל־עֲגָלה.

דער װאָס מײנט, אַז אַ בַּעל־עֲגָלה איז אַ מענש, װאָס קײנער איז נישט מְחוּיב צו לײַדען פֿון אים גָלות, האָט אַ טָעות.

רֶב משה־װעלװעל בַּעל־עֲגָלה איז נישט גלײַך צון אַלע אַנדערע בַּעל־עֲגָלות. דער נאָמען אַלײן: רֶב משה־װעלװעל — זאָגט שױן גענוג. און בְּסך־הַכּל איז ער נאָר אַ ייד אַ בַּעל־בַּית, און אַ ייד, װאָס דאַװענט, און אַ ייד, װאָס קוקט אַרײַן אין די קלײנע אותיות, און אַ ייד, װאָס פֿאַרשטײט אַ פָּסוק חומש מיט רַש״י, און קאָן טרעפֿען אַ שטיקעל „באֵר מַים חַיים״.

קומט ער אױף אַן אַכסַניא, אדער אין אַ קרעטשמע, און ס'איז דאָ אַ מִנין, בינדט ער אַרום די פֿאַרסמאַלעװעטע כלאַמידע מיט אַ רױטער פֿאַטשײלע, שטעלט זיך אַװעק מיט'ן פָּנים צו דער װאַנט, דאַװענט אָפּ אַ מִנחהלע, אַפילו אױף אַ הײזעריג פֿאַרדומפּען קול און אַ ביסעל אונטער דער נאָז, נאָר מיט אַלע דרײדעלעך, מַעשה חַזן.

בְּטֶבַע איז רֶב משה־װעלװעל אַ ייד הַװקא אַ פֿרײליכער און אַ שטיק װערטעלזאָגער, און אױף אַ שִׂמחה — אַ הוליאַק, אַ גאַנצער לֵץ, אַ פֿאַרשלעפּטע קרענק. אַ פָּנים איז בײַ אים װי פֿון מעטאַל, נישט מעש, נישט בלעך, נאָר גלאַנצענדיג־רױטליך, און אַ נאָז כּמו װי אַ צופּלעצטע אָדער אַ צושלאָגענע, װאָס דערפֿאַר קומט אױס בײַ אים דאָס לָשון אַ ביסעלע דאָסיג, פֿאַנפֿעװאַטע. באָרד און פֵּאות טראָגט ער װי אַ גוטער ייד, אַ כאַלמידע אַ לײַװענטענע, נאָר אַ לאַנגע ביז דער ערד, מיט אַ בײַטש פֿון דעסטװעגען אין די הענט אַ לאַנגער, שטיװעל גוט אָנגעשמירט מיט סמאַלע, װי אַ בַּעל־עֲגָלה שטײט אָן, און אַן עַזות־פָּנים איז ער, װי דרײַסיג בַּעל־עֲגָלות אין אײנעם.

לאָז עמעצער זיך אײַנשטעלען אים זאָגען גלאַט „משה־װעלװעל״, נישט „רֶב משה־װעלװעל״, איז חַיות נישט זיכער!

---

[1]) 113. [2]) s. W.

אדער אַ שטײַנער, זײַט אַ בְּרִיה, אויב איר זענט אַ דארטיגער בַּעל־בַּיִת און פּרואווט אַוועקזעצן זיך בײַ דער באַן לְמָשָׁל אויף אַן אַנדער בַּעל־עֲגָלָה, בְּעֵת ער, רֶב משה־וועלוואל איז דאָ און קוקט אַרום אויף פּאַר־שוינען, איז דערמעלט אַז אַך און וויי צו יענעם בַּעל־עֲגָלָה און צו זײַנע סוסים. ער וועט אײַך מאַכן מיט דער בלאטע גלײַך. און איר וועט שוין פאַרזאָגען אַ צענטען, אַז איר קומט מיט דער באַן, זאלט איר אײַך קודם גוט אַרומזען, צי איז נישטאָ ערגעץ רֶב משה־וועלוועל מיט זײַנע סוסים.

אדער פּרואווט זיך שאַפן מיט אים, ווי מע שאַפט זיך מיט אַ בַּעל־עֲגָלָה, און זאָגט אים נישט: „זײַט זשע מוחל, רֶב משה־וועלוועל!“ אדער „איר וועט אײַך מַטְרִיחַ זײַן, רֶב משה־וועלוועל!“ ... און האָט איר זיך אַרויפגעזעצט בײַ אים אין וואָגן, באַדאַרפט איר געדענקען, אַז איר זיצט נישט בײַ אַבי וועמען, נאָר בײַ רֶב משה־וועלוועל, און אַז רֶב משה־וועלוועל וועט אײַך דערזען קריכן אין בויד, וועט איר קריכן, און אַז ער וועט אײַך הייסן אַוועקזעצן פּאַריטש אַקעגן, וועט איר זיצן, און אַז ער וועט אײַך הייסן גיין אַרויף אַ באַרג, מְחִילָה, צופוס, וועט איר גיין. קיין דֵעות, וועמען ער זאל נעמען אין וואָגן אַרײַן, וועט איר אים נישט זאָגן. און אַז איר וועט אים זאָגן, וועט זיך אײַך נישט העלפן. איר וועט נאָך ווערן אָפּגעזידעלט פון קאָפּ ביז פיס און וועט זײַן געשריגן, אַז ער וועט אײַך נישט אַרויסזעצן פון וואָגן אין מיטן וועג.

שולדיג אין דעם איז נישט רֶב משה־וועלוועל, נאָר טאַקע די שטאָט גוּפָא. וויאַזוי מע פאַרווינט אַ מענטשן, אַזוי פירט ער זיך אויף. די שטאָט האָט געמאַכט פון אים אַ גאַנצן יֵשׁ, טראָגט זיך אַרום מיט זײַן תּוֹרָה, באַרימט זיך מיט זײַן פרומקייט און יודישקייט, מיינט ער, אַז לעקיש איז זײַן פעטער און קריכט אַלעמען אויף'ן קאָפּ און זידעלט איט־ליכען באַזונדער, מאַכט אים מיט דער בלאטע גלײַך.

אַ „מַכָּה אֲשֶׁר לֹא כְּתוּבָה בַּתּוֹרָה“ — רופט מען אים אין שטאָט און מע היט זיך פאַר אים, ווי פאַר פײַער, מיט אַן איבעריג וואָרט איז מען מיט אים נישט זיכער. סַכָּנוֹת־נְפָשׁוֹת!

גלות: abgekürzter Vergleich, übers. etwa ‚schwer'. קלײנע אותיות: d. h. die kleingedruckten Kommentare. באר מים חיים kann sich im (Buche) ‚B. M. Ch.' zurechtfinden. דרײדלעך ‚Kunststückchen'. כמו ‚wie'. נוטער יוד ‚Rebbe'. סוס *hba.* ‚Pferd'. מכה ... בתורה ‚in der Tora nicht enthaltene Plage'.

רְפָאל דער מַשְׁגִיחַ.

רְפָאל איז אַ מַשְׁגִיחַ, ער גיט אַכטונג.

אויף וואָס גיט ער אַכטונג? אויף אַלצדינג. ער גיט אַכטונג אויף דער תַּלמוּד־תּוֹרָה, די קינדער זאָלען נישט גיין נאַקעט און באָרוועס;

אויפ׳ן ביקור-חולים, אָרעמעלײַט זאלען דארטען נישט אויסגײן פֿון הונגער: היינט גיט ער אַכטונג אויף די בּחורים, וואָס זיצען אין בּית-מדרש און לערנען, זיי זאלען האָבּען, וואָס צו עסען און נישט גײן אין צוריסענע שטיוועל, און גלאַט אויף אָרעמעלײַט אין שטאָט גיט ער אַכטונג, זיי זאלען האָבּען אויף שבת און אויף יום-טוב.

ער אַליין טאַקע גייט דאָס פֿון ווײַרטשײַגען איבער די הײַזער, קלויבט קאָפּיקעס, נעמט צונויף פֿון ווײַרטשווענען אויף חתונות, אויף בּריתען, אויף (die beiden folgenden Abschnitte sind in zwei Varianten der üblichen Orthographie gebracht) (a פּדיון-הבּנ׳ס און אויף אַנדערע שׂמחות, לאָזט נישט דורך קיינעם, רײַסט פֿון טויט און פֿון לעבּעדיג, און קריגט זיך, זידעלט זיך און שלאָגט זיך פֿאַר „זײַנע״ אָרעמע לײַט.

אַ גאַנצע וואָך גייט ער אום מיט אַ שטעקען. און ערב שבּת און ערב יום-טוב — מיט אַ זאַק אויף די פּלייצעס. אין דעם דאָזיגען זאַק וואַרפֿט איהר איהם אַרײַן, וואָס איהר האָט: אַ שטיקעל בּרויט, אַ פֿאַלקע פֿון אַנ׳יויך, אַ געבּאַקענע קאַרטאָפֿעל, אַנ׳אוגערקע, אַ קנאָבּעל, אַ ציבּעלע, אַ בּײַנדיגעל — אַלצדינג איז אַ סחורה. און פּרוּאווט, אַדרבּה, וואַרפֿט נישט אַרײַן רב רפאל׳ן אין זאַק אַרײַן גאָרנישט נישט, וועט איהר קריגען געזידעלט, און אַז איהר וועט זיך שטעלען אויס׳טענה׳ן, קאָנט איהר איהם נאָך אַרײַנבּרענגען אין כּעס, און ער קאָן אײַך געבּען מיט׳ן שטעקען.

רפאל איז אַנ׳אויסגעדינטער סאָלדאַט, אַ ניקאָלאַיעווסקער, און האַלט זיך גלײַך, ווי אַ סטרונע, און גייט, ווי אַ סאָלדאַט. אַז איהר ווילט, קאָנט איהר זעהען בּײַ איהם אונטער דער קאַפּאָטע, אויפ׳ן לײַבּעל, אַ מעדאַל פֿון ניקאָלאַיען. צוויי מעדאַלען: איינע אַ זילבּערנע, די אַנדערע אַ בּראָנ-זענע, און האָט צו דערציילען פֿון ניקאָלאַי ניקאָלאַיעוויטשען מעשׂיות מיט מעשׂיות. נאָר וואו האָט ער צײַט צו דערציילען מעשׂיות, אַז ער האָט אויף זיך אַזוי פֿיל אַרבּײַט? אַ קלייניגקייט — אַ מענש אַ משׁניח!

ווער האָט איהם געמאַכט פֿאַר אַ משׁניח — ווייסט קיינער נישט. ווער צאָהלט איהם און וויפֿיל בּעקומט ער פֿאַר זײַן אַרבּײַט, ווייסט קיינער נישט. קיינער ווייסט נישט און קיינער נעמט נישט אָפּ בּײַ איהם קיין דין וחשבּון, מע גלויבּט איהם. מע ווייסט, אַז וואָס רפאל פֿאַרדינט פֿאַר זײַן אַרבּײַט, מעגען דאָס די שׂונאים האָבּען אויף זייער פּאַרטמענען, וואָרעם ער אויף זיך אַליין בּעדאַרף גאָרנישט. און ער גייט מיט דעם גאַנג, אַז איהר בּעדאַרפֿט אויך גאָרנישט, ער קאָן זיך פֿאַרגינען אײַך זאָגען מוסר, לשמאי איהר גיט אום געלט אויף דער רוח ווייסט וואָס, בּעת אין שטאָדט זענען דאָ אַזוי פֿיל אָרעמע לײַט. די גאַנצע וועלט איז בּײַ איהם בּעשאַפֿען געוואָרען נאָר פֿון די אָרעמע לײַטס וועגען. דערזעהט ער אויף אײַך אַ נײַ מלבּוש, וועט ער עס אַ טאַפּ טאָן און וועט אײַך אַ פֿרעגע טאָן: „וואָס קאָסט?״ און וועט נעהמען אויסרעכענען אײַך, וויפֿיל אָרעמע לײַט זאָלט

b) מען געקאָנט דערמיט אויסקליידען. קומט ער צו גיין אויף א חתונה, א ברית, א פדיון הבן אדער אזוי א שמחה, איז דאס ערשטע, וואס קומט איהם אויפ'ן זינען: „וויפיל ארעמע לײט וואלט מען מיט אזא סעודה געקאָנט אנהאדערווען?״ . . . און ער הארט אפ, ווען וועט דער עולם אפבענטשען און צוגיין זיך, בכדי ער זאל קאָנען צונויפנעהמען די איבערגעבליבענע שטיקלעך פאר זײנע ארעמע לײט . . .

ווי אלט איז ער? — דאס ווייסט קיינער נישט, און ער אליין — אויך נישט. ער איז שוין א ביסעל טויבליך. אז איהר רעדט צו איהם און ער דערהערט נישט, צושרײַט ער זיך אויף אייך, אז „איהר שפרעכט אים אפ אַ גוט אויג״, און איהר מוזט רעדען העכער. אויך די ראיה איז בײַ איהם די לעצטע צײַט א ביסעל געשלאָגען. אז ער גייט, קוקט ער גלייך און טאפט מיט'ן שטעקען. ער טרעפט אבער אהין, וואו מע דארף, און אז מע גיט איהם, דערזעהט ער, און אז מע גיט איהם נישט, בײַזערט ער זיך, קלאפט מיט'ן שטעקען.

— איהר האט שוין היינט זיך אנגעפרעסען, דאנקען גאט, און אָנגעזוליאקעט, און איצט רויכערט איהר זיך א פאפיראסעל. אייך איז, קיין עין הרע, גאנץ גוט! און דאס ווייסט איהר, אַז מיינע ארעמע לײט פאסטען נאך פון נעכטען אן, יאדרא וואשי קאטשקי! . . .

דאס איז זײַן יווּנישע קללה, וואס ער איז מכבד מיט איהר קליין און גרויס. ענפערען איהם עפעס דערויף איז ארויסגעוואָרפֿען, מען קאָן נאך הערען פון איהם ערגערע ווערטער.

— נאט אייך אזא מין אנטיקעניש! — זאגט מען אויף איהם אין שטאדט, און מע בעהאלט זיך אוים פון איהם, טאמער וועט ער נישט געפינען . . .

קיין קינדער האט ער נישט, ער האט זיי אלעמען איבערגעלעבט, ער האט נאר אייניקלעך, וואס האלטען איהם אוים מיט גרויסע צרות — און דאס גיט איהם דאס מעגליכקײט, ער זאל זיך קאָנען אין גאנצען אפגעבען צו זײנע ארעמע לײט, און טאג ווי נאכט ארומגיין איב'ר דער שטאדט, זשעברעווען, שלעפען, רײַסען, דערקוטשען, איינעסען זיך אין די בײנער אריין, זידלען זיך און שעלטען זיך אויף יווניש . . .

משגיח, ‚Aufseher'. ביקור־חולים Art Krankenhaus. האָבען אויף שבת . . . näml. ‚das Nötige'. פּאַלקע, ‚Keule'. ניקאלאַיעווסקער, ‚aus Nikolaus' I. Zeiten', als man jüd. Kinder raubte und als Soldaten erzog. נײַט מיט דעם גאַנג, ‚ist der Meinung'. אָפּבענטשען, ‚mit dem בענטשען fertig werden'. אָנגעזוליאקעט, ‚vollgestampft'. רויכערען s. רײַכערען. זשעבּרעווען, ‚betteln'.

Wörterbuch.

Aufgenommen wurden im allgem. die wichtigsten und häufigsten Worte der Literatur- und Umgangssprache. **Nicht aufgenommen** wurden: *1.* Flexions- und andere abgeleitete Formen (Deminutiv usw.); *2.* internationale Wörter (טעלעגראַף telegra'f, סאציאַליזם sociali'zm, רעדאַקציע reda'kcie); *3.* Fremdwörter, die hier und da, namentlich in Zeitungen, anstelle der allein richtigen zu finden sind (געזיכט, אבוואל statt פּנים, כאטש usw.).

hba.: Es gibt eine Reihe von aus dem HbA. stammenden Wörtern, die, ohne zum jidd. Wortschatz zu gehören, doch allgemein verstanden werden und einen besonderen, hier nicht näher zu erörternden Gebrauch haben.

Die **Anordnung** geschah, um auch für solche Wörter, die der Leser nach einer etwas abweichenden Schreibung sucht, ein leichtes Auffinden zu ermöglichen, genau in der üblichen hba. Alphabetordnung (und nicht nach der Tabelle in P. 2.). — Es stehen also א, אַ, א und אָ in alphabetischer Beziehung gleichgeordnet, ebenso ב (בּ) und בֿ usw. — Das sogenannte Dehnungs-ה und -ע ist beim Nachschlagen zu übergehen. — Siehe auch S. 177.

Aussprache und **Akzent** sind nur teilweise angegeben, und zwar oft nur für den betreffenden Laut oder die betreffende Silbe — immer in eckigen Klammern. Bei mehrsilbigen Worten und in Wortverbindungen ist nur der bedeutendste Akzent gegeben. Die Wortklasse ist nur wo nötig angegeben.

Substantiv: *m.* = männlich, *f.* = weiblich, *n.* = sächlich. *pl.* = Plural. — Pluralangabe: *A.* bezieht sich auf P. 39 I 1, *B.* auf 39 I 2, *C.* auf II, *D.* auf IV, *E.* auf V 1, *F.* auf V 2, *G.* auf VI, *H.* auf VII.

Verb. Konjugationsangabe: *1* bezieht sich auf P. 69—90, *2* auf P. 91, *3* auf P. 92—93, *4* auf P. 94, *5* auf P. 95. — Wo nichts angegeben gilt *1.* — 'וו = ווערען, 'ז = זיך. — *tr.* = transitiv. *intr.* = intransitiv.

a. = Adjektiv und gleichzeitig Adverb. *a. präd.* = nur prädikativ verwendetes Adjektiv.

ad. = Adverb, adverbiale Verbindung. *p.* = Pronomen. *pr.* = Präposition. *int.* = Interjektion. *infl.* = unflektierbar.

s. = siehe. — *u.* = und.

~ = Wiederholung des Stichwortes.

... = Wiederholung des ganzen vorhergehenden, mit einem ~ gebildeten Wortes.

א

אַ *indef. Art.* ein

א *int.* da, dort

אָב *m. jüd. Monat (Juli-Aug.)*

אֲבֵדה *f. A.* Verlust

אָבוֹת *pl.* die Erzväter; Vorfahren

אַבי [i:'] *kj.* damit nur, daß wenigstens, wenn nur

אֶבְיון *m.* אֶבְיונים Armer

אָבֵל *m.* אֲבֵלים Leidtragender

אֶבֶן־טוֹב [o'] *m.* אֲבָנים־טובות [oi'] Edelstein

אבער *kj.* aber; oder; wieder

אבצאַב *m. C.* Schuhabsatz

אֵבֶר *n.* אֵבָרים Glied

אַגַב *u.* אורחא ~ übrigens, nebenbei

אַגרעס *n. C.* Stachelbeere

אַדאָ [ů:'] *ad.* da, hier

אָדון *m.* אַדונים Herr

אַדורך [P. 21] *ad.* durch, hindurch, vorbei, vorüber

אָדלער *m. A.* Adler. אָדלערש Adler-

אדער *kj.* oder; aber. ~ — ~ entweder — oder

אָדער *f. C.* Ader

אָדָר *m. jüd. Monat (Febr.-März)*

אַדרַבה [a'd] *ad.* im Gegenteil; gern! nun gut! ~ · ואַדרַבה [wa'] ganz im Gegenteil; herzlich gern!

אַדרויף [o'f, ou'f, I'f] *m.* Anzahlung, Angeld

אַהיים [æi'] *ad.* nachhause

אַהין [i:'] *ad.* hin. אַהינצו *ad.* hin. אַהינצוועגם *ad.* im Hinweg

אַהער [é'] *ad.* her

אוגערקע [i'] *f. A.* Gurke

אַוודאי (אודאי) *ad.* gewiß, sicherlich

אויר [w] *m.* Luft, Atmosphäre

אָוונט *m. C.* Abend

אַוועק [e'] *ad.* weg, hinweg. *Mit* גיין *u.* וועל: weggehen

אוי [*alle Dial.:* oi] *int.* o, ach, wehe

אוי־וואַ [a'] *int. des Staunens, der Hervorhebung*

אויב *kj.* falls, wenn

אויבס *n. C.* Obst

אויבען *ad.* oben. ~ ־אָן [ů:'] *ad.* obenan. *m.* Vorsitz, Ehrenplatz.

אויג *n. C.* Auge

אויוון *m. A.* Ofen

אויווען *s.* אויבען

אויך, אויך; אויכעט, אויכעט *kj.* auch

אויס, אויס *ad.* aus. ~ זײַן *u.* ~ ווערען vorbei, nicht mehr sein, verschwinden. ~ זײַן *tr.* (überall) sein, herumkommen. – ~ אַרבעטען erwirken. ~ בויען erbauen. ~ בײַטען 3 umwechseln. ~ בעטען betten. ~ בעטען 3 erbitten. ~ ברענ־נען verschwenden. ~ גיין 3 umkommen, zugrunde-, zuendegehen. ~ גלאָצען די אויגען stieren. ~ גלײַכען gerade strecken; די ~ . . Vergleich eingehen. ~ נעמען (טאָכטער) 3 verheiraten. ~ געשטערנט *a.* Sternen-, gestirnt. ~ געשריי *n. C.* Ruf, Schrei. ~ דרייען זיך sich wenden, um-, abwenden, kehren, drücken. ~ דערוויילען auserwählen. ~ האָרכען anhören. ~ האַרען [a:] warten. ~ היילען heilen.

~העפטן 1, 3 sticken. ~הערן anhören. ~הרגענען (mehrere) töten. ~וואַקסן 3 emporwachsen, entstehen. ~וואַרטן warten. ~וואָרטן ausjäten. ~ווײַזן 3 den Anschein haben, scheinen. ~ווײַקן durchwässern. ~וועפּן sich verflüchtigen. ~זאַלצן 3, 1 (rituell) salzen, durchsalzen. ~זען 3 aussehen, scheinen. ~זעצן zer-, ein-, ausschlagen; aussetzen; ז' .... sich hinsetzen (von mehreren). ~טאָקן drechseln; herausputzen. ~טון 3 ausziehen, ablegen; ז'... sich entkleiden. ~טײַטשן erklären

אויסטערליש ungewöhnlich, seltsam

[אויס] — ~טרוקענען trocknen. ~כאַפּן vorwegnehmen. ~לאָזן 1, 3 auslassen; ז' ... aufhören. ~לאַכן ז' verspotten. ~לײַנען richtig schreiben. ~ליידיקן entleeren. ~לייזן erlösen. ~לײַטערן ז' sich aufheitern; sich läutern, klären. ~לײַען 3 leihen. ~לינקען 1, 3 verrenken. ~לערנען lehren. ז'...lernen. ~מאַטערן quälen. ~מוטשען 2 abquälen. ~מײַדן 3, 1 vermeiden. ~מעסטן 3 messen, abmessen. ~מעקן abwischen, vertilgen. ~ניכטערן ז' nüchtern werden. ~נעמען abmachen; Wohlgefallen erregen; ז'...sich bedingen. ~נעמען n. die Herausnahme der Thorarolle aus dem Heiligen Schreine. ~סדרן [dŏ] ordnen, anordnen, aus-, aufstellen

אויסן זײַן beabsichtigen, bezwecken

אויסנווייניק äußere, Außen-: ~ אויף ad. auswendig: ~ פֿון ad. außen. ~בטער äußere

[אויס] — ~פּאַשען ז' 2 futtern; dick werden. ~פּויקן austrommeln. ~פּײַנען ז' sich auszeichnen; sich fein, edel stellen. ~פּיקן ז' auskriechen. ~פֿעלן fehlen, mangeln. ~צופּן ausrupfen. ~ציִען 3 ausstrecken, ז'... sich ausstrecken. ~קוילען 2 (mehrere) töten. ~קויפֿן freikaufen. ~קומען 3 sich ergeben, resultieren. ~קושן küssen, abküssen. ~קלויבן 3 wählen, auswählen. ~קליידן Kleidung geben. ~קערן fegen. ~קריכן 3 ausfallen (Haar). ~רוימען ausräumen, leeren. ~רײַסן 3 ausreißen: ~רײַסן 5 im Elend sein. ~רעדן aussprechen; erzählen. ~רעכענען berechnen; aufzählen. ~שווענקען ausspülen. ~שטיקן sticken. ~שטעלן ausstrecken; stellen, ordnen. ~שיסן 3 schießen; ausbrechen. ~שמירן verschmieren, beschmutzen. ~שנײַדן ז' 3 (zu etwas) werden. ~שעפּן er-, ausschöpfen. ~שפּרייטן ausbreiten

אויף pr. [of, ouf, af]. adv. [of, ouf, îf] auf, nach, um. ~ זײַן nach sein. — [אויף] — ~בלאָזן aufblasen. ~געראַמט aufgeräumt, gutgelaunt. ~געריכט ה'

[P. 16] 5 Heil finden. ~האַלטען 3 erhalten. ~הײבען 3 aufheben; ד׳ ... aufstehen. ~הענגען 3 aufhängen. ~וואַרפען 3 vorwerfen. ~װײַזען 3 zeigen, beweisen. ~זוכען ד׳ sich finden. ~כאַפען auffangen; ד׳ ... aufstehen: erwachen. ~טון 3 leisten. ~מישען aufschlagen, -blättern. ~נײען nähen. ~עט *ad. als abgetrennter Teil wie* אויף. ~עסען 3 aufessen. ~פרעסען 3 auffressen. ~קומען 3 emporkommen. ~רודערען in Bewegung versetzen, aufrütteln. ~רײַסען 3 explodieren machen. ~ריכטעניש *n. C.* Heil, Hilfe

אום *pr.* um, an, am, im. — [אומ] -- ~ברחמנותדיג unbarmherzig, erbarmungslos. ~גליק *n. C.* Unglück. ~גײען 3 herumgehen. ~געבעטען ungebeten, unaufgefordert, uneingeladen. ~געגעסען *a.* der nicht gegessen hat. ~געדאַווענט *a.* der nicht gebetet hat. ~געזונט ungesund. ~געלומפערט unförmig. ~געריכט unerwartet. ~גערעכט *a. präd.* nicht im Recht. ~גראָד ungrade.

אומה *f. A.* Volk, Nation. אומות העולם *pl.* die nichtjüdischen Völker

[אומ] — ~זיסט [i'] umsonst, vergeblich. ~חן *m.* Ungnädigkeit, Unfreundlichkeit, Mißgunst

אומיסטען *ad.* eigens, absichtlich

אומישנע *ad.* eigens, absichtlich

[אומ] - ~כּבוד *m.* Unehre. ~מיגליך *n.* ~מעגליך unmöglich. ~נישט [i'] *ad.* grund-, zwecklos

אומעדום [di'] *ad.* überall

אומעט *m.* Trauer, Schwermut

אומעטום [ti'] *ad.* überall

אומעטיג traurig, schwermütig. ~קײט *n.* Traurigkeit

אומער *m.* Gemütszustand

[אום] -- ~קערען zurückgeben. ~רו *m. C.* Unruhe. ~ריין unrein. ~שולדיג unschuldig

און *kj.* und

אונז *ppr.* uns. ~ער *pospr.* unser

אונטען *ad.* unten; hinten

אונטער *ad.* unter; hinter. ~געבען ד׳ 3 sich ergeben. ~געסעל *f. C.* Seitengasse. ~האַקען abhauen. ~העלפען 3 helfen. ~העָרען zuhören, horchen. ~װאַקסען 3 wachsen. ~װעגענס [é'] *ad.* unterwegs. ~חנפענען 2 schmeicheln. ~לענען stützen. ~פירען begleiten; ~פירער, ~פירערין Begleiter, -in *des Brautpaares b. d. Hochzeit.* ~צינדען 3 entzünden; Brand legen. ~קויפען bestechen. ~שפּאַרען [a:] stützen

אונס *m.* Zwang

אופן *m.* אופנים Weise, Art

אוצר *m. B.* Schatz

אורח *m.* אורחים [o] armer Gast

אות [o] *n.* אותיות Buchstabe

אַז *kj.* daß; wenn; als; wie

אַזאַ [aza'] *dpr.* solch

אזהרה *f. A.* Warnung

אַזוי [oi'] *ad.* so

אַזוינער *dpr.* solcher

אַזעלכער *dpr.* solcher

אַזש u. אַזשע ad. gar, gradezu

אַחדות n. Einigkeit

אַחוץ [I'] pr. außer

אַחריות n. Verantwortung.

אט ad. da (räuml. u. zeitl.); jetzt, bald; אט אט ad. im nächsten Augenblick; אטא [oto'] da, hier; ~ דאָ dahier

אָטעם m. Atem

אי! — אי! kj. sowohl — als auch

אַי kj. was das betrifft; nun wohl

אַי m. ach

אַיא [o'] int. gelt, nicht wahr?

איבער ad. über. ~אַנדערשען verändern. ~בײַטען 3 wechseln, umändern. ~בײַסען 3 essen, Imbiß nehmen. ~בעטען 3 um Verzeihung bitten; ד'... sich aussöhnen. ~ברעכען ד' 3 brechen intr. ~געגעבען a. treu, ergeben. ~גוואַלד [a'] ad. gewaltsam. ~דרייען umdrehen. ~דרוקען nachdrucken. ~האַקען unterbrechen. ~היפּערען überspringen. ~וואַרפען ד' 3 einander zuwerfen. ~זאַלצען 3, 1 versalzen. ~זעצען übersetzen. ~טון ד' 3 sich umkleiden. ~טראָגען 3 ertragen, erdulden

איבעריג überflüssig: übrig

[איבער] — ~כאַפּען überschreiten; schnell (etw.) essen. ~לאזען 1, 3 übrig-; verlassen. ~לייענען lesen, durchlesen. ~מאַכען umändern. ~ניצעווען 2 wenden, umnähen. ~נעמען übernehmen; ד'... hochmütig werden. ~עסען ד' sich überessen. ~פּירען verderben. ~ציילען zählen, nachzählen. ~קומען 3 überstehen. ~קלויבען 3 wählerisch sein. ~קערען umstürzen, zerstören. ~קערעניש n. C. Umwälzung. ~רײַסען 3 unterbrechen. ~שטעלען umstellen. ~שלאָגען 3 unterbrechen

איד, אידיש usw. s. ייד, יודיש usw.

איטליכער dp. jeder

איי n. F. Ei

אייביג ewig

דער אייבערשטער m. der Höchste (Gott)

אייגען a. eigen; verwandt. p. דער אייגענער der selbe. אייגענס n. Eigentum

איידעל zart; fein; mager. ~קייט n. Zartheit, Feinheit; Magerkeit

איידעם m. A. B. Schwiegersohn

איידער kj. ehe, bevor

אײַז n. Eis

אייזעל m. C. Esel

אײַזען n. A. Eisen

אייל f. C. Elle

אײַלען ד' eilen. אײַלעניש n. Eile

איין num. ein. adj. bloß; zur Gänze. אין איין הענם bei gleicher Gelegenheit. אין איינעם ad. zusammen

אײַן ad. ein. [אײַנ] — ~געגלייבט a. festen Glaubens. ~געזונקען וו' 5 versinken. ~געפינען 3 finden, meinen. ~געשרומפען ה' 5 zusammenschrumpfen. ~דרימלען einschlummern, nicken. ~האַלטען 3 zurückhalten. ~זאַפּען einsaugen. ~זיצען 3 (lang) sitzen;

~זעֶן *3* einsehen. ~זעצען gefangen setzen. ~חַזירען ד' sich beschmutzen. ~חַזרען (ד') [zě] sich einprägen, auswendig lernen. ~טונקען eintauchen

אייניקעל *n. H.* Enkel, Enkelin

[איינ] — ~ליבען ד' sich verlieben. ~לייגען niederreißen, demolieren. ~מאַכען (Früchte) einmachen. ~נעמען *3* erobern, besiegen; erleiden (מִיתה מְשוּנה, סְפָלה); zureden. ~נעצען naß machen

אייִנעכטען [æi'] *ad.* vorgestern

[איינ] — ~עסען ד' *3* hartnäckig ..., eigensinnig ... *(Verb)*. ~פֿאַלען *3 intr.* niederbrechen; einfallen

אייִנציג einzig. ~ווייז *ad.* einzeln

[איינ] — קארטשען ד' *2* sich krümmen, winden. ~קויפֿען einkaufen. ~קריצען eingravieren. ~רוימען zuflüstern. ~ריכטען besudeln, schmutzig machen. ~שטייען *3* Wohnung nehmen. ~שטילען beruhigen. ~שטעלען einsetzen, wagen. ~שלעפֿען einschläfern. ~שפאַרען ד' [a:] sich versteifen, hartnäckig ..., eigensinnig ... *(Verb)*

אייער *p. pos.* euer, Euer, Ihr

אייערנעכטען *ad.* vorgestern

איך [ech, é'ch, i:'ch, jach] *pp.* ich

אֵיכות *n.* Qualität, Beschaffenheit

אֵימה *f. A.* Entsetzen, Angst. ~דיג entsetzlich, fürchterlich

אימעץ *p.* jemand

איספעט *m.* Ungestüm

אי *pr.* in, an, zu. [אינ] *Zusammensetzungen s. unter dem Hauptbestandteil*

אֵין־בְרֵירה es bleibt (blieb, wird bleiben) nichts übrig, als ...

אינד *f. C.* Welle, Woge

אינדיטשקע *f. A.* Truthenne. אינדיק *m. B.* Truthahn

אינעווייניג *a.* innen, inner, innerlich

איצט *u.* איצטער *u.* איצטערט *ad.* jetzt

איר *p. pers.* ihr, Ihr, Sie

אִיר (אייר) *m. jüd. Monat (April-Mai)*

אירע *num.* eine Gruppe von ...

אך *int.* ach

אַכט *num.* acht

אַכטונג געבען achtgeben, aufmerken

אַכזר *m.* אַכזָרים hartherziger, grausamer Mensch. אַכזָריות [ů:] *n. C.* Gräuel, Grausamkeit. ~דיג grausam

אַכִילה *f. hba.* Essen, Kost. אַכלען *hba.* essen

אַכסַניא *f. A.* Herberge, Gasthof

אֶלא nur, sondern

אַלדינגס *indp.* alles

אַלדע *indp.* alle, alle die

אֶלול [e] *m. jüd. Monat (Aug.-Sept.)*

אַלט alt. ~וואַרג *n.* altes Zeug. ~ערהייט *ad.* alt, im Alter. ~פֿרענקיש altmodisch

אַליין *infl. p.-ad.* selbst. *p. a.* allein

אַלמן *m.* אַלמָנים Witwer. אַלמָנה *f. A.* Witwe

אַלמער *m. A.* Schrank

אַלע *p.* alle. אַלעמאָל *num.-ad* immer. אַלערליי *num.-ad.* allerlei

אַלף *f. C.* *erster Buchstabe des*

Alphabets. אַלף־בית [a'] *m.* *C.* Alphabet

אַלץ *indp.* alles; *ad.* immer.

אַלצדינג *indp.* alles

אַלקער *m.* *A.* Zimmer

אַם *f.* *C.* Amme

אם־ירצה־השם [měrcěše'm] *int.* so Gott will

אַמאָל [ů'] *ad.* einmal, einst

אֶמונה *f.* Glaube. *f.* *A.* Religion

אַמישנע *u.* אין אַמישנע [i'] *ad.* eigens, absichtlich

אָמער [ó'] *ad.* doch, denn doch

אָמן *int.* Amen

אַמפּערען ז׳ sich streiten, zanken

אֶמת [e] *m.* *C.* Wahrheit. *a.* wahr. *kj.* freilich, zwar. ~דיג *a.* wahr

אַן *unb. Art.* ein

אָן *pr.* ohne

אָן *ad. pr.* an. [אָנ] — ~בײזערען ז׳ zürnen, schelten. ~בײַסען *n.* *A.* Frühstück

אַנגסטען *pl.* Angstschweiß

אַנדער *attrib.-a.* ander; *num.* zweiter. ~ש *u.* ~שט *ad.* anders

אַנדרוגינוס [ro'] *m.* *C.* Hermaphrodit

[אָנ] — ~הײבען 3 beginnen. ~הענגען 3 anhängen. ~װײַזען 3 zeigen, hinweisen. ~װינקען 3 Wink geben. ~װערען 3 verlieren

אַנומעלט *u.* ~ען [I'] *ad.* neulich, unlängst

[אָנ] — ~זאָגען [ů] sagen, befehlen. ~זאַפּען ז׳ sich vollsaugen. ~זען ז׳ 3 beträchtlich sein; viel sehen. ~זעצען bankrottieren. ~טאַפּען berühren;

אַנטדרימעלט װ׳ [nd] 5 einschlummern. אַנטװײנען entwöhnen

אָנטון´ 3 ankleiden; bereiten; *n.* Kleidung

אַנטיק [i'] *m.* *C.* Kostbarkeit

[אַנט] — ~לויפֿען 3 fliehen. ~פּלעקען enthüllen. ~קעגען gegen(über), entgegen

אָנטראָגען 3 herbeitragen, -schaffen

אַנטרונען ה׳ 5 entrinnen

אָנטרינקען 3 *u.* אָנטרענקען 3 tränken

אַנטשװיגען װ׳ 5 verstummen. אַנט־שלאָפֿען װ׳ [ů] 5 einschlafen

אָנטשעפּען 2 anheften. אָניאָגען einholen

אַנידער [i'] *ad.* nieder

אַניט [i'] *kj.* sonst, andernfalls

[אָנ] — ~כאַפּען packen, fassen, ergreifen. ~לויבען ז׳ sehr loben. ~מוטען anbieten. ~מעסטען 3 anmessen; ז׳ ... sich zumessen.

אָנעט *ad. als abgetrennter Teil e. Verbs* an. ~פֿאַלען 3 überfallen, angreifen. ~פֿרעסען ז׳ 3 sich vollfressen. ~צוהערעניש *n.* *C.* Andeutung, Wink. ~צינדען 3 anzünden. ~ציִען 3 aufdrehen, spannen; überziehen. ~קװעלען 3 sich sehr freuen. ~קערען ז׳ zusammenhängen; verwandt sein. ~רופֿען 3 nennen; ז׳ ... heißen; sagen, sich vernehmen lassen. ~רײצען aufhetzen. ~רעדען zureden. ~שטױ־סען ז׳ vermuten. ~שטײען 3 passen. ~שטעל *m.* *C.* Streich, Schabernack. ~שטעלען stellen, richten. ~שיקען (daher) schicken.

~שיקעניש *n. C.* Verhängnis, Heimsuchung; Tölpel. ~שפּאַרן [a:] stützen; אין ... erreichen. ~שרײַבן *3* schreiben, auf-, niederschreiben

אָסור *Ausdruck der Beteuerung*

אסיען *m.* Herbst

אָסרען [sö] verbieten

אֶסתּר־תּענית [é'] *m.* ‚Fasten Ester' (*Fasttag vor* פּורים)

אָפּ [ů] *ad.* ab; zurück. ~באָדען ז' *3* baden. ~באַרשטען *1, 3* abbürsten. ~בײַסען *3* abbeißen. ~ברינען ז' sich verbrennen. ~ברעכען *3* abbrechen. ~גאָט *m. E.* Götze. ~גאָלען abrasieren. ~גטען [e] sich scheiden (lassen) von ~גײען *3* fehlen; verschwinden. ~גילטען *1* mit Gold aufwägen. ~גילטען *3* gelingen. ~געבען zurückgeben; חשבון... *oder* ... דין וחשבון Rechnung ablegen. ~געברענט ח' *5* abbrennen (*intr.*). ~געשליסען verschlissen. ~דרוקען drucken. ~היטען hüten, beschützen; beachten. ~הענדיג *a. präd.* ratlos, mutlos; קײט ... *n.* Ratlosigkeit, Mutlosigkeit

אַפּולע [I'] viel

[אָפּ] — ~זאָגען verweigern; ז' ... sich weigern; verzichten. ~זיפּ־צען seufzen. ~חוזקען [zè] verspotten

אָפט *a.* oft

אָפּטאָקען drechseln. אָפּטונקען eintauchen

אַפּטײק [æi'] *f. C.* Apotheke

אָפּטראָגען ז' [rů] *3* sich davonmachen

אַפּיטרופּוס [ro'] *m.* אַפּיטרופּסים [ro'] Vormund. אַפּיטרופּסות *n.* [ro'] Vormundschaft

אַפילו *ad.* sogar, selbst

אַפּיקורס *m.* אַפּיקורסים [ko'] Ketzer. אַפּיקורסות [ko'] *n.* Ketzerei

אַפּיר [i:'] *ad.* hervor

[אָפּ] — ~לויבען ז' sehr loben. ~ליגען *3* liegen, liegend verbringen. ~לײגן verschieben. ~לעבען *tr. intr.* aufleben (lassen). ~לײקענען ableugnen. ~מאַכען abmachen. ~מינטעריגן aufwecken. ~מעקען abwischen, vertilgen. ~נאַרען [a:] täuschen

אַפּנים [ů:'] *ad.* offenbar, anscheinend

אָפּנעמען *3* zurücknehmen; nehmen.

אָפּעט *ad. als abgetrennter Teil eines Verbs* ab

אַפּעטיט [i'] *m.* Appetit

אַפּעל *m. D.* Apfel

אָפען offen

אָפּעסען mit dem Essen fertig werden; (זיך) דאָם האַרץ ... (sich) kränken

[אָפּ] — ~צאָל *m. C.* Steuer. ~צאָלען vergelten. ~קומען *3* büßen; leiden. ~קומעניש *n. C.* Buße. ~קילען ז' sich abkühlen. ~רוימען räumen. ~רוען ז' ausruhen, rasten

אַפּריער [i:'] *ad.* früher, vorher

[אָפּ] — ~רײַבען *3* abreiben. ~רײניגען säubern. ~רײַסען *3* losreißen. ~שאַבען *3* abschaben. ~שאַצען abschätzen. ~שטײען *3* stehen, stehend verbringen. ~נעשטאַנען schal; zurückgeblieben. ~שוהענ־ קען abspülen. ~שטעלען an- halten; ז' ... stehen bleiben. ~שאקלען ז' פון עפעס etw. von sich abwälzen

אפשיטא geschweige

[אָפּ] – ~שײַ m. Ehrfurcht. ~שײַ־ דען trennen. ~שפּאָרען sparen.

אָפּטער vielleicht

[אָפּ] — ~שפּריצען anspritzen. ~שפּרעכען 3 besprechen, behexen

אצינד u. ~יער u. ~ערט [i'] *ad.* jetzt

אַקאָרשט [o'] *ad.* jetzt, eben

אַקיצור [i'] *ad.* kurz, in Kürze

אַקס *f. C.* Achse

אקס *m. C.* Ochse

אַקסעל *f. C. G.* Achsel

אַקעגן gegen(über), entgegen; bezüglich

[אַקעגן] — ~ האַלז און Hals und Nacken

אַקעראײַזען *n. C.* Pflug. אַקערען ackern, pflügen

אקערשט [o'] *ad.* jetzt, eben

אַראָפּ *ad.* hin-, herab, hin-, herunter. ~גליטשען ז' hinabgleiten. ~כאַפּען schnell hinabnehmen. ~נעמען herunternehmen; photographieren. ~יעט *ad. als abgetrennter Teil eines Verbs wie* אַראָפּ. ~שניפּען schnell herunternehmen

אַרבעט *f. C.* Arbeit. ~ען arbeiten. **אַרבעטאָרער** [a'] *u.* **ארבעטער** *m. G.* Arbeiter

ארבע כּנפוֹת *m. ein relig. Kleidungsstück*

אַרבעל *m. G.* Ärmel

אַרבוז [i'] *m. B.* Kürbis

אַרבעס *f. G.* Erbse

אַרויס, אַרױס *ad.* hin-, heraus, hervor. ~ברענגען hinausbringen. ~געבען 3 herausgeben; verraten. ~העלפען 3 heraushelfen. ~װאַרפען 3 hinauswerfen; von sich geben; umsonst ... ~זאָגען 3 aussprechen. ~לאָזען 1, 3 hinauslassen; von sich geben. ~יעט *ad. als abgetrennter Teil e. Verbs wie* אַרויס. ~קוקען hinausblicken; erwarten, wünschen. ~קריגען *u.* ~יגן 3 herausbekommen. ~רײַסען herausreißen; ז' ... sich entreißen. ~רעדען sagen, aussprechen. ~רופען herausrufen; hervorrufen; herausfordern. ~שטאַרען [a:] *intr.* heraussteken. ~שטע־ לען heraus-, aufstellen

אַרויף [ou'f, o'f, i'f] *ad.* hin-, herauf, empor. **אַרויפעט** *ad. als abgetrennter Teil e. Verbs wie* אַרויף

אַרום [i'] *ad.* herum, umher *pr.* ungefähr. [אַרום] – ~בלאָנ־ דזשען 2 umherirren. ~טראָגען ז' מיט [ů] 3 sich tragen mit ... ~נעמען 3 umfassen; umarmen. ~עט *ad. als abgetrennter Teil e. Verbs wie* אַרום

אָרון *m.* אַרונות Sarg. ~קודש [oi'] *m.* Heiliger Schrein *(mit den Thora-Rollen)*

אַרונטער *ad.* hin-, herunter, hinab

ארט *n. E.* Ort, Stelle

אַריבער *ad.* hin-, herüber

אַרײַן *ad.* hin-, herein, ein. [אַרײַנ] — ~גײען 3 hineingehen. ~יאָגען *tr.* hineinjagen; *intr.* hineinströmen. ~לאָזען *1, 3* einlassen. ~נאַרען [a:] verlocken. ~עט *ad.* *als abgetrennter Teil e. Verbs wie* אַרײַן

אָרעם *a.* arm; *m. A.* Arm

אָרעמאַן [a'] *m.* אָרעמעלײַט [á'] Armer. אָרעמקײט *n.* Armut

אַרען [a:] *impers.* kümmern

ארענטליך anständig, ehrlich

אַרענדאַר [da:'] *s.* רענדאַר

אַרענדע [o'n] *f. A.* Pacht, Pachtung, Pachtgut

אַש *n.* Asche

אִשה *f.* נָשים Frau, Weib. ~ צנועה *f.* sittsame Frau. אֵשת-איש [i'] verheiratete Frau. אֵשת-חַיִל [jė] tüchtige Frau

אֶתרוג *m.* אֶתרוגים Paradiesapfel

ב

באַבע *f. A.* Großmutter

באבע *f. A.* Saubohne

באָבע *f. A.* Hebamme. Großmutter

[באַ] — ~גזלנען [ɫėn] berauben. ~גײען ז' 3 sich behelfen. ~גינען frühmorgens, bei Tagesanbruch. ~גלײבט vertrauenswürdig. ~גנבֿענען 2 bestehlen. ~געגענען *tr.* treffen, begegnen. ~גרענעצען beschränken

באָד *n. E.* Bad

באַדאַנקען *tr.* danken. באַדאַרפֿען brauchen, nötig haben; müssen

באָדען ז' 3 baden

[באַ] — ~דעקענס *n. eine Hochzeitszeremonie.* ~דערפֿעניש *n. C.* Bedürfnis. ~האָגלען überschütten. ~האַװענט erfahren, tüchtig. ~האַלטען 3 verstecken, verbergen. ~האַרצט kühn. ~העלטעניש *n. C.* Versteck. ~העפֿטען ז' *1, 3* sich verbinden, vereinigen. ~װאוסט bekannt. ~װאָרעניען sichern. ~װאַשען ז' מיט טרערען 3 heftig weinen. ~װײַזען 3 zeigen

באַװעל [a:] *n.* Baumwolle

[באַ] — ~זארגען *tr.* versorgen. ~זוכען durchsuchen. ~זעצען ansiedeln; ז'... sich niederlassen. ~טײַטען bedeuten. ~טראַכטען überlegen. ~טריבט betrübt. ~טרעפֿען 3 betragen, ausmachen. ~יאָרענט bejahrt

באַיקע *f. A.* Geschichte, Märchen

באַלד *ad.* bald; sofort, gleich

[באַ] — ~לײַבט beleibt. ~לײטען begleiten. ~לײַכטען beleuchten. ~לעגערען belagern

באַלעמער [e'm] *m. Vorlese-Estrade in der Synagoge*

באַלקען *m.* Zimmerdecke

באִם *kj.* falls, wenn

בְּאֶמת [e] *ad.* wirklich, wahrlich

באַנאַרישען ז' [a:] einen Fehler machen

באַנד *m. D. E.* Band *(Buch)*

באַנג טון leid tun; Sehnsucht haben

[באַ] – ~נוגענען ז' sich begnügen. ~נוּלען [w] besudeln. ~נוצען ז' benutzen. ~נײַען in Gebrauch nehmen; einweihen. ~נעמען 3 begreifen

באַנק *f. D.* Bank

באַנקע [a:] *f. A.* Blutegel. Bauchiges Gefäß; Wärmflasche

[באַ]-~פֿאַלן 3 überfallen. ~פֿוילען *part. pf.* sagen lassen. ~צאָלן bezahlen; vergelten. ~צײַטנס *ad.* beizeiten, rechtzeitig. ~ציִען ז' 3 sich verhalten. ~צווינגען 3 bezwingen

באַק *f. C.* Wange

באָק *m. D.* Bock

[באַ] — ~קאַנען bekannt machen, vorstellen; ז' ... kennen lernen. ~קומען 3 bekommen. ~קלערן überlegen

באָקסער *m. C.* Johannisbrot

באָקעם אויספֿאַלן 3 schlimm ausgehen

באַקן 3 backen

באַקאַנען *s.* באַקענען

באַר [a:] *f. C.* Birne

באַראַבעווען 2 berauben. [באַראָט] — ~ אויף נאָטס aufs Geratewohl

באַרג *m. D. E.* Berg

באָרגן borgen

באָרד *f. D.* Bart

באָרוועס barfuß

באָרטן *m. A.* Ufer, Strand

באַרײַדעוודיג redselig

באַריכות *ad.* ausführlich

[באַ] — ~רימען ז' prahlen. ~רעדן klatschen (über). ~רעכענען erwägen

באַרשט *f. C.* Bürste

באָרשט *m. jüd.* *Rübensuppe*

באַרשטן *1, 3* bürsten

[באַ] — ~שאַפֿן 3 schaffen. ~שווערן 3 schwören lassen. ~שטײן 3 einwilligen, sich zufrieden erklären. ~שײדן deuten, erklären. ~שײַנפּערליך offensichtlich. ~שײנען *tr.* Schönheit verleihen. ~שלאָגן 3 befallen (אָנגעמען). באַשעפֿעניש *n. C.* Geschöpf. ~שערן bescheren. ~שפּרענקלען sprenkeln

באַשר [ba:] *kj.* da, weil. ~ כּכֵן [e'n] da ja

בָּבָא־מַעשה [ů'] *f. A.* Ammenmärchen

בְּגימַטריא [ma'trie] *ad.* nach dem Zahlenwert der Buchstaben

בְּגנֵבָה *ad.* verstohlen, heimlich

בַּדחן *m.* בַּדחָנים Hochzeits-Spaßmacher. בַּדחָנות *n.* Beruf, Art des בַּדחן. בַּדחָניש *a.* בַּדחן-artig

בְּדילי־דַל *ad.* ganz arm. בְּדַלות *ad.* arm; ~ שטעלן arm machen

בְּדֵעה האָבן beabsichtigen

בְּהַדרָגה *ad.* grad-, stufenweise, allmählich

בְּהָלה *f. A.* Verwirrung, Panik

בְּהֶכרח *ad.* notwendigerweise

בְּהֵמה *f. A.* Vieh, Rind

בְּהֶסכּם *ad.* im Einklang mit, in Übereinstimmung mit

בְּהַרחָבה [ů'] *ad.* reichlich, bequem

בוגד *m.* בוגדים [o] Verräter

בוגרת [o] *f.* heiratsfähiges Mädchen

בודק זײַן 4 untersuchen

בוהאַי [buhai'] *m. B.* Stier

בְּוַדאַי (בודאַי) *ad.* gewiß, sicherlich

בוזעם *m.* Busen
בױגען *m. A.* Bogen
בױד *f. C.* Plantwagen; Hütte
בױדעם *m. A. D. E.* Dachboden
בױך *m. E.* Bauch. בױכװײטיג *n.* Bauchschmerzen
בױם *m. E.* Baum
בױמעל *n. C.* Öl
בױען bauen
בױערען bohren
בוך *m. n. E.* Buch
בולט *a.* deutlich, plastisch
בולקע *f. A.* Semmel
בוקען ז׳ sich bücken
בורא *m.* Schöpfer, Gott. ~ עולם [oi't] *m.* Weltenschöpfer
בורעק [P. 21] *m. B.* rote Rübe
בושה *f.* Scham; Schmach, Schande
בושיק *m. B.* Storch
בושעװען *2* wüten
בִּזָיון *m.* בִּזיונות Schande, Beschämung
בזיל־הזול [o] *ad.* äußerst billig
בָּחור [ů] *m.* בָּחורים [ů'] *u.* Jüngling; Junggeselle
בְּחוש *ad.* deutlich, klar
בְּחינם *ad.* umsonst
בְּטֶבַע *ad.* von Natur
בָּטוּח [I:'] *m.* בְּטוּחים Vertrauenswürdiger. ~ זײַן sicher sein. בִּטָחון [ů] *m.* Vertrauen, Zuversicht
[בָּטל] – ~ זײַן ungiltig sein. ~ װ׳ aufgehoben werden, verschwinden. ~ בְּששים װ׳ in der Menge verschwinden
בַּטלן *m.* בַּטלָנים unpraktischer Mensch, Schlemihl. בַּטלָנות *n.* Art e. בַּטלן. בַּטלָניש *a* בַּטלן-artig
בידנע unglücklich, elend, arm
ביז bis, bis zu
ביחִידות *ad.* allein
ביטול *m.* Verneinung, Skepsis, Geringschätzung. ~ ־הַיֵש *m.* Weltverneinung
[ביטען] — ~ יום־טוב נוט zum Feiertag grüßen
ביטער bitter
בײַ [ba] *pr.* bei
בײגעל *n. G.* Kipfel, Hörnchen
בײגען ז׳ sich beugen
בײז zornig; schlecht; falsch *(Münzen)*
בײַזאַך *f. C.* Nebensache
בײזליך zornig. בײזערען ז׳ sich erzürnen, schelten
בײַטעל *m. C.* Geldbeutel
בײַטען *3* wechseln; tauschen; ändern
בײַטש *f. C.* Peitsche
בײַל *f. C.* Beule
בײן *m. F.* Knochen, Bein; Gräte. בײנערדיג knochig. בײנערען beinern
בײַסען *3* beißen
בײַקומען *3* überwinden, besiegen
ביכולת זײַן imstande sein
ביל(יג)כער *a. präd.* wichtiger, beachtenswerter
בילען *1, 3* bellen
בימה *f. A.* Estrade
בין *f. C.* Biene
בֵין־הַשמָשות [benės] *m. C.* Dämmerzeit
בֵינו־לְבֵינו *ad.* inzwischen

בינטעל *n. H.* Bündel

ביסלעכווײַז *ad.* allmählich. ביסעל *n.* Bißchen

ביסען *m. G.* Bissen

ביק *m. B.* Stier

ביקס *f. C.* Gewehr, Flinte

בירושה *ad.* erblich

בֵּית *resp.* בֵּית [z] *f. C. der zweite Buchstabe des Alphabets*

בֵּית־דין [bezn] *u.* ~ צֶדֶק *n. (jüd.)* Gerichtshof. ~ של מַעלה der göttliche Gerichtshof

בֵּית־הַכִּסא [i'] *n.* Abtritt

בֵּית־הַמִקדש [mi'gd] *n. das* Heiligtum *in Jerusalem*

בֵּית־הַקְבָרות [u:'] *n. C.* Friedhof

בֵּית־מֶדרש [me'] *n.* בָּתֵי־מֶדרָשים [u:'] *Lehr- und Bethaus*

בֵּית־עולם [oi'] *m. A. u.* בֵּית־עַלמין [a'] *n. A.* Friedhof

בְּכָבוד *ad.* ehrenhaft: in Ehre; *a.* angesehen, geehrt, ehrenhaft. ~ינ *wie* בְּכָבוד *a.* – ~ גָדול *ad.* mit Vergnügen, sehr gerne; bitte!

בִּכְדֵי [æi'] *kj.* damit

בְּכוח (בכח) *ad.* imstande

בכור [bchor] *m.* בכורים Erstgeborener. בכורטע [o] *f. A.* Erstgeborene. בכורה *f. A.* Erstgeburt

בְּכִיוון (בכוון) *ad.* absichtlich, eigens

בִּכְלָל [a'] *ad.* im allgemeinen

בְּכֵן *ad.* also

בלאָ blau

בלאָזען *3* blasen

בלאָטיג kotig. בלאָטע *f. A.* Straßenkot

בלאָטעלע *m. C.* Bläschen

בלאָם [u] *f. C.* Blume, Blüte

בלאָנדזשען *u.* בלאָנדזיען *2* irren, irre gehen

בלאַנקען glänzen

בלאָנקען *2* irren, irre gehen

בִּלבול *n.* בִּלבולים Verleumdung

בלוט *n.* Blut

בלוי blau

בלויז *a.* nackt, bloß

בלום *f. C.* Blume, Blüte

בלי נֶדר [æi'] *u.* בלי מַסקָנא [u:'] *ad.* ohne mich binden zu wollen, unverpflichtet, unverbindlich

בלי סָפק [u'] *ad.* zweifelsohne, -los

בלײַ *n.* Blei. ~פעדער [á'] *f. C. u.* ~פען [á'] *f. B.* Bleistift

בלײַבען *3* bleiben. Beschluß werden

בלייך bleich, blaß

בלינד blind

בליץ *m. C.* Blitz. בליצען blitzen

בלישטשען *2.* strahlen, funkeln

בלעך *n. C.* Blech. בלעכער *m. A.* Klempner

בִּמזומָנים *ad.* bar

בְּמֵילא *ad.* von selbst, naturgemäß, folglich

בִּמקום *pr.* statt

בְּמֶשך *ad.* im Laufe, Verlaufe

בֶּן *hba. m.* בָּנים Sohn. ~־אָדם [u:'] *hba. m.* Mensch. ~־יָחיד [u'] *m.* einziger Sohn ~־בַּית [a:'jė] *m.* Hausgenosse; Freund des Hauses. ~־מֶלך [be'] *m.* Prinz. ~־עִיר [i:'] *jd. aus derselben Stadt*

בְּנֶאֶמָנות *int.* wirklich, wahrhaftig

בנוגע [æi'é] *pr.* bezüglich, mit bezug

בני־בית [a:'jé] *n.* Familie

בנין [j] *m.* בנינים Bau, Gebäude

בנעימות *u.* ~דיג [ai:] still, bescheiden

בסוד [o] *ad.* geheim, insgeheim

בסך־הכל [bés(ĕ)chakł] *ad.* im ganzen

באַ־ *s.* ביַ־

בעבעכעס [be'b] *pl.* Eingeweide

בעזעם *m. A. F.* Besen

בעט *n. C.* Bett. ~געוואַנט *n.* Bettzeug

בעטלען betteln. בעטליער *m. A.* Bettler

בעטען betten

בעטען *3* bitten; ...ד' flehen

[בעל] [bał, *Akzent immer auf dem 2. Teil*] — ~־בית [bú:'s] *m.* ~־בתים Bürger; Hausherr, Herr. ~־ביתטע [bú:'stė] *f. A.* Hausfrau, Herrin. ~־בתישקייט *n. C.* Wirtschaft, -sgegenstände. ~־בתעווען *2* herrschen. ~־דרשער *m.* Prediger. ~־הביית [ėbú:'s], בעלי־בתים [ėba'] *usw. wie* בעל־בית. ~־חוב [oi'] *m. B.* Schuldner, Verschuldeter. ~־חלומות *m. G.* Träumer. ~־טובה *m. A.* Wohltäter; gefälliger Mensch. ~־יועץ *m.* Ratgeber. ~־מלאכה [ů'] *m. A.* Handwerker. ~־מלחמה [ů'] *m. A.* Krieger, Soldat. ~־עגלה *m. A.* Fuhrmann. ~־עצה *m. A.* Ratgeber. ~־צדקה [ů'] *m. f. A.* Wohltäter(in). [~־שם] — דער ~־שם *od.* דער ~־שם־טוב [e', o] *der Begründer des* חסידות. ~־תאווה [a:w] *m. A. u.* תאוהניק [a:w] *m. B.* Lüstling. ~־תוקע *m. A.* ~־שופר־Bläser. ~־תשובה *m. A.* Büßer

ביַעלן *m.* בעלנים Interessent. (. . . צו) ~ זיין אַ gerne . . . *(Verb)*

בעלפער *m. A. Gehilfe des* מלמד

בענטשליכט *n. G.* Sabbat-, Festtagskerze. בענטשן segnen; Tischgebet sprechen

בענקעל *n. H.* Stuhl, Sessel

בענקען sich sehnen. בענקשאַפט *n. C.* Sehnsucht

בעצם *ad.* im Grunde, im Wesen

בעקען *n. A.* Becken, Waschbecken

בעקער *m. A. G.* Bäcker

בעקעשע [be'] *f. A. jüd. Kaftan*

בער *m. C.* Bär

בעריאָזע [jo'] *f. A.* Birke

בערך *ad.* ungefähr

בערשט *f. C.* Bürste. בערשטען *1, 3* bürsten

בעש"ט [bešt] *der Begründer des* חסידות

בעת *pr.* während. ~ מעשה [á'] *ad.* währenddessen, dabei

בפועל ממש *ad.* in Wirklichkeit, real

בפירוש (בפירוש) *ad.* ausdrücklich

בפרט [a'] *ad.* im besondern, insbesondere

בקו הבריאה [w] *u.* בקו *ad.* gesund

בקי [ů] *m.* בקיאים Erfahrener. בקיאה *f. A.* Erfahrene

בקיצור (בקצור) *ad.* kurz, in Kürze

בקשה *f. A.* Bitte; Gesuch

[בר־] — ~־מזל [ma'] *m. A.* Glücksspilz. ~מִצוה [i'] *m. A. dreizehnjährig gewordener (jüd.) Knabe.* ~סַמכא [sa'] *m. A.* Autorität

בַר־מינן [a'] *m. A.* Leichnam

בראָטען *3* braten

בראך *m.* Bruch; Leid

בראַנפֿען *u.* בראָנפֿען [*m/n*] *m.* Branntwein

בראקען brocken

ברונז *a.* zornig, böse

ברוד *m.* Schmutz. ~יִג schmutzig

ברודער *m. D.* Bruder

ברויז *f. C.* Brauerei

ברויט *n. G.* Brot

ברוין braun

בָרוך־הַבא [bŏrcha'bė] *int.* willkommen

ברומען brummen; summen

ברונע *f. A. u.* ברונעם *m. A.* Brunnen

ברוסט *f. D.* Brust

ברוק *m.* Straßenpflaster. ~ירען [i:'] pflastern

בריאה *f.* ברואים Geschöpf, Wesen

בָריה [j] *m. f. A.* tüchtiger Mensch; gute Hauswirtin. ~ש *ad.* tüchtig. ~שקײט *u.* ~שאַפֿט *n.* Tüchtigkeit

ברײוועל *dem.,* ~ע *imm. zu* ברײף

ברײט breit. ~קײט *n.* Breite

ברײַען hinziehen

ברימען זי prahlen

בריען זי sich verbrennen

בריף *m. G.* Brief

בריק *f. C.* Brücke

בריקען *2* stampfen [feier

ברית־מילה [i:'ł] *f.* Beschneidungs-

בְרָכה *f. A.* Segen; Segensspruch

ברעג *m. B. C.* Ufer; Strand

ברעט *n. F.* Brett

ברעכען *3* brechen; ringen (הענט)

ברעם *f. C.* Augenbraue; Wimper; Lid

ברענגען bringen

ברענען brennen

ברעקעל *n. H.* Stückchen

בְרֵרה (ברירה) *f.* Wahl

בְשום אופן ניט [oi'] *ad.* durchaus nicht, unbedingt nicht, auf keine Weise

בשׂורה [*b*] *f. A.* Kunde, Nachricht. ~ טובה [oi'] *f. A.* gute Nachricht

בְשותּפֿות [tw] *u.* ~דיג gemeinsam

בְשָלום *ad.* ruhig, in Frieden

בְשלֵמות (בשלימות) *ad.* vollkommen, in Gänze

בשׂמים [*bsů*] wohlriechendes Gewürz. בשׂם־ביקסעל [*bsů*] *n. H.* Gewürzbüchse (*für* הַבְדָלה)

בשעת *u.* ווען ~ *pr.* während. ~ מַעשׂה *ad.* währenddessen, dabei

בָשׂר וָדם [o'm] *m.* Fleisch und Blut, Mensch

[בת־] — ~יְחִידה [i:'] *f.* einzige Tochter. ~ מַלכּה [ba'] *f. A.* Prinzessin. ~ קול [ba'] *n.* Himmelsstimme

בתולה [*b*] *f. A.* Jungfrau

בְתְנַאי *ad.* unter der Bedingung

ג

גאָב [ů] *f.* Gabe

גאווה [ɡ:w] *f.* Stolz, Hochmut ~דיג stolz, hochmütig

גאולה [gl'] *f.* Erlösung

גאָון *m.* גאָונים Genie. גאָונות *n.* Erhabenheit, Genialität. גאָוניש erhaben, genial

גאָט *m. E.* Gott

גאַטיעס *pl.* Unterhosen

גאַל *f.* Galle

גאָל *a. attr.* bloß, kahl

גאָלד *n.* Gold

גאָלען rasieren

גאַנג *m. D.* Gang; Weg, Weise

גאַנז *f. D.* Gans

גאַנעק *m. B.* Gang, Balkon, Galerie

גאַנער *m. A.* Gänserich

גאַנץ ganz

גאַס *f. C.* Gasse, Straße

גאַסט *m. D.* Gast

גאָפּעל [ů] *m. C.* Gabel

גאָר *a. ad.* gar, ganz; *indp.* alles. ~ניט *ad.* garnicht; *indp.* (gar-) nichts

גאָרגעל *m. C.* Kehle

גאַרטעל *m. C.* Schnurgürtel

גאָרטען *m. E.* Garten

גאַרען [a:] sich sehnen

גאָרען *m. A.* Stock *(b. Haus)*

גבאָות *n.* Amt e. גבאי. — גבאי *m.* גבאָים *Mitglied des Bethaus-Vorstandes.* Sekretär *des Rebbe*

גבאיטע [a'] *f. A. Frau e.* גבאי. *Funktionärin in einem Verein*

גבוּרה *f. A.* Kraft, Stärke, Macht; Heldentat. גבִיר *m.* גבִירים Reicher, Mächtiger, Vornehmer. ~טע *u.* ~ענטע *f. A.* reiche, vornehme Frau

גדול *m.* גדולים großer Mann. ~דיג stolz, hochmütig. גדולה *f. A.* Freude. גדלות *n.* Stolz

גואל *m.* גואלים Erlöser

גובר זײַן 4 besiegen

גוואַלד *n. C.* Zetergeschrei; Gewalt. ~יצעװען zetern, lärmen

גוזמא *f. A.* Übertreibung; phantastische Erzählung

גוזר זײַן 4 verhängen, bestimmen

גוט gut. אויג ~ *n.* ‚böser Blick'. ארט ~ *n.* Friedhof. יאָר ~ *n.* *Gruß, Wunsch; Euphem. statt* שוואַרץ יאָר. ~סקײַט *n. C.* Güte. ~ער ייִד *m. C. chassidischer Rebbe*

גוי [go:i] *m.* גוים [go:jėm] Christ. ~איש christlich. ~ה *u.* ~טע Christin

גוידער *m. A.* Doppelkinn

גולם *m. B. durch Zauber gebildeter Menschautomat;* ungeschickter Mensch, Tölpel

גומען *m. A.* Gaumen

גוסס *m.* Sterbender. גוססען 2 in den letzten Zügen liegen, sterben

גוף *m. C. od.* גופים Leib, Körper

גופא *ind. p.* selbst

גורל *n.* Los, Schicksal

גזילה *f. A.* Raub. גזלן *m.* גזלנים Räuber. גזלנען [lėn] rauben

גזר *m.* Verhängnis. ~דין *C.* Urteil, Verhängnis

גזירה *f. A.* Verhängnis; Gesetz gegen die Juden

גט *m. C.* Ehescheidung; Ehescheidungsdokument. ~ען [ge] *tr.* die Ehe scheiden; ז'... sich scheiden

גי- *Vorsilbe s.* גע-

גיבור *m.* גיבורים Held

גיבען s. גֶעבען

גיהִנם [e'] n. Hölle

גײַווער m. *(der rinnende)* Speichel. ~ען Speichel rinnen lassen

גײ(ע)ן 3 gehen. ~ איבער די הײַזער betteln gehen. גײענדיגערהײט *ad.* während des Gehens

גיך a. geschwind; f. Geschwindigkeit

גילדען m. G. Gulden (= 2 K); 15 Kopeken; ~ u. גילדערען golden

גילטען 3 glücken

גימל f. C. *dritter Buchstabe des Alphabets*

גימטריא f. A. *Zahlenwert e. Wortes*

גינגאלד n. feines Gold

גיסען 3 gießen *(v. Flüssigkeiten)*

גלאָז n. E. Glas

גלאַט a. glatt; einfach, gewöhnlich; ad. nur, bloß. ~יג s. ~ a.

גלאַנצען glänzen

גלאָק m. C. E. Glocke

גִלגול m. גִלגולים Verwandlung; Inkarnation

גָלוח [i:'] m. גְלוחים Geschorener, Rasierter

גלײבען s. גלויבען

גלוסטען *intr. u. refl.* begehren

גַלח m. גַלָחים [ů] christlicher Geistlicher

גָלות n. Exil; die jüdische Diaspora. ~ הַשכינה n. das Exil der Gottesherrlichkeit

גליד n. F. Glied

גליטש m. Eisbahn. ~יג schlüpfrig. ~ען ז' gleiten

גלײבען glauben

גלײַך a. gerade, direkt; richtig, passend; gleich; *kj.* als ob. ~ ווי *kj.* als ob. גלײַכוועגס *ad.* geradeaus. גלײַכווערטעל n. H. Bonmot. גלײַכען 1 vergleichen

גליִען glühen

גליק n. C. Glück

גלעזער m. G. A. Glaser

גלעטען streicheln **das Gleiche**

גם אַתּם [a't] *int.* **ich wünsche Ihnen**

גמרא *f. ein Teil des Talmud; f. A.* Talmudfoliant

גן־עדן [genæi'dem,dn] n. Paradies

גנאַי m. Schande

גנב m. גנבים [ůwem, wn] Dieb. גנבה f. A. Diebstahl. גנבהש verstohlen; Spitzbuben-. גנבטע [a'] f. A. Diebin. גנבענען [a'] 2 stehlen

גסיסה [g] f. Agonie, Sterben

געבאָט n. C. Gebot. געבוירען וו' 5 geboren werden; טאָג פון געבוירען Geburtstag. געבײַ n. C. Gebäude, Bau. געבליטען pl. Blut. געבעט n. Flehen

געבען 3 geben

געבעקס n. Gebäck, Backwerk. געבערג n. Gebirge. געבראָטענס n. Braten. געגליכען u. געגלי-כענט [P. 16] a. präd. vergleichbar. געדאַנק m. C. Gedanke. געדויערען dauern. געדיכט dicht. געדעכעניש n. Gedenken, Spur. געדענקען sich erinnern, entsinnen. געדערעם pl. Gedärme. געוואוינט gewohnt. גע-וואוינשאַפט n. C. Gewohnheit. געוואַלד. געוואָר וו' = געוואוירע וו' — גוואַלד. — געוואַנט n. Tuch.

ווי׳ נעהאָר 5 bemerken, erfahren. נעוואָרענט vorsichtig, achtsam. נעווינטליך ad. natürlich, selbstverständlich. נעווינען ד׳ sich gewöhnen. נעוויכט [P. 16] n. C. Gewicht. נעווינס n. C. Gewinst. נעווינען 3 gewinnen; gebären; siegen. נעווינערין f. A. Gebärende, Wöchnerin. נעוויס a. gewiß, bestimmt. נעוויסער n. C. Gewässer. נעוויקס n. C. Gewächs, Pflanze. נעוועלב n. E. Laden, Geschäft. נעוועלטיגען herrschen. נעוועגדען ד׳ = נעוועגדט זיין abhängen. נעווער n. G. Waffe, Waffen. נעווערען dauern. נעווערץ n. C. Gewürz. נעזאַנג n. C. Gesang. נעזונט a. gesund; stark. n. Gesundheit; ~ערהייט ad. נעזינד n. C. Familie, Hausgenossen; demin. נעזינדעל n. נעזעגענען ד׳ sich verabschieden. נעזעמעל n. Ansammlung, Menschenmenge. נעזעס n. Sitz

נעטליך göttlich

נעטראַנק n. C. Trank. נעטרויען anvertrauen. נעטריי treu; ~שאַפט n. Treue. נעיעג n. Jagd

נעך = נייך

נעל gelb; blond, rot *(Haarfarbe)*

נעלט n. C. Geld

נעלינגען 3 gelingen. נעלינקט linkshändig. נעלעגען ווי׳ 5 gebären. נעלעגער n. A. Lager (Liegestätte). נעלעכטער n. Gelächter

נעל(ע)כעל n. H. u. נעל(ע)כען n. F. Dotter

נעלעמט ווי׳ 5 lahm werden. (לאזען) נעמאַך in Ruhe (lassen)

נעמבע f. A. Kinn

נעמויזעכץ n. Sumpfland. נעמיט n. Stimmung. נעמיין gewöhnlich, allgemein, durchschnittlich. נעמלאכהט [ů] gekünstelt. נעמעל n. C. Gemälde. נענאָד f. Gnade. נענאַרען [a:] täuschen. נענוג u. נוג ad. genug. נעניט erfahren, geschickt; נעניטקייט n. Erfahrung, Geschicklichkeit. נענייטיג nötig, notwendig. (אין) נענייטיגען ד׳ brauchen, bedürfen (etw.). נענימען 3 genießen. נענעזען ווי׳ 5 genesen. נענענען sich nähern

נענעצען gähnen

נעסרחה [ů] n. Gestank. נעפאַלען 3 fallen *(v. Datum)*. נעפיל n. C. Gefühl. נעפילדער n. Lärm. נעפינען 3 finden. נעפעלען 3 u. נעפעלען זיין gefallen. נעפענגקעניש n. C. Gefängnis. נעצאָלט n. Gehalt. נעצייג n. Werkzeug. נעצעלט n. C. Zelt. נעקינצעלט gekünstelt. נעקעכץ n. (gekochte) Speise. נעראָטען 3 gelingen. נערודער n. Lärm, Unruhe. נערונען ווי׳ 5 gerinnen. נערוס m. C. Gruß. נערוסען grüßen. נערעטעניש n. C. gutes Gedeihen. [נערעכט] — ~ זיין Recht haben; נעבען ~ Recht geben

(צו ...) נערן זיין gerne ... *(m. Inf.)*

נערענווילינ freiwillig, gerne

גערשטען *f.* Gerste

געשוואלען ה' 5 schwellen; גע־שווילעכץ *n.* Geschwulst. גע־שווינד geschwind. געשוויר *n.* *C.* Geschwür. געשוויסטערקינד *n.* *F.* Vetter, Base. געשטאַלט *n.* *C.* Gestalt. [געשטווינגען] — ~ ניט unmöglich. געשטופּעלט pockennarbig. געשטעל *n.* *C.* Federstiel. 5 געשטרויכעלט וו' straucheln *(bildl.)*. געשיקען ז' passen, sich ziemen. געשליפען geschliffen. געשלעג *n.* *C.* Schlägerei, Gefecht. געשמאַק schmackhaft, gut. געשע(ע)ן 3 geschehen. געשעפט *n.* *C.* Geschäft; Angelegenheit. געשריי *n.* *C.* Schrei, Geschrei, Ruf. געשריפטן *n.* *C.* Schriftstück, Dokument

גר *m.* גרים zum Judentum Übergetretener. גרטע *f.* *A.*

גראָ grau

גראב dick; grob. גראבער יונג Ungebildeter. גראבער פינגער Daumen

גראָבען [û] 3 graben; *m.* *A.* Graben

גראָגער *m.* *A.* Knarre

גראָד *ad.* gerade, just

גראָז *n.* *C.*, E. **Gras**

גראַטע *f.* *C.* Gitter

גראַם [a:] *m.* *C.* Reim

גראשען *m.* *A.* Groschen

גרגרת *f.* *hba.* Kehle

גרוב *f.* m. C. E. **Grube**

גרוי grau

גרוים geräumig

גרויס groß. ~קייט *n.* *C.* Größe *(bildl.)*

גרונט *m.* *C.* Grund *(Gewässer)*

גרוס *m.* *C.* Gruß

גרוש *m.* גרושים geschiedener Mann. גרושה *f.* *A.* geschiedene Frau

גריזשען 2 nagen

גרייז *m.* *C.* Fehler, Irrtum. ~ען Fehler machen, irren

גרייזגראָ ganz grau

גרייט *präd.* bereit, fertig. ~ען bereiten, vorbereiten. ~קייט *n.* Bereitschaft, Bereitwilligkeit

גרייכען reichen, sich erstrecken

גרייליך *ad.* sehr

גרייס *f.* *C.* Größe *(räuml.)*

גרייצער *m.* *A.* Kreuzer; *pl.* Geld

גריל *f.* *C.* Grille

גרילצען zirpen; mißtönend klingen

גרימען zürnen, toben, wüten. גרימצאָרען *m.* Wut

גרין grün

גרינג leicht. ~קייט *n.* Leichtigkeit

גרינד *m.* Grind

גרינוואַרג *n.* Grünzeug, -kram. גרינס *n.* *C.* Grünzeug; Laub

גריס *m.* Grieß

גריסען grüßen

גריץ *f.* Grütze

גרעב *f.* Dicke

גרעבעצען [gre'] rülpsen

גרעט *n.* Wäsche

גרענעץ *m.* *f.* *C.* Grenze. גרענעצען ד' angrenzen

גריך *m.* *C.* Grieche. ~יש griechisch

גשמיות [a'] *n.* Körperlichkeit. ~דיג materiell

ד

דאָ *ad.* da *(räuml.)*

דאגה [da:ngè] *f.* *A.* Sorge; ~ן sorgen

דאַווענען *1* beten *(v. Juden)*
דער ~ — [דאָזיגער] *dp.* dieser
דאַך *m.* *E.* Dach
דאָך *ad. kj.* doch
דאַכטען ד' scheinen
דאָמב *m.* דעמבעס Eiche
פֿון ~ — [דאַנעט *u.* דאַנען] daher, von hier, von da
דאָנערשטיג *m.* Donnerstag. ~דיג *a.* Donnerstags-
דאַנק *m.* Dank. ~ען danken
דאָקטער *m.* דאָקטוירים [oi'] Arzt; Doktor
דאַר [a:] dürr, mager
דאָרט *u.* דאָרטען *ad.* dort
דאָרך = דורך
דאַרען [a:] dorren, verdorren
דאָרן *m.* *E.* Dorn, Dornstrauch
דאָרף *n.* *E.* Dorf
דאַרפֿען **1, 3 brauchen, müssen**
דאָרשט *m.* Durst. דאַרשטען *impers.* durstig sein
דאַשיק *m.* *B.* Mützenschirm
דבֿקות *n.* Gottbegeisterung
דהַינו (דהײַנו) nämlich
דו *pp.* du
דווקא (דוקא) *ad.* gerade, just
דוכטען ד' scheinen
דוכנען *1* mit dem Priestersegen segnen (*vom* דוכן)
דול verwirrt. ~ען wirr machen; belästigen
דונער *m.* *C.* Donner; Blitz (טרעפֿען). ~ען donnern [schlecht
דור [o] *n.* דורות Generation, Ge-
דורך [P. 21; rěch] *pr.* durch. *ad.* durch, vorbei, vorüber; [דורכ] — ~גייען *3* vorübergehen, verlaufen; ד' ... spazieren gehen. ~לאזען *1, 3* vorüberlassen, auslassen. ~לויפֿען *3* vorbeieilen. ~מישען durchblättern. ~פֿאָרען *3* vorbeifahren. ~פֿליִען *3* vorbeifliegen. ~קומען *3* auskommen (mit jmd.). ~רעדען ד' Meinungsaustausch pflegen. ~שרײַבען ד' (miteinander) korrespondieren
דורשט *m.* Durst
דושנע stickig. דושען *2* würgen
דושעגעכץ *n.* Wagenschmiere
דחקות *n.* Not, Mangel
דיבוק *m.* דיבוקים Dämon
דײַן *pos. p.* dein
דיך *f.* *C.* Hüfte
דיל *f.* *C.* Fußboden
דימענט [i:'] *m.* *C.* Diamant
דין dünn
דין *m.* דינים Gesetz, Satzung. דיין (דײַן) [jė] Richter, Beisitzer des *(jüd.)* Gerichts
דינגען *3* mieten, dingen. ~ ד' feilschen
דינסט *f.* *C.* Dienstmagd, Magd
דינסטיג *m.* Dienstag. ~דיג *a.* Dienstags-
דינען dienen
דיק dick
דירה *f.* *A.* Wohnung
דישעל *m.* *A.* דישלעס *C.* Deichsel
דלות *m.* Not, Armut
דלת [da'tėd] *f.* *C.* *vierter Buchstabe des Alphabets*
דלפֿן *m.* דלפֿנים Habenichts
דם *hba.* *n.* Blut. דם-שונא [a'] *m.* דם-שונאים [a', o] Todfeind

דמיון *m.* דמיונות Phantasie

דנא *m.* Grund, Boden *(e. Gefäßes, Gewässers)*

דעה *f. A.* Meinung, Ansicht

דעמב *m. B.* Eiche. ~ין eichen

דעמעלט (דעמאָלט) *ad.* damals, dann

דענסטמאָל *ad.* damals, dann

דענעען = געדענקען

[דעסטוועגען] — ~ פֿון trotzdem

דעק *m.* Grund, Boden *(e. Gefäßes, Gewässers)*

דער־ *art.* der; דער *dp.* dieser

[דער] — ~באַרעמדיג [a:] gnädig, mitleidig; ~באַרעמען ד' [a:] sich erbarmen. ~גײַען *3* in Erfahrung bringen; ... די יאָרען quälen. ~גרונטעווען *2* ergründen. ~גרײַכען erreichen, erlangen. ~הויפּט *ad.* insbesondere. ~הײבען *3* erheben. ~הערען hören, vernehmen; ... ד' gehört werden. ~הרגענען *2* [a'] töten, umbringen. ~וואַרגען *3* erwürgen. ~וואַרטען erwarten; ... ד' durch Warten das Eintreffen erreichen. ~ווײַזען *3* beweisen. ~ווײַטערען entfernen. ~ווײַל *kj.* inzwischen, indessen. ~וויסען ד' erfahren. ~וויגען ד' wagen. ~ווערגען *3* erwürgen. ~ויף *ad.* darauf. ~זאָגען [ů] zu Ende sagen, alles sagen. ~זען (ע)ען *3* erblicken. ~טאַפּען erwischen. ~טרונקען ד' *5* ertrinken. ~טרענקען *3* ertränken. ~יאָגען einholen. ~יבער *kj.* daher, deshalb. ~אין *ad.* darin. ~לאזען *1, 3* zulassen, lassen. ~לאַנגען reichen, überreichen. ~לײַנגען (Geld) zuschießen. ~לײזען erlösen. ~לעבען *u.* ד' ... erleben. ~מאָנען erinnern, erwähnen; ... ד' sich erinnern. ~מיט *ad.* damit. ~נאָך *u.* ~נאָכדעם *ad.* [ů:'*ch*dėm, ů:'m] dann, danach. ~נענטערען nähern. ~פֿאַר *ad* dafür; *kj.* daher, deshalb. ~פֿון *ad.* davon. ~עיקרשט *ad.* hauptsächlich. ~פֿילען spüren, bemerken, fühlen. ~פֿרײען erfreuen. ~צו *ad.* dazu. ~צײלען erzählen. ~צערנען erzürnen. ~קאָנען erkennen. ~קוטשען *2* erzürnen, belästigen. ~קענען erkennen. ~שלאָגען *3* niedergeschlagen machen; ... ד' sich durcharbeiten. ~שרעקען *3* erschrecken *tr.* ... ד' erschrecken *intr.*

דפּק *m.* Puls

דקדוק *m.* Grammatik

דראָט *m. C.* Draht

דראָן *m.* Angeld

דראַנג *m. E.* Knüppel

דראַפּען *2* krallen

דרדקי־מלמד *m.* ~מלמדים Elementarlehrer

דרויבע *f.* kleines Zeug, Nebenwerk, Gekröse

[דרויסען] — ~ אין *ad.* draußen

דרום *m.* Süden

דרוק *f. C.* Druckerei; ~ען drucken

דרוש *m.* דרושים *e. Art* Predigt

דרײַ drei. ~סיג dreißig. ~עקעדיג *u.* ~עקעכיג dreieckig

דרײדעל *n. H.* Kreisel

דרייען drehen. ~ ז' sich drehen; sich umher treiben

דרימלען schlummern, dösen

דרינגען 3 Schluß ziehen, schließen

דרינען *ad.* darin, drinnen

דריקען drücken

דֶרך *m.* דְרָכים [ů] Weg; Art, Weise. ~=אַגב [a'] *ad.* nebenbei. ~=אֶרץ [*ché'*] *m.* Respekt

דרעמלען schlummern, dösen

דרעשען 3 dreschen

דְרָשה *f. A.* Rede, Predigt. ~=נע־שאַנק *n. C.* Hochzeitsgeschenk. דַרשן *m.* דַרשָנים Prediger. דַרשנען [šė] *1, 2* predigen

דַת *m.* Religion

ה

הַא *int.* was? wie?

הֵא *f. C.* ***fünfter Buchstabe des Alphabets***

האָבען [ů] haben. ~ איבער דיך über haben. ~ אין דר'ערד sich den Teufel kümmern um .... ~ צו gegen ... haben

האָבער [ů] *m.* Hafer

האָגעל [ů] *m.* Hagel

הארעווען 2 pflegen, aufziehen

האַווקען 2 kläffen

האָז *m. C.* Hase

האָזעלנוס *f.* ~נים Haselnuß

האידען 2 schaukeln

האלאבליע [to'b] *f. A.* Gabeldeichsel

האַלב halb; *n.* Hälfte. ~ע נאַכט Mitternacht

האַלז *m. E.* Hals. ~ין umarmen

האלט האָבען lieben

האַלטען 3 halten; ... ~ אין gerade..., schon ... (*m. Inf.*); ... ~ אין איין ununterbrochen ..., fortwährend ... (*m. Inf.*): ... ~ ז' ביי bleiben bei ...

האלץ *n. E.* Holz

האַמער *m. A. C.* Hammer

האַמפערען ז' sich streiten, zanken

האָן *m. E.* Hahn

האַנדלען Handel treiben

האַנט *f. D.* Hand.

האניק *m.* Honig

האפען *m.* Hopfen

האפען hoffen. ־אפענונג *n. C.* Hoffnung

האַק *f. D.* Beil. ~ן hacken

האָקען [ů] *m. A.* Haken

האַר *m.* [a:] *C..* Herr; Adeliger

האָר *n. G.* Haar

האַרב schwierig. ~קייט *n.* Schwierigkeit

הארבאַטע [a'] bucklig

האַרט hart

הארכען hören, anhören

האַרמאַט *m. C.* [a't] Kanone

הארעווען 2 ~~sich~~ mühen, placken, schwer arbeiten

האַרען [a:] warten

האַרין [a:] *impers.* kümmern

האַרענטע [a:'] *f. A.* Herrin

האַרץ *n. E.* Herz. האַרצווייטיג [a'] *n. C.* Herzeleid. האַרציג herzlich, innig. האַרצעדיג geliebt, teuer

הַבדָלה *f.* ***die Zeremonie und Segenssprüche am Sabbatausgang;*** מאַבען ~ ***den Sabbat durch Beendigung von den Werktagen trennen; f. A. (die dabei verwendete) geflochtene Kerze***

הַבְטָחה [ú] *f. A.* Versicherung, Beteuerung

הֶבֵל *m.* הֲבָלים Richtigkeit

הַגָדה [hagú:', gú:'] *f. das beim* סֵדר*-Mahle gelesene und vorgetragene Buch; f. A. Exemplar dieses Buches*

הֲגַם [ga'] *kj.* obwohl, obgleich, wenn auch

הַדרת־פָנים [ha'] von stattlichem Angesicht

הובלעװען 2 hobeln. הובעל *m. A.* Hobel

הוט *m. D.* Frauenhut

הויב *f. C.* Haube

הויבען *s.* הײבען

הוידען *s.* האידען

הויז *f. C.* Hose

הויז *n. E.* Haus; ~נעזינד [ou'] *n. C.* Familie. ~ען hausen

הויט *f.* Haut

הויך hoch; groß *(Wuchs)*; laut *(Stimme)*. הויכקײט *n.* Hoheit; Größe

הויל bloß, nackt; *ad.* nur

הויף *m. D.* Hof; Haus; Residenz

הויקען 2 kläffen

הויקער *m. A.* Buckel; Buckliger; ~דיג bucklig

הולטאַי [l'] *m. B.* [a:'] liederlicher Kerl; ~קע [a:'] *f. A.* liederliches Frauenzimmer. הוליען 2 schwelgen, liederlich leben

הולכען [oi] *hba.* gehen

הון *f. E.* Henne

הונגער *m.* Hunger, Hungersnot; ~יג hungrig

הונדערט hundert

הונט *m. D.* Hund

הוסטן husten

הוצָאה *f. A.* Ausgabe, Kosten

הורג *m.* הֲרוגים Getöteter, Ermordeter

הורט [P. 21] im Großverkauf

הושענא *f. A.* Weidenzweig. ~־רַבה [a'b] *siebenter Tag des* סוכּות*-Festes*

הֶזֵק (היזק) [e] *m. B.* Schaden, Verlust

הי *ad.* hier *(nur mit Bezug auf eine Stadt usw.).* הינער hiesig *(s. o.)*; ~ זײַן אָ sich (in ...) aufhalten, wohnen

היטעל *n. H.* Mütze, Kappe

היטען halten (שבת *usw.*), hüten

הײ *n.* Heu

הײבען 3 heben

הײבען *u.* הײװען *f. A.* Hebamme

הײװען *f.* Hefe

הײַזער־גײער *m. A.* Bettler

הײזעריג heiser; ~קײט *n.* Heiserkeit

הײַאָר [á'] *ad.* heuer; הײַיאָריג diesjährig

הײך *f. C.* Höhe; Größe *(Wuchs)*

הײל *f. C.* Höhle

הײַליג *a. präd.* empfindlich *(gegen Temperatur usw.; v. d. Zähnen)*

הײליג heilig; ~קײט *n.* Heiligkeit

הײַלען 2 eilen

הײלען heilen

הײם *f. C.* Heim, Heimat. אין דער ~ *ad.* zuhause. פון דער ~ *ad.* von zuhause. [הײמיש] — ~יש vertraut, familiär, gut bekannt; ~ישקײט *n.* Vertrautheit *usw.* ~ליך heimelig, anheimelnd;

~ליכקײַט *n.* anheimelnde Stimmung
הײַנט *ad.* heute. *m.* Gegenwart *kj.* nun aber
הײס heiß
הײסען *3* heißen; befehlen
הײצען heizen
הילכען (הילעכען) klingen, tönen, schallen
הילף *f.* Hilfe
הילצערען hölzern
הימעל *m. C.* Himmel
הינטיש hündisch, Hunde-
הינערפלעט *m.* Starrkrampf; Agonie
הינקען *3* hinken
היפש *a.* ziemlich viel, ziemlich groß
היץ *f. C.* Hitze; Fieber
הירזשען *2* wiehern
הַכּלל *s.* אַכּלל
הַכנָסה *f. A.* Einkunft, Einkommen
הַכנָעה *f.* Untertänigkeit, Demut
הַלבָשה *f.* Kleidung, Tracht
הַלוָאה (הלואה) *f. A.* Anleihe, Darlehen
הַלװַאי (הלואי) [a:'] *int.* o daß doch
הַלָכה *f. die gesetzmäßige Seite des Talmud. f. A.* Gesetz
הַלכות *pl.* Normen, Grundsätze
הַלמאי [a:'] warum
הַמון [o'] *m.* Volk, niederes Volk
הָמן-טאַש *ein Backwerk am* פּורים*-Fest*
הַמצאה *f. A.* Einfall
הֶן — הֶן *kj.* sowohl — als auch
הַנאה *f.* Freude, Vergnügen
הַנָחה [ú] *f. A.* Begünstigung, Privileg

הָסב-בעט [hesèbet] *n. C. Polstersitz des Hausvaters beim* סדר*-Mahl*
הַסכָמה [ú] *f. A.* Zustimmung; zustimmendes Gutachten; Einwilligung
הֶספד *m.* הֶספדים Nekrolog
הַעוָיה (העויה) *f. A.* Geste, Grimasse
העזה *f.* Frechheit
העט *ad.* ganz, sehr
העכט *m. G.* Hecht
[העל] — פֿון דער העלער הויט *ad.* urplötzlich
העליש פֿײַער *n.* brennende Glut *(bildlich)*
העלפֿאַנד [e'] *m.* Elefant; ~בײן Elfenbein
העלפֿט *f. C.* Hälfte
העלפֿען *3* helfen; געהאָלפֿען װ׳ Rettung finden
העלפֿענבײן Elfenbein
העמד *n. D.* Hemd
הענגעלײַכטער *u.* הענגעלײַכטער *m. G.* Luster
הענגען *3* hangen, hängen
הענטעל *n. H.* Händchen. Griff, Henkel
הענטשקע *f. A.* Handschuh
העפֿטען *1, 3* sticken
העקער *m. A. G.* Holzfäller
הערען hören
הַפטורה *f. A. der zu jedem Pentateuch-Abschnitt gehörige Propheten-Abschnitt, der nach ihm vorgetragen wird (am Sabbat)*
הֵפך *m.* היפּוכים Gegensatz
הַפסָקה *f. A.* Unterbrechung, Pause

הֶפְקֵר *a. präd.* vogelfrei; zügellos.

הֶפְקֵרות *n.* Zügellosigkeit

הַצלָחה [ů] *f.* Glück, Segen

הַקדָמה [ů] *f. A.* Vorrede, Vorwort

הֶקדֵש [he'g] *n.* הֶקדֵשים [g] Armenasyl, Spittel

הַרגענען [ha'] töten. הַרֵיגה *f. A.* Tötung, Morden, Metzelei

הַשָׂגה [ů] *f. A.* Idee, Begriff

הַשגָחה [ů] *f.* Aufsicht; Vorsehung

הַשׂכָלה *f.* „Aufklärung", Aufklärungsbewegung

הַשֵׁם־יִתבָּרך [šemėsbů:"rěch] Gott

הַשעָרה *f. A.* Vermutung, Annahme

הַשפָעה *f. A.* Einfluß

הִשתַדלות *n. C.* Vermittlung, Fürsprache, Protektion

הִתחַיבות *n. C.* Pflicht, Verpflichtung

הַתחָלה *f.* Beginn, Anfang

הִתלַהבות *n.* Begeisterung

הַתמָדה *f.* Fleiß, Ausdauer

הִתמַנות *n. C.* Amt, Anstellung

הִתנַצלות *n.* Rechtfertigung

הִתפַעלות *n.* Begeisterung

הֶתֵר (היתר) [he] *m. (religiöse)* Erlaubnis

וו

וְאָדָר [wæi'] *m. jüd. Monat, nur im Schaltjahr, vor* אָדר *(Feb.-März)*

וְהַשֵׁנית [w] *ad.* und zweitens

וָו [wůw] *f. C. sechster Buchstabe des Alphabets*

וואָג [ů] *f.* Wage; Maß

וואָגין [ů] *m. D.* Wagen

וואו *ad.* wo, wohin. וואוּאַהין [i:'] *ad.* wohin

וואויל gut, wohl, brav. ~טינג *m. C.* Genuß, gutes Leben. ~ער יונג flotter Bursch. ~קענעוודיג gebildet

וואוינונג *n. C.* Wohnung. וואוינען wohnen

וואונד *f. C.* Wunde

וואונדער *n. G.* Wunder; Staunen, Verwunderung. ~ליך wunderbar

וואזשנע wichtig

וואיען *2* heulen

וואך *f. C.* Woche. אוּף דער ~ [i'] *ad.* in der nächsten Woche. וואכעדיג werktäglich. אין דער וואכען *ad.* werktags

וואל *f.* Wolle

וואַלגערען זיך sich wälzen

וואַלד *m. E.* Wald

וואלחעל billig

וואליען *2* werfen

וואַלעך *m. C.* Rumäne; *eine Melodie; ein Tanz*

וואלף *m. D.* Wolf

וואלקען *m. A. G.* Wolke

וואַנדערען wandern

וואַנט *f. D.* Wand

וואנס *f. A. gewhl.* וואנסעס *pl. (auch* וואנס *m. C.)* Schnurrbart

[וואַנעט *u.* וואַנען] — פון ~ *ad.* woher; ~ ביז *u.* ~ ביזקעל *ad.* bis *(zeitl.)*

וואַנץ *f. C.* Wanze

וואָס *p.* was. *kj.* daß . . . אַ ~ jeder, -e, -es; alle. ~ אַמאָל je, immer. ~ — דאָס *kj.* je

— desto. ?דען ~ *int.* natürlich, selbstverständlich
וואַסער *n. C.* Wasser
וואָסער *p.* welch
וואַקלען ז׳ wanken
וואַקסען *3* wachsen
וואַרגען *3* würgen
וואָרט *n. E.* Wort
וואַרטאָרען [a'] *f. A.* Wärterin
וואַרטען warten
וואַרע [a:] *f.* Platz, Gasse *(in Menschenmenge)*
וואַרעם [a:] *a.* warm; *f.* Wärme
וואָרעם *m. D.* Wurm
וואָרעם (וואָרום) *kj.* denn
וואַרעמעס [a:] *n.* Mittagsmahl. וואַרעמקייט [a:] *n.* Wärme
וואָרען *kj.* denn
וואָרענען ermahnen; warnen
וואַרפען *3* werfen
וואַרץ *f. C.* Warze
וואָרצעל *m. n. C.* Wurzel
וואַשען *3* waschen
ווי *kj.* wie; als ob. ?דען ~ *int.* natürlich, selbstverständlich
וויא [wjo'] *int.* hü, hott
וויאַזוי [oi'] wie, wieso, wodurch
וויאַלען *2* welken
וויאַנאַך [û:'] wieso, auf welchem Wege
וויאַנען *2* welken
וויג u. וויג *f. C.* Wiege; ז׳ ~ען sich wiegen
ווידוי (ווידוי, ודוי) *f.* Sündenbekenntnis *(meist: des Sterbenden)*
ווידער *ad.* wieder. *kj.* als
ווידערשפּעניגען [i'] widerspenstig sein
וויזיט [i't] *f. C.* Besuch
ווײַ *int.* wehe
ווײַב *n. E.* Weib, Frau, Ehefrau. ווײַבעריש u. ווײַבעריש weiblich, Frauen-
ווײַדעל *m. C.* Schwanz, Schweif
ווײַזען *3* zeigen. ווײַזער *m. G.* Zeiger
ווײַט *a.* weit, ferne. פֿון דער ווײַטענס *ad.* von ferne
ווייטאָג u. ווייטיג *m. C.* Schmerz
ווײַטער *ad.* weiter; wieder
ווייך weich
ווײַכען *1* vermeiden
ווײַל *f.* Weile. *kj.* weil; während
ווײַמפּערלעך *pl.* Johannisbeeren
ווײַן *m. C.* Wein. ווײַנגאָרטען *m. E.* Weingarten, Weinberg. ווײַנטרויבען *pl.* Weintrauben
ווייניג *infl.* wenig
וויינען weinen; וויינענדיגערהייט *ad.* weinend
ווײַנשעל *f. C.* Weichselkirsche
ווײַס weiß. ~ע חבֿרה Schuljungen [ווײַסעל *n. C.*] – ~ פֿון אויג Weiße (des Auges); ~־איי *n.* Eiweiß
וויִען *1, 2* wehen
וויִעניש *n. C.* Wehen
ווייץ *m.* Weizen
ווייקען weichen, wässern
וויכּוח (וכוח) [i:'] *m.* וויכּוחים Debatte
וויכער *m.* Sturmwind
ווילד wild; sonderbar. ~צעווען wüten
ווינד *int.* wehe
ווינט *m. C.* Wind
ווינטער *m.* Winter. ~דיג *a.* Winter-
ווינציג *infl.* wenig

װינקעל *n. G.* Winkel. ~שטײן *n. F.* Eckstein, Eckpfeiler

װינשעװאַניע [a'] *f. A.* Glückwunsch. װינשען *3* wünschen

װיסט wüst, öde, traurig. ~ערהײט *ad.*

װיסען wissen

װיספּע *f. A.* Insel

װירע *f. A.* Lineal; ~ן *2* linieren

װישען wischen

װעג *m. C.* Weg

װעגען *pr.* wegen; ~ — פֿון für, wegen, um ... willen

װעגען *3* wägen; wiegen

װעדלעג *kj.* gemäß, wie

װעװריק *m. B.* Eichhörnchen

[װעזען *n.*] — ~ א מאַכען Aufhebens machen

װעטען *u.* ז' ~ wetten

װעטער *n. C.* Wetter

װעטשערע *f. A.* Abendbrot

װעלגערהאָלץ *n. E.* Nudelholz

װעלט *f. C.* Welt

װעלכער *p.* welcher, der

װעלען wollen. ז' ~ Gegenstand des Wunsches sein

װען *ad.* wann; *kj.* als

װענדען ז' sich wenden; אין ... abhängen von

װענדקע *f. A.* Angel

װעסנע *f.* Frühling

װעקסען *a.* wächsern; *1* wichsen

װעקען wecken

װער *p.* wer; ס'איז ~ wer immer

װערבע *f. A.* Weide *(Baum)*

װערגען *3* würgen

װערדע *f.* Wert, Würde

װערט wert

װערטלען ז' einander sticheln, necken, streiten

װערטעל *n. H.* Wörtchen; Redensar

װערעמדיג wurmig

װערען *3* werden

װעש *f. n.* Wäsche

װראַנע *f. A.* Rabe

װײַשט (װישט) *m.* Schlund, Speiseröhre

ז

זאַיקע *m. A.* [i'] Stotterer

זאָגען [ů] sagen

זאַט satt

זאָטעל *m. C.* Sattel

זאַטשעפּען [e'p] *2* erzürnen, anbinden mit

זאַך *f. C.* Sache, Ding, Angelegenheit

זאַך *f.* Krankheit, Auszehrung

זאַלב *f. C.* Salbe: ~ען salben

[זאַלבע] — ~דריט, ~פֿערט *usw.* zu dritt, zu viert *usw.*

זאָלען sollen

זאַלץ *n.* Salz. ~־מעסטעל *n. H.* Salzfaß: זאַלצען *3* salzen

זאַמד *n. C. D.* Sand; ~יג sandig

זאַמען ז' *s.* זױמען ז'

זאָמען *m. G.* Samen

זאַנג *m. C.* Ähre

זאַפֿרען [a'] *m.* Safran

זאַק *m. D.* Sack

זאָק *m. C.* Strumpf, Socke

זאָרג *f. C.* Sorge. ~ען ז' sich sorgen

זאַרעז *ad.* sofort

זוהר *m. ein kabbalistisches Werk („Sohar")*

זױמען ז' sich verzögern, sich aufhalten

זוימען *m. G. s.* זאָמען
זויער sauer
זוכה זײַן 4 begnadet, gewürdigt werden
זוכען suchen
זול [o] *n.* billige Zeit
זולל וְסוֹבֵא [w] *m.* Schlemmer, Fresser und Säufer
זומער *m.* Sommer. ~דיג *a.* Sommer-. ~שפראצען *u.* ~שפרענק-לעך *pl.* Sommersprossen
זומפ *m. C.* Sumpf. ~יג sumpfig
זון *f. C.* Sonne
זון *m. D.* Sohn
זונה *f. A.* Hure
זונטיג *m.* Sonntag. ~דיג *a.* Sonntags-
זופ *f. C.* Suppe
זופען schlürfen
זי *p.* sie *(sing.)*
זיבען sieben
זיגעל *u.* זי *n. C.* Siegel
זידלען schimpfen, schelten
זידען 3 sieden
זיווג [wė] (זווג) *m.* der eine Teil e. Paares
זיי *p.* sie *(plur.)*
זייגען 3 saugen; säugen
זייגער *m. A.* Uhr
זייגערען *f. A.* stillende Frau
זײַד *f.* Seide
זיידע *m. A.* Großvater
זײַדען seiden; fein, gut, vornehm
זײַט *pr. kj.* seit
זײַט *f.* Seite; ~יג *a.* Neben-
זײַל *m. f.; C.* Säule
זײַן (3) sein
זײַן *pos. p.* sein.

זײַען 3 seihen
זייען säen
זייער *ad.* sehr
זייער *pos. p.* ihr *(pl.)*
זײַערען säuern
זייפ *f. C.* Seife. זייפען seifen
זיכער [P. 16] sicher, gewiß
זילבער *n.* Silber
זין (זיין) *f. A.* ***siebenter Buchstabe des Alphabets***
זינגען 3 singen
זינד *f. G.* Sünde. ~יגען sündigen
זינט *u.* פון זינט *kj.* seit
זינען *m.* Sinn, Verstand
זיס süß. ~קייט *n.* Süße
זיפ *n. C.* Sieb. ~ען 1 sieben
זיפצען seufzen
זיצען 3 sitzen. זיצענדיגערהייט *ad.* sitzend
זכות [z] *n.* Verdienst *(sittl., relig.)*. ~-אָבוֹת [ů'] *pl.* Verdienst der Patriarchen. זכיה [z] *f.* Begnadung, Würdigung
זָכר [ů] *m.* זכָרים [z] Mannsperson
זֵכר *m.* Spur, Zeichen
זִכָּרון *m.* זִכרונות Erinnerung
זִלזול *n.* זִלזולים Beschimpfung, Schmähung
זלידנע lästig
זמירות *pl.* *gewisse Sabbatgesänge*
זמן *m.* זמנים Semester. בֵין-הַזמנים *m.* Ferien
זנות *n.* Buhlerei, Unsittlichkeit
זעג *f. C.* Säge. ~ען sägen
זעגעל *n. C.* Segel. ~בוים Mastbaum
זעט *f.* Sättigung, Sattheit
זעלטען selten

זעלנער *m. G. A.* Soldat

זע(ע)ן *3* sehen

[זעץ] — אַ ~ טון *tr.* stoßen, schlagen; *intr.* dringen

זעצן setzen; ~ ז' sich setzen; untergehen *(Sonne)*

זעקס sechs

זָקן [ů] *m.* זקֵנים [z] Greis. זקֵנה [z] *f. A.* Greisin

זריעה *f.* Saat, Samen

זשאַבע *f. A.* Frosch

זשאַווער *m.* Rost

זשאַלעווען *2* sparen; klagen

זשאַנדאַר [a:'r] *m. C.* Gendarm

זשוק *m. B.* Käfer

זשיפּען *2* flackern

זשמעניע *f. A.* Handfläche

-זשע *Suffix* nun, denn, also

זשעדנע זײַן *4* bedürfen, brauchen, angewiesen sein

ח

(siehe auch unter כ)

חַבֿר *m.* חַבֿרים Genosse, Kamerad, Gefährte, Freund. חֶבֿרה *f. A.* Verein, Gesellschaft; die Leute. ~ קַדישא *f. (jüd.)* Beerdigungs-Verein. [חַבֿר] — ~טאָרען [a'] *f. A. u.* ~טע [a'] *f. A.* Genossin *usw.* ~ען ז' (מיט) verkehren. ~ען ז' (צו) Verkehr, Freundschaft (jmds.) suchen. ~שאַפט *n.* Kameradschaft, Freundschaft

חָגא [o] *f. A.* christlicher Festtag

חֵדר *n.* חַדָרים Zimmer; *(jüd.)* Elementarschule; Schule, Richtung

חובֿ [oi] *m. B.* Schuld; Pflicht

חודש *m.* חַדָשים Monat

חוזק *m.* Spott, Hohn. ~ מאַכן spotten, höhnen

חול [o] *m.* Wochentagszeit. ~הַמועד [*cholėmoi', chal*] *m. die mittleren Halbfeiertage bei* פֶּסח *und* סוכּות

חולאַת [a:'] *n. C.* Krankheit

חולה *m.* חולים Kranker, *a. präd.* krank

חומר *m.* Materie, Stoff

חומש *n.* חומָשים Pentateuch; P.exemplar

חונף *m.* חַנֵפֿים Schmeichler

חופּה *f. A.* Traubaldachin

חוץ *pr.* außer *(mod., lok.)*

חוצפּה *f.* Frechheit, Unverschämtheit

חוק [o] *m.* חוקים (relig.) Gesetz

חוקר ודורש זײַן *4* genau erforschen

חורבֿה [P. 21] *f. A.* Ruine

חורבן [P. 21] *m. A.* Zerstörung

חוש *m.* חושים Sinn, Gefühl

חושד זײַן *4* im Verdacht haben

חושך (חשך) *n.* Finsternis

חַזיר *n.* חזירים Schwein

חַזן *m.* חַזָנים Vorsänger in der Synagoge. חַזָנות *n.* Amt des חַזן. — חַזָניש *a.* in der Art der חַזן-Musik

חַזָקה [ů] *f. A.* Privileg, Recht

חַזרען [zě] einlernen

חֵטא [*chet*] *m.* חַטָאים Sünde

חידוש (חדוש) *n.* Erstaunen, Verwunderung; חידושים erstaunliche Dinge

חַיה *f. A.* Tier. ~ רָעה *f.* חַיות רָעות Raubtier

חִיובֿ *m.* Verpflichtung
חיונה *f.* Nahrung
חַיות (חִיות) *n.* Leben
חַיִל (חיל) [j] *n.* חַיָלות Heer, Armee
חילוף (חלוף) *m.* Tausch, Wechsel
חילוק (חלוק) *m.* חילוקים Unterschied
היצוניות [oi'] *n.* Äußerlichkeit
חֵית [ches] *f. C. achter Buchstabe des Alphabets*
חָכם [ů] *m.* חַכָמים [ů] Weiser. חַכָמה [ů] *f. A.* חָכמה Weisheit. חַכָמה = חַכֶמת. חַכָמה = חָכמָנית
חַל זײַן 4 fallen *(Tag, Datum)*
חֵלבֿ *n.* Talg, Unschlitt
חַלה *f. A. Teighebe; Sabbat-Weißgebäck*
חָלום *m.* חַלומות Traum. חָלומען träumen. צו ~ קומען im Traume erscheinen
חָלילה *int.* Ferne sei es! Behüte!
חַלף *m.* חַלָפים [ů] Schächtmesser
חַלפן *m.* חַלפָנים Geldwechsler
חֵלק *n.* חַלָקים [ů] Teil
חַלָשות *n.* Ohnmacht. ~ בלײַבען *u.* חַלשען ohnmächtig werden
חַמור *m.* חַמורים Esel *(als Schimpfwort)*
חָמץ [ů] *n.* Sauerteig; Gesäuertes. חָמצדיג *a.* aus חָמץ; dessen Eigenschaften besitzend
חַמִשה־עָשר בִשבֿט [mėšů:', a't] *m. ein gew. Festtag*
חֵן *m.* Anmut; Wohlgefallen
חַנוכה [a'] *m. Lichterfest im* כִסלו („Tempelweihe")
חנופה *u.* חנִיפה *f. A.* Schmeichelei
חֵנעוודיג anmutig

חַנפענען [a'] 2 schmeicheln
חַס וְשָלום *u.* חַס וְחָלילה *int.* Ferne sei es! Behüte!
חֶסד *m.* חסָדים Gnade
חָסיד *m.* חסִידים *Angehöriger des* חסִידות; Anhänger, Verehrer. חסִידות *n. im Anfang des 18. Jahrhunderts entstandene mächtige religiöse Richtung* (Chssidismus). חסִידיש chssidisch
חָסר דֵעה [æi'] *a. präd.* unzurechnungsfähig, wahnsinnig
חסָרון *m.* חֶסרונות *u.* חֶסרונים Mangel, Fehler
חָצוף *m.* חצופים Unverschämter, Schamloser. חצופה *f. A.*
חצות [o] *m.* Mitternachtsgebet; Mitternacht
חקִירה *f. A.* Grübelei, Nachsinnen. ~ן 2 grübeln, sinnen. חַקרן *m.* חַקרָנים Grübler, Denker
חָרובֿ *a. präd.* wüst, verwüstet
חַרָטה *f.* Reue
חַריף *m.* Scharfsinniger. חרִיפות *n.* Scharfsinn
חֵרם *m.* חרָמים [ů] Bann
חַרפה *f. A.* Schande, Schmach
חֶשבון [žb] *m.* חֶשבונות [žb] Rechnung
חשד *m.* חשָדים Verdacht
חָשובֿ geehrt, angesehen, geachtet
חֶשון (חשוון) *m. jüd. Monat (Oktober-November)*
חשִיבֿות *n.* Ansehen, Achtung
חֵישק *m.* Lust, Eifer
חַתונה [a'] *f. A.* Hochzeit
חתימה *f. A.* Unterschrift. חַתמ׳ענען 2 unterschreiben, unterzeichnen

חָתָן *m.* חֲתָנים Bräutigam. ~־כּלה [a'] *pl.* Brautpaar

ט

טא *kj.* da, so, nun, dann

טאַבעק *m.* טאַבעקע [a'] *f.* Schnupftabak

טאָג [ů] *m. D.* Tag. ~ען tagen

טאָוועל [ů] *m. f. C.* Tafel; Buchdeckel

טאַטע *m. A.* Vater. ~־מאַמע [ma'] *pl.* Eltern

טאָטער *m. C.* Tatar

טאַטשקע *f. A.* Schiebkarren

טאָכטער *f. D.* Tochter

טאָל *n. C.* Tal

טאלמאַטש *m. C.* Dolmetsch

טאָלער *m. A.* Taler *(in Rußland 15 bzw. 30 Kopeken)*

טאמער *kj.* vielleicht

טאָן *s.* טוּן

טאַנצען tanzen

טאפּ *m. D.* Topf

טאָפּ *m. C.* Pünktchen

טאפּאליע [po'] *f. A.* Pappel

טאפּעל doppelt

טאַפּען berühren

טאַץ *f. C.* Tasse; Becken *(Musikinstrument)*

טאָק *f. C.* Puppe

טאַקע *ad.* wirklich

טאָקען drechseln. טאָקער *m. A. G.* Drechsler

טאָרבע *f. A.* Düte, Sack, Bettelsack

טאַרעראַם [a'm] *m.* Lärm

[טאָרען] — ~ ניט nicht dürfen

טאַש *f. C.* Tasche *(nicht v. d. Kleidung)*

טבֿע *f. A.* Natur

טבֿת *m. jüd. Monat (Dez.-Jan.)*

טהרה *f. (relig.)* Reinheit

טובֿ [o] *hba. a. präd.* gut. טובֿה *f. A.* Wohltat; Gefälligkeit

טובֿל זײַן *4 u.* טובֿלען tauchen

טוטון [I:'n] *m.* Rauchtabak

טויב taub

טויב *f. C.* Taube

טויגן taugen, passen, nützen

טויזנט *n. F.* Tausend

טויט *a.* tot; ~ע קללה wilder Fluch. ~ *m.* Tod

טויער *n. C.* Tor, Tür

טוישן tauschen; ~ ז׳ sich ändern

טוך *n. E.* Tuch *(Stoff)*

טוליען *2* schmiegen

טומאה *f.* Unreinheit, Unheiligkeit

טומלען lärmen. טומל *m.* Lärm

טוּן *3* tun; ~ ז׳ vorgehen, geschehen. ... און ~ fortwährend ... *(Verb)*

טונק *f. C.* Brühe, Sauce

טונקלען dunkeln. טונקל dunkel

טועה זײַן ז׳ *4* irren, sich irren

טועם טעם זײַן *4* kosten, verkosten

טופען *2* aufklopfen

טוץ *n. G.* Dutzend

טוקן tauchen. טוקערקע *f. A.* Badedienerin *(im jüd. Frauenbade)*

טורעם [P. 21] *m. A.* Turm

טײ *f.* Tee

טײג *m.* Teig. ~על *n. H.* Teigstück

טײַוולאָניש *u.* טײַוואָליש [ů:'] teuflisch. טײַוול *m. A. G. od.* טײַוואָלים *u.* טײַוולאָנים [ů':] Teufel

טײַטלען deuten, zeigen. טײַטל *m.* Zeigestab

טײטל *f. C.* Dattel

טײַטן deuten, zeigen

טײטן töten

טײַטש *m. f. C.* Übersetzung, Bedeutung, Sinn; ~ען übersetzen, erklären

טײַך *m. C.* Fluß, Strom; Teich

טײל *m. C.* Teil. ~מאָל manchmal. ~ען teilen

טײַסטער *m. A.* Tasche, Brieftasche

טײַער teuer

טיכל *n. H.* Tuch *(Kleidungsstück)*

טינט *f.* Tinte. ~ער *m. C.* Tintenfaß

טינוף (טנוף) *m.* Dreck

טיף *a.* tief; *f. C.* Tiefe. טיפעניש *n. C.* Tiefe, Abgrund. טיפקײט *n. C.* Tiefe

טיפש (טפש) *m.* טיפשים Dummkopf. טיפשה *f. A.* טיפשות *n.* Dummheit

טיר *f. C.* Tür

טיש *m. C.* Tisch

טֵית [tes] *f. C. neunter Buchstabe des Alphabets*

טכויר *m.* Iltis

טליִען 2 glimmen

טלית *m.* טַלֵיתים Gebetmantel. קָטן ~ *m. A. ein relig. Kleidungsstück*

טָמא [û] *a. präd.* unrein *(relig.)*

טָעות *m. C.* Irrtum

טעלער *m. G.* Teller

טעם *m.* טעמים Geschmack; Grund, Ursache

טעמפּ *u.* ~יג dumpf, stumpf

טַענה *f. A.* Behauptung; Einwand; Forderung. ~ן 2 behaupten; einwenden

טעסלער *m. A.* Zimmermann

טערק *m. C.* Türke. ~יש türkisch

טערקן־טויב *f. C.* Turteltaube

טפֿו [u] *int.* pfui

טראָגעדיג [û] schwanger. טראָגן [û] tragen; schwanger sein. ~ זי eilen; schweben

טראַכטען denken

טראמבע *f. A.* Rüssel

טראַסקען 2 erschüttern, schlagen

טראָפּ *m.* Melodie *der hebr. Tonzeichen;* Betonung

טראָפּ *m. C. u.* טראָפּען *m. A.* Tropfen

טָרוד *a. präd.* beschäftigt, in Anspruch genommen

טרויער *m.* Trauer

טרומײט [æi'] *m. C.* Trompete. ~ער *m. A. G.* Trompete; Trompeter. ~ערען trompeten

טרוקען trocken. טרוקעניש *n.* Trockenheit; Festland. טרוקענקײט *n.* Trockenheit

טָרחה *f.* Mühe, Bemühung

טריב trübe

טרײַבען 3 treiben

טרײסט *f. C.* Trost. ~ען trösten

טרײסלען schütteln, erschüttern, rütteln

טרינקען 3 trinken

טריפֿלאַק *n.* Siegellack

טריפֿען triefen; träufeln

טריקענען trocknen

טרעגער *m. G. A.* Lastträger

טרעטען 3 treten

טרעלען trillern

טרענען auf-, zertrennen

טרענקען 3 tränken

טרעפּ *f. G.* Treppe

טרעפֿן *3* treffen, begegnen; erraten. ~ ז' einander treffen; sich zutragen

טרער *f. C.* Träne

טרפֿה *u.* טרפֿה (טריפֿה, טריפֿה) *a.* — ~נער, ~נע, ~ן *od.* ~ — *Gegensatz zu* כּשר; widerwärtig

טשאד *m.* Ofendunst

טשאָלענט [tn] *m. A. eine Sabbatspeise*

טשאפּרינע *f. A.* Mähne

טשוואָק *m.* טשוועקעס Nagel

טשיקאַווע [a'] neugierig

טשעפּען *2* haften; rühren; belästigen

י

יאַ ja

יאַגעדע [a'] *f. A.* Erdbeere

יאָגן [ů] jagen

יאָדער *m. A. u.* יאַדרע *f. A.* Kern *(v. Obst)*

יאַווען ז' *2* erscheinen

יאַטקע *f. A.* Metzgerei, Fleischbank

יאָך *n.* Joch

יאָמערן [ů] jammern

יאַסלע *f. A.* Kiefer

יאָר *n. C.* Jahr

יאַרמעלקע [a'rmļ] *f. A.* Hauskappe

יאָרצײַט [ů:'] *f.* „Jahrzeit" *(Jahrestag eines Todesfalles, insbesondere des Vaters oder der Mutter)*

יאַשטשערקע [a'] *f. A.* Eidechse

יַבָּשָׁה *f.* Festland

יַד *f.* יָדַיִם *hba.* Hand. יַד־אַחַת Verabredung; ~ מאַכן sich verbünden

יָדוּע *a. präd.* bekannt

יְדִיעה *f. A.* Nachricht, Mitteilung

יַהדות *n.* Judentum *(als Idee, Religion)*

יובֿל *m.* Jubeljahr; lange Zeit; Jubiläum

יונגענט *u.* יו' [gn] *f. C.* junge Frau

יוד *f. C. zehnter Buchstabe des Alphabets*

ייִד [ji:d] *m. C.* Jude; (jüd.) Mann. ייִדיש *u.* יודיש [ji: *u.* ji] jüdisch; jiddisch. ייִדישליך *u.* יו' jüdisch, nach jüdischem Wesen. ייִדישקייט *u.* יו' *n.* Judentum *(als Idee, Religion)*. ייִדישקע *u.* יו' *f. A.* Jüdin. ייִדענע *u.* יו' *f. A.* (jüd.) Frau; Gattin

יָוָן [w] *m.* יְוָנִים *(Spitzname)* Griech.-Orthodoxer; Ukrainer, Russe; Bauer. יְוָניש griech.-orthodox *usw.*

יויך *f. C.* Fleischsuppe

יום־טובֿ [jo'ntèw] *m.* יום־טובֿים [jontoi'] Festtag, Feiertag; ~דיק festtäglich, festlich

יום כּיפּור [i'] *m.* „Versöhnungstag"

יונג *a.* jung. *m. C.* Bursch, Knabe. ~אַטש [a'] *m. B.* Bursche, Kerl. ~וואַרג *n.* junges Volk.. ~על [ji] *n. H.* Knabe; Jüngling. ~ערהייט *ad.* in der Jugend. ~ערמאַן [a'] *m.* ~עלייט [á'] Jüngling

יוצא זײַן *4* seine Pflicht erfüllen *(aber nicht mehr)*

יוצא־מן־הכּלל [ta'] *m.* Ausnahme

יורד *m.* יורדים [o] Herabgekommener

יורש *m.* יורשים [o] (der) Erbe
יושר *m.* Billigkeit, Gerechtigkeit
יאוש *m.* Verzweiflung, Resignation
יִיד *etc.* *s.* ייד
יחום *m.* Adel
יָחיד [ů] *m.* יְחִידים Einzelner, Individuum.
יַחסן *m.* יַחסָנים Adeliger, Vornehmer. יַחסָנות *n.* vornehme Herkunft. יַחסָניש vornehm
ייַשניצע *f.* Rühreier, Eierspeise
יישר כּוח [škoiěch, jišěk] Heil! Danke!
יָכולת (יכלת) *n.* Möglichkeit
יֶלד *n.* יְלָדים *hba.* Kind
יְללה *f.* *A.* Jammergeschrei
יַם *m.* יַמען *u.* יַמים Meer
יִמח שמו (Gott) vertilge seinen Namen! ~ ווערן vertilgt (= vom Teufel geholt) werden; ~ניק *m.* *B.* *Schimpfwort*
יְניקה *f.* Nahrung
יְסוד [o] *m.* יְסודות Grund, Grundlage
יְסורים *pl.* Leiden, Kummer
יע ja
יעגער *m.* *G.* Jäger
יעדער *u.* ~ א *p.* jeder. יעדערער *p.* Jeder
יעטווידער [je'] *p.* jeglicher
יעמעלט *ad.* dann
יענער *p.* jener; ein, der andere(r); Nebenmensch
יערען 3 gähren
יְפהפיה [jéfæi'fjé] *f.* *A.* Schönheit, Beauté
יֵצר־הרע [ho'] *m.* böser Trieb; Sinnlichkeit. יֵצר־טוב [o'] *m.* guter Trieb
יַקרות *n.* Teuerung

יְרא־שמים [a:'] *m.* Gottesfürchtiger. יִראת־שמים [a:'] Gottesfurcht
יְרושה *f.* *A.* Erbe, Erbschaft
יַריד [i'] *u.* יַריד [i:'] *m.* *C.* *od.* ~ים Jahrmarkt
יַרשנען [a'] erben
יֵש *m.* Wesen
ישוב [i] *m.* Überlegung. ~ *m.* יִשובים Ansiedlung; Dorf. ~ הַדעת [á'] *m.* Überlegung. ~ניצע [i'] *f.* *A.* *zu* ~ניק *m.* *B.* jüd. Dorfbewohner, Dorfjude
יְשועה *f.* *A.* Heil
יָתום *m.* יְתומים Waise. יְתומה *f.* *A.*

כ

כא־כא־כא *int.* haha
כאבאר [a'r] *m.* Bestechung
כאטע *f.* *A.* Hütte
כאטשי, ~בע *u.* ~ע *kj.* obwohl, obgleich; wenn auch; wenn sogar, daß sogar. *adv.* wenigstens
כאליעווע [o'] *f.* *A.* Stiefelschaft
כאפען fangen, fassen, greifen, packen, nehmen; tun; ~ ד' es fällt .. ein
כָּבוד [ů] *m.* Ehre
כִּביכול [ů'] *Umschreibung für Gott*
כְּדאי *a.* *präd.* lohnend, wert
כְּדומה dergleichen
כְּדי *kj.* damit, um, daß
כהונה [kŭ] *f.* Priestertum; כּהן-Abstammung. כּהן [koin] *m.* כּהנים [a:'] Priester (= *Nachkomme Aarons*). ~ גדול [ů:'] *m.* גדולים — [doi'] Hoherpriester
כְּהרף־עין [a:'] *ad.* augenblicklich

כוואַליע *f. A.* Welle

כּוונה (כונה) *f. A.* Absicht; Andacht

כּוח (כח) [oi'ĕ, oi'] *m. B.* Kraft, Stärke, Macht. ~־הַמדמה *m.* [da'] Phantasie

כּולל זײַן *4* umfassen

כּוס [o] *m. B.* [oi] Becher (*f. Wein*). כּוסה *f. A.* Trunk

כּותל מַעֲרָבִי *u.* כּותל [ů'] *n.* „Westwand". *die noch stehende restliche Tempelmauer (zu Jerusalem)*

כּיבוד (כבוד) *m.* כּיבודים Ehrung

כּיוון (כוון) *m.* Absicht

כּיטרע schlau, listig. ~קײט *n.* Schlauheit, List

כּישוף (כשוף) *m.* Zauber. ~־מאַ־ כּער(ען) *m. (f.) A.* Zauberer(in)

כּך הוה [a'w] so geschah es

כָּל־בוניצע [oi'] *f. A. zu* כָּל־בוניק *m. B.* ein zu allem Fähiger

כָּל־זמן [a'] *kj.* solange

כָּל־טוב [i'] alle guten Sachen

כָּל־ישׂראל [ů:'] All-Israel, das ganze jüdische Volk

כֶּלב *m.* כּלָבים [ů] *hba. u. Schimpfwort* Hund. כּלַבטע *f. A.*

כּלה *f. A.* Braut

כּלומפּרשט [o] *u.* כּלומרשט *a.* sozusagen, vor-, angeblich

כָּלוי ווי' *5* verschwinden

כּלֶזמר (כלי זמר) *m.* כּלֶזמָרים *od. G.* Musikant

כֵּלי *f.* Gerät, Gefäß

כּלי־זין (זיין) [a:'] *n.* Waffen

כליפּען [chlji] *2* schluchzen

כּלל *m.* כּללים Gemeinschaft, Gruppe; Regel, Gesetz

כּלעבען *int.* aufs Wort

כָּלערלײַ [o'] *ad.* allerlei

כמאַרע [a:] *f. A.* schwere Wolke

[כַּמה] — יאָרען ~ viele Jahre, lange Zeit. כַּמות *n.* Quantität

כּמעט [ma'] *ad.* fast, beinahe

כּסא־הַכָּבוד [ů'] *m.* Thron Gottes

כּסדר *u.* כּסֵדר *ad.* der Reihe nach; fortwährend

כּסלו [łèw] *m. jüd. Monat (November-Dezember)*

כּעס *m.* Zorn. כּעסן *m.* כּעסָנים Jähzorniger. כּעסען ז' erzürnt sein

כּף [ů] *f. C. elfter Buchstabe des Alphabets*

כֶּפל *m.* Verdopplung; Multiplikation. כּפלי־כּפלים *ad.* vielfach. כֶּפלען verdoppeln, vervielfältigen, multiplizieren

כּפּרה *f.* Sühne, Sühnopfer. ~ די זײַן *u.* ~ די ווי' Sühne sein, werden; hinwerden

כראָפּען *2* schnarchen

כרײַן *m.* Meerrettig

כּרך *m.* כּרכים Großstadt

כָּשר (*rituell zum Essen*) erlaubt; rein, ehrlich. כּשרות *n.* das כָּשר־Sein, das כָּשר־Halten. כּשרען [šĕ] *1* כָּשר־machen

כּתב *m.* כּתָבים [ů] Schrift

כּתובה *f. A* Ehekontrakt

ל

לא *hba.* nein, nicht. ~ די nicht genug (, daß). לא־יוצלח [i'] *m. A.* Pechvogel. ~ עלֵיכם

nicht über euch (komme es!): עֲלֵיכמדיג ~ *a.* krank
לאָבען [ů] laben
לאָדען *m. G.* Fensterladen
לאָדען ז' prozessieren. לאָדעניש *n. C.* Prozeß
לאוו (לאו) [a] *m.* לאווין (לאוין) [a] Verbot der תורה
לאזען *1, 3* lassen. ז' ~ beginnen, anpacken; gehen, treten
לאַחָדים *ad. a. infl.* im Einzelverkauf
לאַטע *f. A.* Flick. ~ן *2* flicken
לאך *n. E.* Loch
לאַם *n. E.* Lamm
לאַם lahm. לאַמען lahmen
לאמפּ *m. C.* Lampe
לאַנג lange. ~אַנעדיג [ů:'] *a.* langjährig, mit langem
לאנד *n. E.* Land
לאנקע *f. A.* Wiese
לאַפּע *f. A.* Tatze, Pfote
לאפּעטע [o'] *f. A.* Schaufel, Spaten
לאַץ *m. C.* Rockumschlag
לאקערען lauern
לאקש *m. C.* Nudel-Pfannkuchen. *pl.* Nudeln
לאשעק *m. B.* Füllen
לְבָנה *f.* Mond
ל"ג בעומר [łagboi'mĕr] *m. ein Festtag im Monat* אִיר
לְגַמרֵי [o] *ad.* gänzlich
לְהַבְדִיל *int.* es sei ein Unterschied!
לְהוט *a. präd.* erpicht
לְהַכְעִים [ůchès] zu Trotze
לְהֵפך (להיפך) *ad.* im Gegensatz zu
לווה (לוה) [oiw] *m.* לווים Schuldner
לְוָיה [w] *f. A.* Leichenbegängnis, Leichenzug
לוִויָתן [w] *m. ein mythischer Riesenfisch*
לוּח *m.* לוחות Kalender
לֵוִי [w] *m.* לְוִיִם [i:jè] Levit
לויב *n.* Lob, Preis, Ruhm. ~ען loben, preisen, rühmen
לויז lose
לויז *f. D.* Laus
לויט *n.* Lot *(Gewicht)*
לויט *kj. pr.* wie, nach, gemäß
לויטער klar, lauter
לוין *m.* Belohnung. לוינען ז' sich lohnen
לויפען *3* laufen, rennen
לולב *m.* לולבים [ů] *der Palmzweig für* סוכות
לומדות [o] *n. (jüd.)* Gelehrsamkeit. לומדיש [o] gelehrt
לונג *f. C.* Lunge
לוסטיג lustig, heiter
לופט *f.* Luft. ~ערען lüften
לְחַיִים *int.* zum Wohle!
לַחלוטין *ad.* durchaus
לֶחם *n. hba.* Brot
לְטובָה *ad.* zugunsten
ליאדע irgend
ליאלקע *f. A.* Puppe
ליארעם [a:] *m.* Lärm
ליב lieb, teuer. ~ האָבען lieben. ~ליך freundlich. ~ערשט *ad.* lieber. ~שאַפט *n.* Liebe
ליגנער *m. A.* Lügner; ~ען lügen
ליגען *3* liegen; ליגענדיגערהייט *ad.* liegend
ליגען *u.* ליגענט *m. A.* Lüge
ליד *n. F.* Lied; Gedicht

לִיהודים *ad.* fröhlich
ליולקע *f. A.* Tabakspfeife
לײַב *n. F.* Leib, Körper
לײב *m. C.* Löwe
לײַבעל *n. H.* Leibchen
לײַגענען lügen
לײגען legen
לײד *f. C.* Leid
לײדיג leer; ~יגערהײט *ad.*
לײַדען *3* leiden
לײַווענט [wn] *f. n.* Leinwand; ~ען *a.* aus Leinwand
לײזונג *n. u.* לײזעכץ *n.* Erlös, Lösung. לײזען Erlös haben, verdienen
לײַט *pl.* Leute; *sing.* tüchtiger, angesehener Mensch
לײַטזעליג gnädig. ~ען begnaden
לײַטיש *a.* Leute-; angesehen
לײטער *m. A.* (die) Leiter
לײַטערען läutern
לײַכט leicht
לײַכטען *1, 3* leuchten. לײַכטער *m. G.* Leuchter
לײַלעך *n. F.* Leintuch
לײם *n.* Lehm. לײמען irden
לײַסט *f. C.* Leiste; Saum
לײענען lesen; die תורה rezitieren
לײץ *m. C. u.* לײצע *f. A.* Zügel
(אין) לײקענען leugnen
ליכט [P. 16] *n. G.* Licht; Kerze. ~יג hell. ~יגקײט *n.* Helligkeit
לימוד *m.* לימודים Lehrgegenstand
לימענע [i'] *f. A.* Zitrone
לינק *a.* link. ~ס *ad.* links
ליסע *f. A.* Glatze
ליעק [i:'] *m. B.* Trichter
ליפּ *f. C.* Lippe

ליפּע *f. A. u.* ~נבוים *m. E.* Linde
[ליקוי (ולקוי)] — ~חמה [a'] *f.* Sonnenfinsternis. ~לבנה [ú:'] Mondfinsternis
לְכָבוד *ad.* zu Ehren
לָכֵן [e'] *kj.* daher, deshalb
לְכַתחילה [i'] *ad.* von Anfang an
לְכָל הַדֵעות [œi'] nach aller Meinung
לְכָל הַפָּחות [ú'] *ad.* zumindest, wenigstens
לָמאי *kj.* warum
לַמד *f. C.* ***zwölfter Buchstabe des Alphabets***
לַמד-וָוניק [wú'w] *m. B.* ***einer von den 36 unerkannt auf Erden weilenden Gerechten***
לַמדן *m.* לַמדָנים Gelehrter ***(spez. in jüd. Wissenschaft).*** לַמדָנות *n.* Gelehrsamkeit *(s. o.)*
לְמַזל *ad.* mit Glück
לְמַען הַשֵם [e'm] *int.* um Gottes willen
לְמָשָל *ad.* zum Beispiel
לְסוף [o'] *ad.* schließlich, endlich
לעבּעדיג [é'] lebendig; lebhaft, munter; ~ערהײט *ad.*; ~קײט Lebhaftigkeit, Munterkeit. לעבּן *1* leben; *n. A.* Leben
לעבּן *pr.* neben
לעבּער *f. C.* Leber
לעדער *n.* Leder
לעכערן Löcher machen, durchbringen
לעכצן lechzen
לענג *f.* Länge
לעפֿל *m. G.* Löffel
לעצט *a.* letzt

לעקעך *m.* Honigkuchen
לעקיש *m. C.* Tölpel
לעקען lecken
לְעֶרך *ad.* ungefähr
לערנען lernen; Bibel und Talmud studieren; lehren
לעשען *3* löschen
לעת־עתה [esa'] *ad.* inzwischen, jetzt, vorläufig
לְפָחות *ad.* zumindest, wenigstens
לְפִי ערך [é'] *ad.* ungefähr
לְפָנים *ad.* zum Schein
לֵץ *m.* לֵצים Kobold; Schalk. לֵצנות *n.* Hohn, Spötterei
לשון *n.* לשונות Sprache; הָרע ~ [o'] *n.* Verleumdung. ~־קודש [oi'] *n.* Hebräisch, *a.* hebräisch

מ

מ' *p.* man
מְאבד עצמו לָדעת *m.* Selbstmörder
מאָגען [û] *m. A.* Magen
מאָגער [û] mager
מאָדנע sonderbar, seltsam
מֵאה *f. A.* Hundert
מאָזלען *pl.* Masern. *1* an Masern krank sein
מאַטעריע [e'r] *f.* Eiter
מאַטערניש *n. C.* Mühe, Plage. מאַטערען quälen
מאָך *m.* Moos
מאכל *n.* מאכָלים Speise
מאַכען machen, tun; sagen; *(Hand)* bewegen
מאָל *n.* Mal
מאַלינע [a'] *f. A.* Himbeere
מאָלען *3* mahlen; malen
מאַלפּע *f. A.* Affe

מאַמע *f. A.* Mutter; ~־לשון [a'] *n.* Muttersprache, Jiddisch
מאַן *m. E.* Mann; *C.* Gatte
מאָן *m.* Mohn
מאַנאַסטיר [i:'] *m. C.* Kloster
מאַנדעל *f. C.* Mandel
מאָנטיג *m.* Montag. ~דיג *a.* Montags-
מְאַנס זײַן *4* vergewaltigen
מאַנסביל *n. C.* Mann(sperson)
מאָנען (Geliehenes zurück-) fordern
מאָס *f. C.* Maß
מאַסלינע [a'] *f. A.* Olive
מאַראַנץ [ra'] *f. C.* Apfelsine
מאָרגען *ad.* morgen. אויף ~ נאָך am Tag nach. מאָרגענדיג morgig
מאָרדע *f. A.* Schnauze, Fresse
מַאריך זײַן *4* lang ... *(Verb)*; aufhalten
מארך *u.* מאַרעך *n.* Mark, Gehirn
מאַרק *m. D.* Markt
מאַרש *m. C.* Marsch. ~ירען marschieren
מאַרשעליק [a'] *m. B.* Hochzeitsspaßmacher
מְבויש װ' [jé] *5* beschämt werden
מבול *n.* Sintflut
מְבולבל װ' *5* verwirrt werden
מְבַזה זײַן *4* beschämen, beschimpfen
מבטיח זײַן [i:'] *4* versichern, zusichern
מְבַטל זײַן *4* zunichte machen
מֵבין *m.* מְבִינים Sachverständiger, Kundiger. מְבִינה *f. A.* מְבִינות *n.* Sachverständigkeit
מְבַיש זײַן (מבייש) [jé] *4* beschämen
מְגַדל זײַן *4* aufziehen
מְגולגל װ' *5* sich verwandeln

מנושם u. מנושמדיג konkret; materialistisch

מנזם זײַן 4 übertreiben

מגיד m. מגידים e. Art Prediger. מגידות n. Rede e. מגיד. מגי־דיתטע [i:'] f. A. Frau e. מגיד

מגילה f. die Rolle (= Buch) Esther

מגיר זײַן ז' [jė] 4 zum Judentum übertreten

מגלה זײַן 4 enthüllen

מגן־דוד [mů; ů'w] m. C. Davidsstern

מגפה f. A. Pest, Seuche

מדבר f. מדבריות [ů:'] Wüste

מדינה f. A. Gegend, Provinz, Land, Staat

מדקדק זײַן 4 genau sein

מדרגה f. A. Stufe

מדריך זײַן 4 leiten

מדרש m. מדרשים Legende, *homiletische Auslegungsliteratur üb. d.* תורה

[מה a:] — יקר? ~ [ů'] *hba.* wie teuer? רעש? ~ [á'] *hba.* warum der Lärm?

מהומה f. A. Wirrwar, Panik

מהות n. Wesen, Qualität

מהיכי־תיתי [měchtæi'sė] *int.* gut, wohl, meinetwegen, mit Vergnügen, sehr gern

מהלך m. Entfernung

מודה זײַן 4 u. ז' ~ 4 gestehen

מודיע זײַן 4 benachrichtigen, mitteilen. מודעה f. A. Bekanntmachung

מוהל [moił] m. מוהלים Beschneider

מוזען 1 müssen

מוח m. B. Hirn, Gehirn

מוחל זײַן 4 verzeihen; verzichten

[מוט] — צומוט *ad.* zumute

מוטעלפערל [i'] f. Perlmutter. מוטעלפערלען a. perlmuttern

מוטנע trüb

מוטער f. A. Mutter

מוטשען 2 quälen, peinigen

מויד f. מיידען Mädchen *(spött.)*

מויז f. D. Maus

מויל n. E. Mund

מויער f. C. Mauer; Haus

מוכר m. מוכרים [o] Verkäufer. ספרים ~ [ů:'] m. Buchhändler

מום m. מומים Gebrechen

מומחה m. מומחים Sachverständiger

מומע f. A. Tante

מוסיף זײַן 4 dazugeben, hinzufügen

מוסף n. מוספים [ů] *e. gew. Gebet*

מוסר m. Moral, Ethik. מוסרען [sě] Strafrede halten

מוסר נפש זײַן ז' [é'] 4 sich ganz hingeben, sich opfern

מופת n. מופתים [o] Wundertat

[מוצאי o] — יום־טוב ~ [jo'] m. Feiertagsende. שבת ~ [a'] m. Sabbatende

מוציא (המוציא) f. *der Segensspruch über Brot; der betreffende Bissen [Brot*

מורא f. Furcht, Angst

מוראשקע [P. 21,'] f. A. Ameise

מורד זײַן 4 revoltieren, sich erheben

מושווה (מושוה) ווי' 5 sich einigen

מושל זײַן 4 herrschen

מותר a. *präd. (relig.)* gestattet

מזבח [æi'] m. B. Altar

מזוזה f. A. *Türpfostenröllchen aus Pergament, mit dem* שמע

מזומן *m. Zahl von drei erwachsenen Juden.* ~ בענטשען das Tischgebet sprechen. *a.* bar *(Geld)*

מזיק *m.* מזיקים Zerstörer; Dämon. ~ען vernichten, zerstören

מזכה זיין *4* begnaden, würdigen, verleihen, schenken

מזל *n.* Schicksal; Glück. ~ *n.* מזלות Planet. ~־טוב [a', o] *int.* Glückauf. *n.* Glückwunsch

מזלזל זיין *4* schmähen, beschimpfen

מזרח *m.* Osten; *das an der Ostwand des Zimmers aufgehängte Bild.* ~וואנט *f. D.* Ostwand *(mit den Vorzugsplätzen, in der Synagoge)*

מחבר *m.* מחברים Verfasser; Schriftsteller

מחויב זיין [jė] verpflichtet sein, die Pflicht haben

מחולק זיין *4* anderer Meinung sein

מחותן *m.* מחותנים [mĕchėt] Gegenschwäher, Versippter. מחותנתטע [é'] *f. A.*

מחזור *m.* מחזורים *Gebetbuch mit den Festtagsgebeten*

מחוקות *pl.* „Geschichten, Zeremonien"

מחיה Erquickung, Freude, Vergnügen; ~ זיין *4* erquicken; erfreuen; ~ זיין ז' sich freuen; ~נייס *n. C.* Erquickung, Freude, Vergnügen

מחיה [P. 16] *f.* Unterhalt

מחילה Verzeihung!

מחיצה *f. A.* Zwischenwand

מחלוקת *n. C.* Zwistigkeit, Streit

מחלל זיין *4* entweihen

מחמדאנער [da'] *m. G.* Mohammedaner

מחמת *kj.* weil; *pr.* wegen

מחנה *f. A.* Schar

מחרים זיין *4* bannen, exkommunizieren

מחשבה [ů] *f. A.* Gedanke

מטבע [œi'ė] *f. A.* Münze

מטופל *m.* reich (an קינדער)

מטורף [P. 21] *m.* Verrückter

מטלטלין [a'ltė] *pl.* Mobilien

מטמא זיין *4 (relig.)* verunreinigen, entweihen

מטמון *m.* מטמונים Schatz

מטריח זיין [i:'] *4* bemühen

מי *f. C.* Mühe

מיאוס (מאוס) häßlich. ~ען ז' sich ekeln, verabscheuen

מיאש זיין ז' [a:'ėš] *4* verzweifeln

מיגליך möglich

מיד müde. ~קייט *n. u.* מידיקייט *n.* Müdigkeit

מידה (מדה) *f. A.* Eigenschaft

מיוחס *m.* מיוחסים Adeliger, Vornehmer. מיוחסת *f.* ~טעם

מיוקען *2* miauen

מיזשעניק [mi'] *m. B.* jüngstes Kind

מיט *f.* Mitte. אין מיטען *pr.* mitten in

מיט *pr. ad.* mit

מיטה *f. A.* Totenbahre

מיטוואך *m.* Mittwoch. מיטוואכדיג *a.* Mittwochs-

מיטעל *a.* mittler; *n. C.* Mittel

מיידעל *n. H.* Mädchen. ~ווייז *ad.* als Mädchen *(zeitl.)*

מייל *f. C.* Meile

מיין *p.* mein

מיין *ad.* mehr

מײַן *m.* Absicht, Zweck
מײַנסטער *m. G.* Meister
מײַנען meinen, glauben; beabsichtigen
מײַערן *pl.* Möhren
מײַערקעפּעל *n. H.* Muschel
מיל *f. C.* Mühle
מילא *int.* nun, also, immerhin
מילגרוים [i'] *m. C.* Granatapfel
מילה *f.* Beschneidung
מיליאָן [ů:'] *f. C.* Million
מיליאָסען [a'] *pl. sehr große Menge*
מילך [těch] *f.* Milch; מילכיג [těch] *a. in ritueller Hinsicht wie Milch zu betrachten*
מילנער *m. G.* Müller
מין *n.* מינים Art; ~ *pl.* מיני *p.* derartig, solch
מינוט [i'] *f. C.* Minute
מינטערן aufwecken, beleben
מינסט kleinst. מינערן mindern, vermindern
מיסד זײַן 4 begründen
מיסט *m.* Mist; ~יגען düngen
מיִען ז׳ sich Mühe geben
מיץ *f. C.* Mütze
מיק *f. C.* Mücke
מיִשב זײַן ז׳ 4 überlegen; anderer Meinung werden
מישען mischen; blättern
מיתה משונה *f.* schrecklicher Tod
מכבד זײַן 4 beehren
מכה *f. A.* Geschwür; Plage; wenig, nichts *(Verneinung, negative Beteuerung).* מכות רצח *pl.* mörderliche Prügel
מכּוח (מכח) [oi'] *pr.* betreffend, bezüglich

מכּלומפּרשט [o'] *a.* so zu sagen; vor-, angeblich
מכּל־שכּן [miko'těkn̩]*kj.* umsomehr
מכניע זײַן 4 demütigen, erniedrigen
מכשול [P. 16] *m.* Stein des Anstoßes
מכשירים *pl.* Werkzeuge, Instrumente
מכשף *m.* מכשפים Zauberer. מכשפה *f. A.* Hexe; Zauberin
מל זײַן 4 beschneiden
מלא *a. präd.* voll (= angetrunken). ~ רציחה [i:'] *ad.* wütend. ~ שמחה [i'] *ad.* voll Freude
מלאך *m.* מלאכים [ů] Engel. ~־המות [ů'w] *m.* Todesengel
מלאכה [ů] *f. A.* Arbeit, Werk; Handwerk
מלבוש *n.* מלבושים Kleidungsstück
מלוה [w] *m.* מלוים [w] Geldverleiher, Gläubiger
מלוכה *f. A.* Königreich; Staat
מלחמה [ů] *f. A.* Krieg
מליץ *m.* מליצים *u.* ~־יושר [oi'] *m.* Fürsprech. מליצה *f. A.* Schönrednerei, Phrase
מלך *m.* מלכים [ů] König. מלכה *f. A.* Königin. מלכה־שבא *f.* Königin von Saba. מלכות *m.* König, Herrscher. מלכות־שמים [a:'] *n.* Himmelreich
מלקות *pl.* Geißelhiebe
מלמד *m.* מלמדים Lehrer im חדר. מלמדות *n. Stelle, Amt, Beruf des* מלמד
מלען 2 beschneiden
מם *f. C. dreizehnter Buchstabe des Alphabets*

מְמה־נפשך [mimů:'nésěch] tertium non datur, das eine oder das andere

ממזר m. ממזרים Bankert

מֵמילא ad. von selbst

מֵמיתן töten; schlagen

[ממלא] – זײַן ~ 4 erfüllen. מקום ~ [ů'] m. Stellvertreter

ממש ad. wirklich, wahrhaftig. ממשות n. Konkretheit, Wirklichkeit; ~דיג konkret; wirklich

מֶמשלה f. A. Herrschaft

מִן־הסתּם [minésta'm, mista'm] ad. vermutlich; natürlich, selbstverständlich

מְנדב זײַן 4 spenden

מִנהג [nég] m. מִנהגים [ů] Sitte, Brauch. מנהיג m. מנהיגים Führer

מְנוול [iw] m. מְנוולים [~] sehr häßlicher Mensch

מְנוחה f. Ruhe

מְנורה f. A. Armleuchter

מִנחה *das Nachmittagsgebet*

מְנחם אָבל זײַן [ů'] 4 e. Leidtragenden Trost zusprechen

מִנין [j] n. מִנינים *Zehnschaft männlicher Juden, über dreizehn Jahre alt*

מְניעה f. A. Hindernis, Hemmnis

מְנצח זײַן [æi'] 4 besiegen

מְסדר קידושין זײַן [I'] 4 trauen, kopulieren

מִסחר m. מִסחרים Handel, Handelsgeschäft

מְסוגל זײַן passend, fähig, ausersehen, bestimmt sein

מְסוכן gefährlich; gefährlich krank

מְסופק זײַן 4 zweifeln, bezweifeln

מְסירה f. A. Denunziation

מְסירת־נפש [é'] n. Selbstaufopferung, Hingabe

מסכים זײַן 4 zustimmen

מספיד זײַן 4 tr. Grabrede (auf jmd.) halten

מסקנה f. A. Beschluß

מסר (מוסר) [mů:] m. מסרים (מוסרים) [o] Denunziant. מסרען [sě] denunzieren

מסתּמא [ů] ad. vermutlich; natürlich, selbstverständlich

מע p. man

מעגליך möglich. מעגליכקייט n. C. Möglichkeit. מעגען dürfen; erlaubt sein

מעד m. Met

מעוברת [mI] a. schwanger

מעות n. Geld

מעל n. Mehl

מעלדען 1, 3 berichten, melden

מעלה f. A. Vorzug; gute Eigenschaft

מעלה־גרהן [æi'] 2 wiederkäuen

מעלך f. C. Molkerei, Milchhandlung. ~ען 3 melken. ~ען ז' 3 Milch geben

מעמד m. Zustand, Lage

מען p. man

מענטש (מינטש) m. C. Mensch

מעסטעל n. H. Maß *(zum Messen)*. מעסטען 3 messen

מעסער n. A. Messer

מעקלער m. A. G. Makler. ~ען Makler sein

מעקען tilgen, verwischen

מער m. Kunde, Nachricht

מער ad. mehr

מערבֿ *m.* Westen
מערזשער *m. G.* Mörser
מעריבֿ *das Abendgebet*
מעריִדען *pl.* Hämorrhoiden
מערכה [ů] *f. A.* Schicksal, Glück
מערמעלשטײן *m.* Marmor
מערען mehren, vermehren
מעש *n.* Messing. ~ען *a.* Messing-
מעשה *f. A.* מעשיות [sės] Geschichte, Erzählung; Ereignis. ~ *f.* מעשים Tat. קײן ~ ניט *ad.* annehmbar, passabel ... ~ *(Substant.) ad.* ganz wie ...
מעשטײנס געזאָגט [æi'] *int. Ausdruck der Geringschätzung oder Ironisierung*
מעת־לעת *m. C.* ganzer Tag *(24 St.)*
מפונק *m.* מפונקים [ů] Verwöhnter, Wählerischer
מפיל זײַן 4 Fehlgeburt haben
מפלה *f. A.* Niederlage. אײַנ־נעמען אַ ~ e. N. erleiden
מפסיק זײַן 4 unterbrechen *(etw.)*
מפקיר זײַן 4 von sich werfen, sich nicht kümmern, im Stich lassen
מפרנס זײַן 4 ernähren, Lebensunterhalt geben
מצבֿ *m.* Lage. מצבֿה *f. A.* Grabstein
מצד [a'] *pr.* seitens
מצדיק זײַן 4 rechtfertigen
מצה *f. A. ungesäuertes Passahbrot*
מצוה [w] *f. A.* Gebot; gute Tat. ~־טאַנץ *m. D. Hochzeitstanz mit Bräutigam oder Braut*
מציאה [i:'ė] *f. A.* billiger Kauf
מציל זײַן 4 erretten
מצער זײַן 4 kränken; Leid antun

מקבל זײַן 4 empfangen. מקבל באהבֿה זײַן [a:'] 4 in Liebe auf sich nehmen. מקבל פּנים זײַן [ů:'] 4 empfangen, begrüßen
מקבר זײַן 4 bestatten
מקדש זײַן 4 trauen, kopulieren. די לבֿנה ~ den Mondsegen sprechen
מקובל *m.* מקובלים Kabbalagelehrter
מקוה [w] *f.* מקוואות [kwės] *(jüd.)* Bad
מקוים װ׳ [jė] 5 in Erfüllung gehen
מקום [ů] — מנוחה ~ [i:'] *m.* Ruheort. מקלט ~ [i'] *m.* Zufluchtsstätte. מקומות *pl.* Örtlichkeiten, Gegenden, Gegend
מקור [ů] *m.* מקורות Ursprung, Quelle
מקח *m.* מקחים [ů] Preis
מקטרג זײַן 4 anklagen
מקים זײַן (מקיים) [jė] 4 erfüllen. מקים פּסק זײַן [a'k] 4 Urteil vollstrecken
מקנא זײַן 4 beneiden
מקצר זײַן 4 verkürzen
מקרה *f.* Zufall. על־פּי ~ *ad.* zufällig, zufälligerweise
מקריבֿ זײַן 4 opfern
מקרבֿ זײַן [a:] 4 protegieren, heranziehen
מרה־שחורה [oi'] *f.* Melancholie. ~דיג melancholisch
מרוצה װ׳ 5 einwilligen
מרחם זײַן ז׳ 4 sich erbarmen
מרחץ *n.* מרחצאות *(jüd.)* Bad
מרחק *m.* Entfernung
מרחשון [o'swė] = חשון
מרידה *f. A.* Aufstand

מרשעת [a'] *f.* böses Weib
משׂא *f. A.* Last. ~ ומתּן [séma'] *m.* Geschäft
משגיח [i:'] *m.* משגיחים Aufseher. ~ זײַן 4 beaufsichtigen
משדך זײַן 4 eine Heirat vermitteln. ~ ז' 4 sich verschwägern
משוגע (~נער, ~נע, ~ן *od.* ~) wahnsinnig, verrückt. משוגעת [á'] *n. C.* Wahnsinn
משולח *m.* משולחים [ú] Abgesandter, Bote. משולחת *n. C.* Tölpel
משומד *m.* משומדים Abtrünniger, getaufter Jude. משומדת *f. u.* ~טע [é'] *f. A.*
משונה (~נער, ~נע, ~ן *od.* ~) *u.* ~דיג sonderbar, seltsam
משופע *u.* ~דיג steil
משורר *m.* משוררים [o] *Gehilfe des* חזן
משיג זײַן 4 begreifen
משיח [i:'] *m.* משיחים Messias
משך *m.* Lauf, Verlauf, Zeit
משכון *n.* משכנות Pfand
משכּיל *m.* משכּילים „Aufklärer", Anhänger der השכּלה
משל *n.* משלים Beispiel. (ס') אַ ~! I wo!
משׂמח זײַן [æi'] 4 erfreuen, Freude bereiten
משניות *pl. Teil des Talmuds*
משער זײַן ז' 4 vermuten, annehmen
משפּחה [ú] *f. A.* Familie
משפּט *m.* Urteil. ~ען richten
משפּיע זײַן 4 beeinflussen
משקה *f. A.* Getränk; Branntwein

משרת *m.* משרתים [o] Diener
משתּדל זײַן ז' 4 intervenieren
מת *n.* מתים Toter; Leichnam
מתודה זײַן ז' [w] 4 eingestehen
מתיקות *n.* Süßigkeit *(bildl.)*
מתּיר זײַן 4 erlauben *(relig.)*
מתכּוון זײַן ז' [w] 4 die Absicht ... richten
מתנגד *m.* ~ים *Nichtchussid, Chssidimgegner*
מתּנה *f. A.* Geschenk
מתפּלל זײַן 4 beten
מתרעם זײַן [á'é] 4 murren

נ

נאַ *pl.* נאַט(ס) *int. beim Geben, Darreichen einer Sache*
נאָ *int.* nun, also
נאָגעל [ú] *m. D.* Nagel *(am Körper)*
נאָגען [ú] nagen
נאָדעל *f. C.* Nadel
נאָז *f. D. E.* Nase
נאָך *ad.* noch
נאָך *pr.* nach. *ad.* [נאָכ] – ~גײן nachgehen. ~מיטאָג [a:'] *m.* Nachmittag; Jause. ~װײען *n. C.* Nachwehen. ~זאָגן nachsagen. ~טאָן 3 nachmachen. ~טראָגן 3 nachtragen. ~לויפֿן 3 nachlaufen. ~מאַכן nachahmen. ~פֿרעגן ז' sich erkundigen. ~קלערן nachdenken. ~קרימען ז' nachäffen, nachmachen
נאַכט *f. D.* Nacht
נאָל *f. C.* Ahle
נאמנות *n.* Treue
נאָמען [ú] *m. D.* Name
נאָענט (נאָענט) nahe. ~קייט *n.* Nähe
נאַס naß

נאַפט *n.* Petroleum
נאַקעט nackt; ~ערהײַט *ad.*
נאַר [a:] *m.* נאַראָנים [ù:'] Dummkopf
נאָר *kj.* aber, sondern. *pr.* nur. ~ וואָס [ù:'] *ad.* soeben
נאַריש [a:] einfältig, dumm. ~קײַט *n.* Einfalt, Dummheit, Unsinn. נאַרן [a:] täuschen
נאַשן naschen. נאַשער *m. A.* Naschhafter
נבֿהל וְנשתּומם ווערן [wi wė] 5 in Erstaunen, Bestürzung geraten
נבֿיא [ù] *m.* נבֿיאים Prophet. נבֿיאות *n. G.* Prophezeiung
נבֿלה *f. A.* Aas
נגיד [ù] *m.* נגידים Reicher, Mächtiger. נגידיש reich, vornehm. נגידית *f.* נגידות *u.* נגידיתטע [i:'] *f. A.*
נדבֿה [ù] *f. A.* Almosen
נדוניא [j] *f. A.* Mitgift. נדן *m. A. u.* נדן *m. C* Mitgift
נדר *m.* נדרים Gelübde
נהנה זײַן [ón] 4 genießen (זכות)
נו *int.* nun, also
נואף *m.* Ehebrecher, Lüstling
נוגע [æi'é] *pr.* betreffend, bezüglich
נודנע *u.* נודיען = נודישען. langweilig. נודיען 2 langweilen, anöden
נוהג זײַן ז׳ 4 gewohntermaßen tun
נוטה זײַן 4 neigen, geneigt sein
נויט *f. C.* Not, Notfall. ~באַ־דערפֿטיק [oi'] arm, bedürftig
נון *f. C. vierzehnter Buchstabe des Alphabets*

נוס *f. D.* Nuß
נוסח *m.* נוסחאות Weise; Methode; Melodie
נוצן benutzen, gebrauchen, verwenden
נוקם זײַן ז׳ 4 sich rächen
נושׂא חן זײַן [æi'] 4 Anklang finden, gefallen
נחמה [ù] *f. A.* Trost, Tröstung
נחת *n. C.* Freude, Vergnügen
נטיה [i:'ė] *f. A.* Neigung
ניאַניע *f. A.* Kinderfrau
נבֿול־פּה [é'] *m.* zynische Worte
ניגון (נגון) *m.* ניגונים (נגונים) Melodie. ניגונען *imm. zu* ניגעלע
נידער *f.* Tiefe. ~יג niedrig; klein (*Wuchs*); gemein. ~ן niedersteigen, herabkommen
ניחא *a. präd.* lieb, recht
ניט *ad.* nicht. ~ ווערן verschwinden. ~ קײַן *u.* ~ … קײַן nicht; kein. ניטאָ [ù:'] nicht vorhanden
ניטל Weihnachten
נײַ neu. אויפֿס־נײַ *u.* פֿונס־נײַ *u.* איבער־אַ־נײַעם [á'] *ad.* wieder
נײַטאָרין [æi'] *f. A.* Näherin, Schneiderin
נײטיק nötig, notwendig. ~ן ז׳ notwendig haben, bedürfen, brauchen. ~קײַט *n.* Notwendigkeit
נײטיקן zwingen
נײַן neun
ניין nein
נײען nähen
נײַעס *n. C. u.* ~ *pl.* Neuigkeit
ניכטער nüchtern
ניסן *m. jüd. Monat (März-April)*

נִיסען 3 niesen
ניצול ווערן 5 gerettet werden, Rettung finden
נִיצוֹץ m. Funke *(bildl.)*
נישט *ad.* nicht. ~ ווערן verschwinden. ~ קײן u. ~ ... קײן nicht; kein. נישטאָ [ů:'] nicht vorhanden. ~ניג umsonst(ig), eitel, unnütz
נישטערן durchsuchen, durchwühlen
נישקשה *a. präd. u.* ~דיג *a.* passabel, ziemlich
נִכּר *a. präd.* bekannt, erkennbar
נִמאס *a. präd.* überdrüssig, zum Ekel
נִמשל *n.* tertium comparationis
נֵס *n.* נִסים Wunder
נִסָיון *m.* נִסיונות Versuchung, Prüfung
נְסִיעה *f. A.* Reise
נֶסך *m.* Wein, *der nicht* כָּשר *ist*
נִסתלק ווערן 5 verscheiden
נע־וָנָד [a'd] *a. präd.* unstät
נעבֵרה *f. A.* Sünde
נעבעך *ad.* leider, bedauerlicherweise, ja
נעגעליך *pl.* Gewürznelken
נעילה *das letzte Gebet am* יום־כּיפּור
נעכטיגען übernachten
נעכטען gestern
נֶעלם ווערן [é] 5 verschwinden
נעמען 3 nehmen. ~ זיך (צו ...) anpacken, beginnen
נעסט *n. C.* Nest. ~ען nisten
נעסטעל *f. C.* Nessel *(Tier)*
נעפּעל *m. C.* Nebel
נעץ *f. C.* Netz
נעץ *f. C.* Nässe. נעצען naß machen

נִפטר *m.* נִפטרים Dahingeschiedener. ~ ווערן 5 verscheiden
נפקא־מינה [a'] *f. A.* Unterschied
נֶפש *n.* נְפָשות Seele = Person; *hba.* Seele
נִצחון [ů] *m.* נִצחונות Sieg
נְקֵבה *f. A.* Frauenzimmer
נְקודה *f. A. hba.* Vokalzeichen
נְקָמה [ů] *f.* Rache; Genugtuung
נֵר־תָּמיד [ů'] *n.* das ewige Licht *(in der Synagoge)*
נָשים *pl. zu* אִשה
נְשָמה [ů] *f. A.* Seele
נִשרף *m.* נִשרָפים [ů] Abbrändler
נִתפּעל ווערן 5 sich entzücken

ס

סאָד *m. E.* Garten
סאָווע *f. A.* Eule
סאַזשע *f.* Ruß
סאָלאָוײ [œi'] *m. C.* Nachtigall
סאַמע *ad.* sehr, meist-, höchst-; bloß, nur; gerade
סאַמעט *m.* Samt
סאָסנע *f. A.* Fichte, Tanne
סאָפּען 2 keuchen
סאָק *m.* Saft
סאַרווער *m. A. G.* Aufwärter, [Kellner
סְבִיבה *f. A.* Umgebung, Milieu
סַבלן *m.* סַבלָנים Geduldiger
סְבָרה *f. A.* Annahme, Meinung
סגולה *f. A.* Fähigkeit, Bestimmung, Hilfsmittel
סֵדר *m.* Ordnung, Reihenfolge; *das Abendfest der zwei ersten* פּסח*-Tage*
סְדרה *f. A.* Wochenabschnitt *(der sabb. Thoravorlesung)*

סובל זײַן 4 dulden, tragen, ertragen

סוד [o] *m.* סודות Geheimnis. סודען זיך 2 geheim tun, mit einander flüstern

סוחר *m.* סוחרים [o] Kaufmann. סוחרערײַ [o, á'] *n.* Kaufmannstätigkeit

סוכּה (סכּה) *f. A.* Laubhütte. סוכּות *m.* Laubhüttenfest

סומך זײַן זיך sich stützen, gründen *(bildl.)*

סוף [o] *m.* Schluß, Ende. כּל סוף ~ *ad.* schließlich, endlich

סותר זײַן 4 widersprechen, ausschließen

סחורה *f. A.* Ware

סטאַדע *f. A.* Herde

סטאָליער *m. B.* Tischler

סטאַרען זיך 2 sich bemühen

סטײַטש *int.* Was soll das bedeuten?

סטעזשקע *f. A.* Weg, Pfad

סטעליע *f. A.* Zimmerdecke

סטענגע *f. A.* Band *(bei Kleidung)*

סטראַשידלע [a'] *f. A.* Drohung; Vogelscheuche. סטראַשען 2 erschrecken, drohen

סטרוזש *m. B.* Hauswart, Portier

סטרונע *f. A.* Saite

סיבה (סבה) *f. A.* Ursache, Grund; Unfall

סידור *m.* סידורים *(jüd.)* Gebetbuch

סיון [w] *m. jüd. Monat (Mai-Juni)*

סיום *m. Feier bei der Beendigung d. Studiums eines Talmudtraktats*

סײַ — סײַ *kj.* sowohl — als auch

סײַדען *kj.* außer. סײַ־ווײסײַ (סײַ ווי סײַ) [.. sá'] *ad.* auf jeden Fall, wie dem auch sei; so wie so

סימן *m.* סימנים Zeichen

[סך] — ~ אַ viel; ~ ניט קײן nicht viel. ~־הכּל [schakt, sěchakt] *m.* Summe; *ad.* im ganzen, alles in allem, zusammen; überhaupt

סכום *m.* Summe

סכך *n.* Laubdecke *der* סוכּה

סכּנה *f. A.* Gefahr. סכּנת נפֿשות *int.* schrecklich, fürchterlich

סכסוך [P. 16] *m.* סכסוכים Zwist, Streitigkeit, Wirren

סלופּ *m. B.* Pfahl

סליחות *pl. gew. Bußgebete*

סלינע *f.* Speichel

סם *m.* Gift. סמען vergiften

סמאַרק *m. B.* Rotznase. ~אַטע [a't] rotznasig. ~אַטש *m.* Rotznase

סמך *u.* סמך *m.* Grundlage

סמך *f. C. fünfzehnter Buchstabe des Alphabets*

סמעטענע [me'] *f.* Sahne

סנאָפּ *m. B.* Garbe

סנדק *m.* Gevatter, *der das Kind bei der Beschneidung hält*

סעמעטשקע [se'] *f. A.* Sonnenblumenkern

סעודה [sI:] *f. A.* Festmahl

סערפּ *m. B.* Sichel

סערצע *infl.* mein Herz! Teurer, -e!

ספּאָדניצע [o'] *f. A.* (Frauen-)Unterrock

ספּאָדעק *m. B. (jüd.)* Männerhut

ספּאַזמע *f. A.* Krampf

ספֿירה *f. die sieben Wochen zwischen* פּסח *und* שבֿועות

ספֿק [û] *m.* ספֿקות Zweifel. ספֿקען 2 zweifeln

סֵפֶר *n.* סְפָרִים *zur jüd.-relig. Literatur gehöriges* Buch; Thora-Rolle. ~־תּוֹרה [oi'] *f. A.* Thora-Rolle

סקאַצעלקומט [o'] *int.* willkommen! *(zu Frauen)*

סקוטשנע *a. präd.* langweilig

סקריפּען 2 knarren

סראָקע *f. A.* Elster

סרחענען [a'] 2 stinken

סתּירה *f. A.* Widerspruch

סתם *ad.* schlechthin

ע

עֲבוֹדה־זָרה [u:'] *f. A.* Götzendienst

עֲבֵרה (עבירה) *f. A.* Sünde

עָבַר [ú] *m.* Vergangenheit

עִבְרי *f.* Hebräischlesen; Elemente

ענבער *m.A.* Bohrer. ~ען bohren

עֲגוּנה *f. A.* vom Mann verlassene Frau

עֵגל *n.* das (goldene) Kalb

עָגמת־נֶפֶש [é'] *n.* Kummer

עַד־הַיום [ha:'] *ad.* bis heute

עֵדה *f. A.* Gemeinde, Gruppe

עֵדות *m.G.* Zeuge. *n.G.* Zeugenaussage, Zeugnis

עובֿדא *f. A.* Beschäftigung, Aufgabe

[עוֹבֵר] ~ בָּטֵל זײַן - [ü:'] 4 durch Alter abgetan sein. ~ זײַן 4 übertreten, sündigen

עול [o] *n.* Joch

עַוְלה (עוולה) *f. A.* Unrecht

עולה זײַן 4 *zur Thoravorlesung zum* באַלעמער hinaufsteigen

עולם *m.* Publikum, Gesellschaft, Leute. ~־הַבּא [a'] *m.* zukünftige Welt, Jenseits. ~־הַזה [a'] *m.* Diesseits. ~־הַתּוהו *m.* Chaoswelt *d. irrenden Toten*

עוסק זײַן 4 sich beschäftigen

עוֹף [o] *n.* עוֹפוֹת Huhn; Geflügel

עוקר זײַן 4 vernichten, ausrotten.
עוקר מִן הַשורש זײַן 4 (mit der Wurzel) vernichten, ausrotten

עושר *m.* עֲשירים reicher Mann

עַזות *n.* Frechheit. ~דיג frech. ~ פָּנים [a'] *n. E.* Frechling. ~קײט *n.* Frechheit. ~מְחוּצף־ פָּנים [I'] *n. E.* Unverschämter

עט *int.* bah, ja, na

עטליכע *p.* einige, etliche

עָטעמען atmen

עיבּור־יאָר (עבור) [i'] *n. C.* Schaltjahr

עילוי *m.* עילוּים [jem] Genie, Wunderkind, hervorragender Talmudjünger

עַין [jé] *f. A. sechzehnter Buchstabe des Alphabets*

עַין־הָרע [ainèhorè, anèho'rè] böser Blick, Behexung

עיקר (עקר) *m.* Hauptsache. ~ דער־ *u.* דער־עיקרשט *ad.* hauptsächlich

עַל־כָּל־פָּנים [ù:'] *ad.* jedenfalls.
עַל־פִּי *pr.* nach, gemäß

עלטער *f.* Alter. ~באָבע [e'ł] *f. A.* Urgroßmutter. ~זיידע [e'ł] *m. A.* Urgroßvater

עֲליה [jé] *f. A.* Hinaufsteigen *auf den* באַלעמער *zur Thoravorlesung*

עָליו הַשָלום *u.* עָליהָ הַשָלום *int.* Friede mit ihr *u.* ihm! *(von Toten)*

עֲלילת־דם [a'm] *n.* Blutverleumdung *(des Ritualmords)*

עלענט *n.* Einsamkeit; *a.* einsam

עַם־הָאָרֶץ [ù:'] *m.* עַם־הָאָרצים [mra'] Unwissender, Ungebildeter *(bes. in jüd. Wissen).* עַם־הָאַרצוּת [mra'] *n.* Unwissenheit usw. עַם־הָאַרצישׁ [mra'] unwissend usw.

עַמוּד [ù] *m.* Vorbeterpult. ~ *m.* עַמוּדִים Kolumne, Seite

עמעץ *u.* עמעצער *p.* jemand

עמער *m. A.* Eimer

ענג eng; bedrückt. ~שאפט *n.* Enge

ענדיגען beenden

ענטפער *s.* ענפער

עָנָו (עניו) [w] *m.* עֲנָוִים [û'w] Bescheidener, Demütiger. עֲנִיוּת [wès] *n.* Bescheidenheit, Demut; ~דיג bescheiden, demütig

עָנִי *m.* עֲנִיִּים [jèm] Armer

עִנְיָן [jèn] *n.* עִנְיָנִים Angelegenheit

עָנפֿער [e'n] *m. C.* Antwort. ~ען antworten

עסיג *m.* Essig

עסן 3 essen. עסענװארג *n.* Speise(n)

עֵסֶק *n.* עֲסָקִים [ù] Angelegenheit עסקן *m.* עסקנים öffentlich Tätiger, Politiker

עפּעל *m. G.* Apfel

עפֿענען öffnen

עפּעס *p.* etwas; *Verstärkung des Artikels; ergänzendes Objekt*

עצה *f. A.* Rat, Ratschlag

עצם *m.* Kern, Wesen

עק *n. C.* Ende

עקעדיג edig

עֲקָרָה *f. A.* Kinderlose, Unfruchtbare

עַקְשָׁן *m.* עַקְשָׁנִים Eigensinniger, Starrkopf. עַקְשָׁנוּת *n.* Starrsinn, Eigensinn

עָרֵב *m.* עֲרֵבִים Bürge. עָרֵב זיין 4 bürgen

עֶרֶב *pr.* am Vortag (-abend) von. ~ יום־טוב [jo'] *m.* Festtagsvorabend, -vortag. יום־כיפור ~ [ki'] *m.* Versöhnungsvortag. ~ שבת [a'] *m.* Sabbatvortag.

ערגסט schlechtest. ערגער schlechter ערגעץ *ad.* irgendwo. ניט ~ אין *ad.* nirgends

ערד *f.* Erde, Boden

[עֲרָך] ~ אַן *ad.* ungefähr. ~ לפֿי [ó'] *ad.* verhältnismäßig

עָרֵל *u.* עָרֶל [ó] *m.* עֲרֵלִים Unbeschnittener, Nichtjude

ערליך ehrlich; ehrenhaft; anständig; fromm. עֶרְלִיכקײַט *n.* Ehrlichkeit usw.

ערענסט ernst. ~קײט *n.* Ernst

ערשט *ad.* erst; *num.* erst. ~ענס erstens

עֲשִׁירוּת *n.* Reichtum

עת צָרה [û:'] Zeit der Not; schwere Tage

עָתִיד *m.* Zukunft

פ

פּ *u.* פֿ *f. C. siebzehnter Buchstabe des Alphabets*

פּאָדלאָנע (פּאַדלאָנע) [po'] *f. A.* Fußboden

פֿאָדעם *m. D. E.* Faden; Zwirn

[פֿאָדער] ~ -- נישט *a. präd.* unerfreulich, unangenehm

פֿאָדער Vorder-

פֿאָדערען fordern, verlangen

פֿאדערשט *a.* vorderst

פאדעשווע [dɵ'] *f. A.* Sohle

פאדקאווע [ko'] *f. A.* Hufeisen

פּאה *f. A.* Schläfenlocke

פאוואליע *u.* ~טשקע [o'] *ad.* langsam

פאווידלע [o'] *f.* Apfelmus

פאטיק [o'] *m. B.* Bach

פֿאָטער *f. A.* Vater. ~שטול *m. C.* Lehnstuhl

פאַטש *m. D.* Schlag; Maulschelle. ~ען klatschen; schlagen

פאטשט *f. C.* Nachricht, Neuigkeit

פֿאַטשײלע [æi'] *f. A.* Tuch ***(Kleidungsstück)***

פאיאַץ [o'] *m. C.* Spaßmacher

פאַכווע *f. A.* Achselhöhle

פֿאכען wedeln, fachen, schwenken, fächern. פֿאכער *m. A.* Fächer

פאַלאַץ [ła'] *(u.* פּאַלעץ a') *m. C.* Palast

פֿאַלב *f. C.* Falte

פֿאלגען *tr.* folgen, gehorchen

פֿאַלד *f. C.* Falte

פאליאַק [o'] *m. C.* [a'] Pole

פאליצע [o'] *f. A.* Sims, Schrankfach

פאָליש *s.* פְּלוש

פאַלמעסען [a'] sezieren

פאלע *f. A.* Rockzipfel

פֿאלק *n. E.* Volk, Nation

פֿאַלש falsch. ~עווען *2* fälschen

פאַן *m. B.* Herr, ***(nichtjüd.)*** Adeliger

פֿאַן *f. C.* Pfanne

פֿאָן *f. C. E.* Fahne

פֿאַנאַנדער *s.* פֿונאַנדער

פאַנטאפֿעל *m. D. G.* Pantoffel

פֿאניע *m. A.* Russe ***(Spitzname)***

פֿאנפֿעוואַטע schnaufelnd

פאַס *m. B. C.* Streifen; Gürtel

פאס *m. E.* Paß

פֿאַס *n. E.* Faß

פֿאַסאליע [o'] *f. A.* Bohne

פאסט *f.* Post

פאַסטעך *m. F.* Hirt, Schäfer

פֿאַסטען fasten

פאסטקע *f. A.* Falle

פאַסיג passend. פאַסען passen

פאַסקודניצע [I'] *f. A.* ***zu*** פאַסקודניק *m. B.* abscheulicher, widerwärtiger Mensch. פאַסקודנע widerwärtig, ekelhaft

פאַפּיר *n. C.* Papier

פאפעגײ *m. C.* Papagei

פאָפֿען [ů] *1, 3* schlafen ***(spött.)***

פאַק *m. D.* Packen

פֿאקום *m. C.* Hokuspokus

פֿאַקט *m. C.* Tatsache. ~יש tatsächlich

פֿאַקטער [a'] *m.* פאַקטוירים [oi'] Verwalter, Faktor

פאַקען packen, einpacken

פאקען *pl.* Pocken; *1* blatternkrank sein

פֿאַר *pr.* vor; für; ***kj.*** als. ~ – װגען *pr.* für

פּאָר *n. C.* Paar. *p.* paar

[פֿאַר] – ~אומערט traurig. ~איאָריג [ů:'] vorjährig. ~איאָרען [ů:'] *ad.* im vorigen Jahre. פֿאַר־אכטאָגען [ů'] *ad.* vor einer Woche. ~אַן *u.* ~אַנען vorhanden

פֿאַרב *f. C.* Farbe

[פֿאַר] – ~באַהאַלטען *3* verbergen. ~באָט *n. C.* Verbot. ~באָרגען *a.* verborgen. *1* verleihen. ~בײַ *ad.* vorbei. ~בײַגען *3* sich nicht kümmern, vernachlässigen, im Stiche lassen

~בײַטען 3 austauschen, verwechseln. ~בײַסען 3 *zum Trinken* dazuessen. ~בלאָטיגען schmutzig, kotig machen. ~בלאָנדזשעט ח' 5 *u.* ~בלאָנדזשען 2 sich verirren. ~בלענדען verblenden. ~בעטען 3 einladen

פֿאַרבען färben

[פֿאַר] — ~בענקען ז' Sehnsucht bekommen, sich sehnen. ~ברײַ־טערען erweitern. ~ברײַען ז' sich verbrennen. ~ברעכען 3 ringen *(d. Hände)*. ~ברענט ח' 5 verbrennen *intr.* ~ברענען verbrennen *tr.* ~גײַען 3 aufgehen (in). ~גינען 3 vergönnen. ~גלוסטען ז' Gegenstand des Wunsches sein. ~גליווערט ח' 5 erstarren. ~גלײַזט starr, stier *(Augen)*. ~גנבֿענען ז' [a'] 2 sich stehlen. ~געבען 3 stellen *(Frage)*. ~געניגען *u.* ~ני *n. A.* Vergnügen, Freude. ~געסען 3 vergessen. ~גרײַזען unrichtig, fehlerhaft machen. ~גרעבט verpöbelt. ~דאגה'ן ז' [ág, ång] 2 in sorgenvolle Gedanken verfallen. ~דאַרבען 3 verderben. ~דאַרט ח' [a:] 5 verdorren, dürr werden. ~דולען betäuben; vollschwätzen. ~דומפּען dumpf. ~דושען 2 ersticken (*tr.*). ~דײַען verdauen. ~דינגען 3 vermieten. ~דינסט *m. C.* Verdienst. ~דינען verdienen. ~דראָס *m.* Verdruß. ~דראָסיג verdrießlich. ~דרײען verdrehen; ז... sich verstricken. ~דריסען 3 verdrießen. ~האַלטען 3 auf-, festhalten. ~האַמערען fest zuschließen. ~האַן *u.* ~האַנען vorhanden. ~האָפֿען hoffen. ~האַרטען verhärten. ~הוילען *a.* verborgen. ~היטען schützen, beschützen. ~הענגען ver-, überhängen. ~הערען prüfen, examinieren. ~װאָגעלט ח' [ů] 5 irren, verschlagen werden. ~װאָס warum. ~װאַקסען bewachsen. ~װאָרלעסט verwahrlost. ~װאַרפֿען 3 überschütten; verzaubern. ~װיאַלען 2 verwelken. ~װיאַנען 2 verwelken. ~װיסטען verwüsten. ~װעטען ז' e. Wette eingehen. ~װעלען ז' Gegenstand d. Wunsches sein. ~װערען verwehren

פֿאָרױס [ů:'] *ad.* vor, voraus, vorwärts

פּאַרוק *f. C.* (jüd. Frauen-)Perücke

[פֿאַר] -- ~זאָגען [ů] verbieten. ~זאַלצען *1, 3* versalzen. ~זאָרגען versorgen. ~זאָרגער *m. A.* Versorger, Schützer. ~זוימען ז' sich verzögern, sich aufhalten. ~זוכען kosten *(Speise)*. ~זונקען ח' 5 versinken. ~זײען säen. ~זינ־דיגען ז' sündigen. ~זיצען 3 sitzen bleiben (= nicht heiraten). ~זעעניש *n. C.* Mißgeburt. ~זעצען verpfänden. ~זשאַװערט ח' 5 rosten

פֿאַרזשעך *m. F.* Pfirsich

פֿאַרחתמענען [cha'] 2 versiegeln

פֿאַרט *ad.* doch

[פֿאַר] — ~טאָג *ad.* im Morgengrauen. ~טאָן = ~טון. ~טומלען verwirren. ~טון beschäftigt, vertieft

פֿאַרטיג fertig

[פֿאַר] — ~טײַבען betäuben. ~טײַ־טשען übersetzen; erklären. ~טײַ־לען *tr.* nicht beteilen; ד' ... schlecht austeilen. ~טילינגען vertilgen

פֿאַרטעך *n. F.* Schürze

[פֿאַר] — ~טראָגען *3* tragen, dahintragen. ~טראַכטערהײט *ad.* in Gedanken; ~טראַכטען ד' in Gedanken versinken. ~טרויערט traurig. ~טרײַבען *3* vertreiben. ~טרינקען *3* ertränken. ~טרונקען ו' *5* ertrinken. ~טרענקען *3* ertränken. ~טשאַדען *2* betäuben *(v. Dunst)*. ~טשעפּען *2* verstricken. ~איבעל האָבען (איבעל) übelnehmen. ~יתומט verwaist; einsam

פּאַרך (פּאַרעך) *m. B.* Grind; einer, der G. hat; *Schimpfwort*

[פֿאַר] — ~כאַפּען erwischen, in Besitz nehmen. ~כּישופֿען [i'] bezaubern. ~לאָזען *1, 3* verlassen; wachsen lassen *(Haar)*. ד' ... sich verlassen. ~לאַנג *m. C.* Wunsch, Verlangen. ~לאַנגען verlangen. ~לאָשען ו' *5* erlöschen. ~לויפֿען *3* geschehen, vorkommen; an-, unterlaufen. ~ליב fürlieb. ~לײגען zusammenlegen. ~לײַען *3* verleihen. ~לײקענען verleugnen. ~לירען *3* verlieren. ~לעבען verbrauchen *(Geld)*. ~לעגערט *a.* nicht mehr frisch. ~לעשען *3* löschen, verlöschen (*trans.*). ~מאָגען [ụ] haben, besitzen. ~מאַכען schließen, zumachen. ~מוטשען *2* abquälen. ~מיאוסען den Geschmack an ... verderben. ~מישען vermischen. ~מעג *m.* Vermögen, Besitz. ~מעגען *n. A.* Vermögen, Besitz; *1* besitzen, haben

פּאַרמעט [a'] *n.* Pergament. ~ען pergamenten

[פֿאַר] — ~מעסטען ד' sich unterfangen, wagen. ~משפּטען verurteilen. ~נאַכט *ad.* abends; *m. C.* Abend; ~נאַכטיג abendlich. ~נאַרען [a:] verlocken. ~ניצען verbrauchen. ~נעמען *3* in Besitz nehmen; umfassen (*intrans.*); vernehmen. ד' ... sich beschäftigen. ~סאַפּעט *a.* außer Atem, schnaufend, keuchend. ~סמען vergiften. ~סרחענען [a'] *2* verstinken

פּאַרע *f. A.* Dampf, Dunst

פּאַרעווע [a'] *a.* *weder* מילכיג, *noch* פֿלײשיג

פּאַרען ד' *2* sich eifrig bemühen

פּאָרען paaren

פֿאָרען *3* fahren

פֿאַרענדיגען beenden

פֿאַרענט *ad.* vorne

[פֿאַר] — ~ענטפֿערען beantworten; rechtfertigen. ~פֿאַלען ו' *5* verloren, zugrunde gehen

פּאָרפֿאלק [o'] *n. C. E.* Ehepaar

[פֿאַר] — ~פֿאַסטען vor dem Fasten essen. ~פֿאָרען *3* fahren, hinjahren. ~פֿוילט ווי' u. ~פֿוילען 5 verfaulen. ~פֿירען führen. ~פֿליִען 3 (hin-) fliegen. ~פֿול [I'] ad. ganz voll. ~פֿלייצען überschwemmen

פֿאַרפֿעלכל pl. Fleckchen (Speise)

[פֿאַר] — ~פֿעלען fehlen. ~פֿרי ad. zu früh. ~פֿריִרען 3 erfrieren. ~פֿרעמדען זי' sich entfremden. ~צאָגט [ů] verzagt. ~צאַפּעלט הי' 5 erschrecken, erstarren. ~צוקען zerreißen. ~צײַ-טיש einstig. ~צײַטיגנם ad. einst. ~צייִלען erzählen. ~ציִען 3 hinausschieben; זי' ... sich verzögern; sich bedecken, sich überziehen. ~קאַטשען 2 aufkrempeln. ~קילען זי' sich erkälten. ~קליִנגען 3 übertönen. ~קלעקען verschmieren. ~קלערען זי' nachdenklich werden, nachdenken. ~קניפּען verknüpfen. ~קנסען verloben. ~קנעטען 3 kneten

פֿאַרקען m. A. Holzzaun

[פֿאַר] — ~קערט a. im Gegenteil. ~קערעווען 2 umkehren. ~קריכען 3 abschweifen. ~רופֿען 3 berufen. ~רינגלען u. ~נ verriegeln. ~ריכטען [P. 16] aus-, verbessern. ~רעדען mit Wortschwall überschütten; זי' ... sich im Reden vergessen. ~שאַרט [a:] eigensinnig. ~שוואונדען הו' 5 verschwinden. ~שוואַרצט הו' 5 Unglück leiden; ~שוואַרצען Schande zufügen. ~שוועכען entweihen. ~שווערען זי' 3 sich zuschwören, nicht ...

פֿאַרשווין m. C. Person, ansehnliche Persönlichkeit; Passagier

[פֿאַר] — ~שולדיגען זי' sich schuldig machen. ~שטאָפּען verstopfen. ~שטומט הי' 5 verstummen. ~שטופּען wegstoßen. ~שטייִנגען steinigen. ~שטייִען 3 verstehen. ~שטעלען in den Weg stellen; זי' ... sich maskieren; sich verwandeln. ~שטערען verstören. ~שידען verschieden. ~שיטען 1, 3 überschütten. ~שיי-דען verschieden. ~שײַט frech. ~שיכורען [i'] trunken machen. ~שילטען 3 verfluchen. ~שלאָפֿען [ů] a. verschlafen. ~שליִסען 3 zusperren. ~שמאַכט הי' 5 verschmachten. ~שמיצען schlagen. ~שמירען verschmieren, beschmutzen. ~שעלטען 3 verfluchen. ~שעמען beschämen; זי' ... von Schüchternheit befallen werden. ~שפּאַרען [a:] versperren. ~שפּאָרען sich ersparen (v. Tätigkeiten)

פֿאַרשפּיל n. C. Festlichkeit am Sabbatende vor der Hochzeitswoche

[פֿאַר] — ~שפּילען verspielen; unterliegen. ~שפּיליען 2 zuheften; zuknöpfen. ~שפּעטיגען verspäten. ~שפּרייטען verbreiten. ~שרײַבען 3 aufschreiben. ~שרײַען 3 überschreien

פּאַשע f. A. Weide. ~ן 2 weiden

פְּגִימָה f. A. Scharte; Makel

פְּגִירָה f. Krepieren. פֶּגר m. פְּגָרִים Aas. פֶּגרען [gĕ] krepieren

פּודעלע [i'] n. H. Büchse, Dose

פוטער *f.* Butter

פוטער *m. A.* Pelz, Pelzwerk, Pelzmantel. פוטערן *a.* Pelz-

פויגל *m. D.* Vogel. ~־מילך *eine unmögliche Sache*

פויל faul

פויל *m. C.* Pole. פויליש polnisch. פוילען Polen

פוילען faulen

פוילען ז׳ faul sein

פויער *m. C.* פויערים Bauer. ~יש bäuerlich, bäuerisch

פויפס *m. C.* Papst

פויק *f. C.* Trommel. ~ען trommeln

פול voll. ~ זײַן voll sein; überall sein

פולווער *n.* Pulver

פון von. פונאַנדער auseinander. *Zusammensetzungen mit* פונ *siehe unter dem Hauptbegriff*

פונט *n.* Pfund

פונק *m. C.* Funke

פונקט *m. C.* Punkt. *ad.* grade

פוס *m. D.* Fuß; Bein

פוסט leer, hohl. ~און פאס (פוסטעפאס) *ad.* ohne Beschäftigung. ~עניש *n. u.* ~קײַט *n.* Leere, Hohlheit

[פועל] — ~ זײַן *4* bewirken. ~־יוצא [joi'] *m. A.* Resultat. ~ען bewirken, erreichen

פופעק *m. B.* Geflügelmagen

פופציג fünfzig. פופצען fünfzehn

פוצען putzen

פוקס *m. C.* Fuchs

פור *f. C.* Wagen

פורים *m. ein Fest*

פורעם [P. 21] *m. A.* Gußform, Form

פושקע *f. A.* Büchse

פושע־ישׂראל [pošė] *m.* פושעי־ישׂראל [pošė] (jüd.) Sünder

פותיקי [oi'] *f. A.* Schatz, Geldmenge

פּחד *m.* Entsetzen, Schreck. פּחדן *m.* פּחדנים Feigling. פּחדנות *n.* Feigheit

פּטור *a. präd.* los, ledig. פּטירה *f.* Dahinscheiden, Tod. פּטרניש *n.* Loswerden. פּטרען [tĕ] los, ledig werden

פּיאַווקע [pi:'] *u.* פּי [pj] *f. A.* Blutegel

פּיאַטע [j] *f. A.* Ferse

פֿידלען geigen. פֿידלער *m. A. G.* Geigenspieler. פֿידעל *m. C.* [Geige

פּיזעם *m.* Bisam

פֿײַ *m.* Fehpelz

פֿײַג *f. C.* Feige. שטעלען א ~ *e. höhnende Gebärde machen*

פֿײַכט feucht. ~קײַט *n.* Feuchtigkeit

פֿײַל *f. C.* Feile

פֿײַל *m. C.* Pfeil. ~ פון בויגען *ad.* pfeilschnell. ~ענבויגען *m. A. G.* Bogen

פּײַן *f. C.* Pein, Leid

פֿײַן fein. פֿײַנקײַט *n.* Feinheit

פֿײַנט האָבען hassen

פּײַניגען quälen; foltern

פֿײַער *n. C.* Feuer; ~דיג feurig

פּײַערטע *f. A.* Bäuerin

פֿײַפען *1* pfeifen

פּײַקלען trommeln. פּײַקלער *m. G.* Trommler

פּיל ad. wieviel
פּילדערען lärmen
פילוסוף [i'f] m. C. Philosoph
פּלאים - פּלי pl. Wunder über Wunder
פילמיסקע [pi'] f. A. Schüssel
פּילעווען 2 pflegen, hüten
פּילען füllen
פּילען fühlen
פינגער m. G. Finger; Zehe
פינגערל n. H. Ring
פינטלען mit Punkten versehen; zwinkern, winken. פינטעל n. H. Punkt
פינסטער finster. ~נייש n. C. Finsternis
פינעף (פינף) fünf
פינקלען funkeln
פיסטויל f. C. Pistole
פיסק m. B. Maul, Mund
פיעסטען u. פיעשטשען 2 pflegen, [zärteln
פּיפט fünft
[פּיפּס] — טון ~ א e. Laut von sich geben
פיצעל n. H. Stückchen
פיקען picken, aufpicken
פיר vier
פיר ad. vor. ~האנג m. C. Vorhang. ~הויז n. Korridor. ~זאגען vorsagen. ~טרעפ pl. Vortreppe. ~לייענען vorlesen. ~ניעמען ד sich vornehmen
פירען führen. פירער m. G. Führer
[פיר] — ~שטעלען darstellen. ~שפרעך m. F. G. Fürsprecher
פיש m. G. Fisch. ~ען fischen
פישטשעווקעס [i'] pl. Einzelheiten, Dazugehöriges

פלאג [û] f. C. Plage. ~ען plagen
פלאטערען beben
פלאטשיג flach, beschränkt
פלאכטע f. A. Plane
פלאם f. C. Flamme. פלאמען glühen, brennen. פלאמפייער n. Feuer, Lohe; ~דיג feurig, lodernd
פלאן m. C. E. Plan
פלאנטען 2 schwer bewegen
פלאנטערען ד sich verwickeln
פלאנץ f. C. Pflanze. פלאנצען pflanzen
פלאסטער n. Pflaster *(mediz.)*
פלאספעדער [o'] f. C. Flosse
פלאפלען schwätzen
פלאצען platzen, zerspringen
פלאקען m. E. Knüppel
פלאקערען flackern
פלאש f. C. E. Flasche
[פלונ] ~ — אין ad. im Augenblick
פלודערען pl. Hosen
פלוי f. D. Floh
פלויט m. C. Zaun
פלוים f. C. Pflaume
פלומפ f. C. Pumpe, Brunnen
פלוניתטע f. A. Gattin *(Spitzname)*
פלוצים ad. plötzlich
פלוצלונג ad. a. plötzlich
פּלוש m. Vorhalle d. Synagoge
[פּלֵטה (פליטה)] — ~ מאכען fliehen
פליאטקע f. A. Klatsch, Intrige
פליג u. פליג f. C. Fliege
פליגעל u. ~ג m. C. G. Flügel
פליט m. B. Floß
פלייט f. C. Flöte
פלייצע f. A. u. pl. Rücken, Schultern
פלייצען strömen

פלײש *n. C.* Fleisch. ~יג *a. in ritueller Hinsicht wie Fleisch zu betrachten*

פלימעניצע [ljimo'] *f. A.* Nichte. פלימעניק [~] *m. B.* Neffe

פליִען *3* fliegen

פליעסקען [lj] *2* klatschen, patschen

פליקען zupfen, zausen

פלעגן gepflegt haben, gewohnt gewesen sein

פלעכטען *3* flechten

פלעצעל *n. H. flaches Gebäck*

פלעק *m. C.* Fleck

פלפול *m.* פלפולים scharfsinnige Erwägung. ~ען ז' [ptén] spitzfindig erwägen

פני *pl.* Honoratioren

פנים *n. E.* Gesicht. ~ א *ad. s.* אפנים

פסול *a. präd.* (rituell) unbrauchbar, verboten. פסולת *n.* Spreu, Abfall

פסוק *m.* פסוקים (Bibel-)Vers

פסח *m.* Passahfest. ~דיג *a.* zum Passahfest gehörig

פסלען *1* für פסול erklären; פסול machen

פסק *u.* דין ~ [i'] *m.* Urteil, Entscheidung. פסקענען [a'] *2* urteilen, entscheiden

פע *int.* pfui

פעדער *f. C.* Feder

פעדער Vorder-. ~ען fordern; ז'... früh aufstehen. פעדעריסט *a.* Vorder-

פעולה [pï] *f. A.* Wirkung

פעט fett. ~ס *n.* Fett

פעטליע *f. A.* Schlinge

פעטער *m. A.* Onkel

פעטקײט *n.* Fette, Fett

פעטרישקע [pe'] *f.* Petersilie

פעך *n.* Pech

פעל *f. C.* Fell

פעלד *n. F.* Feld

פעלען fehlen

פעלץ *m.* Pelz

פעלשען *intrans.* verraten, untreu sein

פען *f. B.* (Schreib-)Feder

פענזעל *m. A.* Pinsel

פענטע *f. A.* Fessel. ~ן *2* fesseln

פענסטער *n. G.* Fenster

פעסט fest, sicher, gewiß. פעסטונג *n.* Festung

פעפער *m. A. G.* Schlafmütze

פעפער *m.* Pfeffar

פערד *n. G.* Pferd

פערדער *u.* פערדער vierter. פערט־חלק *n.* פערטחלקים Viertel

פערל *f. G.* Perle

פקחות *n.* Klugheit

פרא־אדם *m. A.* Wilder, Barbar

פראַוען *2* abhalten, veranstalten

פראַנדז *f.* Franse

פראַנצויז *m. C.* Franzose; französische Sprache. פראַנצױזיש französisch

פראַנק און פרײַ *ad.* frank und frei

פראָסט einfach, gewöhnlich, schlicht

פראָסט *m. D.* Frost

פראָסטאַק [o' *od.* a'] *m. B.* gewöhnlicher Mensch. פראָסטקײט *n.* Einfachheit *usw.*

פראָסע *f.* Hirse

פראַצע *f. A.* Arbeit

פראַצענטניק *u.* ~שטשיק *m. B.* Wucherer

פּראַשעק *m.* פּראַשקעס Pulver *(mediz.)*

פּרוּאוּוען (פּרוּוון, פּרוּבען) versuchen

פּרוּטה *f. A.* Deut

פֿרוי *f. C.* Frau, Gattin; Weib

פֿרוּכפּערן ז׳ fruchtbar sein

פּרוֹכת *n. C.* Thoraschrein-Vorhang

פֿרום fromm. פֿרוּמאַק [a'] *m. B.* Frömmler. פֿרוּמקייט *n.* Frömmigkeit

פָּרוּש *m.* פּרוּשים *von seinem Weibe* Abgesonderter *zur Versenkung ins Studium*

פֵּרוּש (פּירויש) *m.* פֵּרוּשים Kommentar

פּרַט *m.* פּרָטים Einzelheit; Individuum; Besonderheit; Hinsicht

פְּרִי *f.* פֵּרות Frucht

פֿרי früh. פֿריִער *ad.* ~דיג *adj.* früher

פֿרײַ frei

פֿרייד *f. C.* Freude

פּרײַז *m. C.* Preis

פֿרײַטיג *m. C.* Freitag. ~דיג *a.* Freitags-

פֿריילִיך fröhlich, lustig

פֿרײַנד *m. G.* Verwandter; *(mit adj.:)* Freund. ~ נוטער Freund. ~שאַפֿט *n.* Freundschaft

פֿרייען ז׳ sich freuen

פֿרימאָרגען [o'] *m. A.* Morgen

פּריפּעטשיק [i'] *m. B.* offener Herd

פָּרִיץ *m.* פּרִיצים (nichtjüd.) Aristokrat. פּרִיצה *u.* פּרִיצטע *f. A.* פּרִיציש *a.* aristokratisch

פֿריץ *m. C.* unerfahrener Mensch

פּריקרע *a. präd.* unangenehm, peinlich

פֿרירען *3* frieren

פֿריש frisch

פַּרנס *m.* פַּרנָסים Gemeindevorsteher

פַּרנָסה *f. A.* Erwerb, Lebensunterhalt, Verdienst

פּרעגלען braten, schmoren

פֿרעגען fragen

פּרעזענט [ze'] *n. C.* Geschenk

פֿרעמד fremd. ~קייט *n.* Fremdheit

פּרעסאייזל *n. H.* Bügeleisen. פּרעסען [plätten

פֿרעסען *3* fressen

פַּרצוּף *n. u.* פַּרצע *f.* Gesicht, Fratze

פֶּרק *m.* פּרָקים (Buch-)Abschnitt

פַּרשה *f. A.* (פּרשיות) Bibelabschnitt

פָּשוט einfach. פּשט *m.* Wortsinn. פּשטות *n.* Einfachheit. פּילפּול [e] *n. H.* scharfsinnige kasuistische Erwägung; Spitzfindigkeit

פּשיטא geschweige, umsoviélmehr

פּשרה *f. A.* Kompromiß

צ

צאָל *f. C.* Zahl

צאָלען zahlen

צאָן *m.* ציין *u.* צײנער Zahn. ~-ווייטיג *n.* Zahnschmerzen

צאַנקען erlöschend flackern

צאַפּ *m. B.* Bock

צאָפּ *m. D.* Zopf

צאַפּען *m. A.* Zapfen; *1* zapfen

צאַצקע *f. A.* Spielzeug

צאָרען *m.* Grimm

צבֿועטשען [a'] *2* heucheln. צבֿועק [a'] *m. B.* Heuchler. צבֿיעות *n.* Heuchelei

צַד *m.* צדָדים Seite, Partei

צדיק *f. C.* *achtzehnter Buchstabe des Alphabets*

צדיק *m.* צדיקים Gerechter; chssidischer Rebbe. צדקה [ů] *f. A.* Wohltat. צדקת *f.* ~טעם fromme Frau

צו *ad.* zu *m. Inf.*

צו *kj.* ob

צו *ad.* zu, hinzu, dazu

צוואה (צוואה) *f. A.* Testament

צוואו ... *s.* צוו ...

צואײַלען ז' sich beeilen

צובײַלען prügeln, schlagen. צו־בײַסען 3 zerbeißen

צובײַסען 3 *(zu alkoh. Getränk)* dazu essen. צובינדען festbinden, verbinden

צוביסלעך *ad.* ein wenig. צובלאָזען entfachen. צובלוטיגען blutend machen, verwunden. צוברעכען 3 zerbrechen. צוברענען ז' brennen, flackern, aufflammen

צוברענען anbrennen *(Speise)*

צוברעקעלט וו' 5 zerbröckeln *intr.* צוגײן 3 zergehen, schmelzen; ~ ז' von einander gehen

צוגײן 3 zugehen, hingehen

צוגיסען ז' 3 strömen

צוגיסען 3 dazugießen. צוגעבען 3 hinzufügen. צוגעברענט וו' 5 anbrennen *(Speise)*. צוגעוויינען ז' sich gewöhnen. צוגעלאזט zutunlich, zutraulich. צוגרייטען vorbereiten. צודעקען verdecken, zudecken.

צודראַפּען 2 zerkratzen. צודרייען verwirren, verstören, zerstreuen. צוהיצען ז' in Aufregung geraten. צוהענגען 3 aufhängen

צוהערען ז' anhören, zuhören

צוואָגען [ů] 3 waschen *(Körper)*

צוואַנג *f. C.* Zange

צוואנציג *u.* צוואַנציג zwanzig

צוואַרפען 3 auseinanderwerfen, zerstreuen

צוואַרפען 3 zuwerfen

צווויינען ז' in Weinen ausbrechen. צווילדעווען ז' 2 wild werden, toben

צווינטשעווען 2 beglückwünschen

צוויי zwei. אין ~ען *ad.* doppelt. ~ענדיג *adj.* doppelt

צווײַג *m. C.* Zweig

צווילינג *m. C.* Zwilling

צווינגען 3 zwingen

צוויק *m. B.* rote Rübe

צווישען [cw, cėw] *ad.* zwischen, unter

צוזאָגען versprechen

צוזאַמען zusammen. צוזאַמענפאָר [a'] *m. C.* Kongreß

צוזייען verstreuen

צוזען 3 zusehen

צוזעצט וו' 5 zerplatzen; ~ערהייט *ad.* zum Zerplatzen

צוזעצען ז' sich niedersetzen

צוחנפענען ז' 2 schmeicheln, sich anbiedern. צוטוליען 2 anschmiegen

צוטומלען verwirrt machen. צוטיילען verteilen, zerteilen, teilen. צוטראָגען 3 auseinander-, wegtragen; *a.* zerstreut *(bildl.)*

צוטראָגען 3 zutragen

צוטרײַבען 3 auseinandertreiben. צוטרייסלען erschüttern. צוטרעטען 3 zertreten

צוטרעטען 3 herantreten. צו־

טשעפען ד' 2 haften, sich heranmachen, belästigen
צוייאָגען [ij] auseinanderjagen
צוינ *f.* Hündin
צויט *f. C.* Zottel
צוים *m. C.* Zaum; Zaun
צוכאַפּען nehmen, an sich reißen *(v. mehreren)*
צוכאַפּען wegreißen, wegnehmen
צולאזען *1. 3* auseinander (gehen) lassen; ~ ד' von einander gehen, *part. pf.* unmoralisch
צולאזען *1, 3* abtreten, zukommen lassen
צולאַכען ד' auflachen. צולהכעיס [lů'] *ad.* zum Trotz; ~ניק *m. B.* Trotzkopf. צולויפען ד' *3* auseinanderlaufen
צולויפען *3* zulaufen
צוליב wegen; zuliebe. צולייגען auseinander-, hinlegen; ~ ד' sich (bequem) hinlegen
צולייגען an-, auflegen; draufzahlen.
צומאַכען zumachen, schließen
צומישען wirr machen
צונג *f. C. E.* Zunge
צונויף zusammen *(Bewegung)*. [צונויפ] - ~גיין ד' *3* zusammenkommen. ~זעצען zusammensetzen. ~טרעפען ד' *3* zusammentreffen. ~לייגען zusammenlegen. ~נעמען *3* sammeln. ~פאַלען *3* zusammenbrechen. ~פאָרען ד' *3* zusammenkommen. ~פירען zu einander bringen. ~קומען ד' *3* zusammenkommen. ~רעדען ד' sich besprechen, unterhandeln, übereinkommen.
~שטוקעווען *2* zusammenstückeln. ~שטעלען zusammensetzen, bilden. ~שרייבען ד' *3* in schriftlichen Verkehr treten
צונוץ *ad.* von Nutzen. ~ קומען nützen, von Nutzen sein
צונטער *m.* Zunder
צונייען zunähen, darannähen
צונעמען *3* auseinandernehmen
צונעמען *3* wegnehmen. צועסען ד' *3* zum Überdruß werden
צופאַלען *3 u.* ה' ~ *5* zerfallen
צופאַלען *3* fallen, niederfallen. צופאַסען anpassen
צופאָרען ד' *3* von einander fahren
צופאָרען *3* hin-, vorfahren
צופוס *ad.* zu Fuß; ~ענס *ad.* zu Füßen. צופוקעט ה' *5* zerplatzen; צופוקעניש *n.* Bersten, Platzen. צופירען auseinanderstrecken. צו־פלאַקערען ד' auflodern. צו־פליִען ד' *3* auseinanderfliegen
צופליִען *3* hinfliegen
צופליקען zerreißen, zerzausen
צופען zupfen, zausen
צופרידען zufrieden. צופריִער *ad.* vorher, zuvor
צוציִען *3* anziehen
צוקאַליעטשען [a'] *2* verkrüppeln
צוקומען *3* dazukommen; bekommen. צוקילען ד' sich erkälten
צוקייַען zerkauen. צוקלאַפּען zerschlagen, zertrümmern
צוקלערען ausdenken
צוקער *m.* Zucker; ~על *n. H. u.* ~קע [e'r] *f. A.* Bonbon
צוקריגען ד' *u.* זי in Streit geraten.
צוראַבירען [i:'] plündern

צורה *f. A.* Gesicht, Antlitz
צורודערען in Unruhe bringen, verwirren. צורונען וו' *5* zerrinnen
צורוקען herbeischieben
צורײַבען *3* zerreiben. צורײַסען *3* zerreißen. צוריק zurück; wieder; ~וועגס *ad.* auf dem Rückweg
צוריִרען ז' sich nähern
צורעדען ז' lebhaft, viel sprechen. צורעכט מאַכען verderben
צושאַנצען zuschieben, verschaffen. צושאַרען ז' [a:] sich heranmachen. צושדכנען ז' sich heranmachen
צושױבערען zerraufen
צושטײען *3* beitreten; drängen
[צושטײַער *á'*] — ~ געבען beisteuern. צושטױסען *3* zerstoßen. צושטערען zerstören. צושטרודלען in Unordnung, Verwirrung bringen. צושײדען *1* scheiden *tr.*, trennen. צושיקען verschicken. צושלאָגען *3* zerschlagen
צושלאָגען *3* ein-, anschlagen; ז' ~ erreichen
צושנײַדען 3 zerschneiden. צושפאַלטען *3* zerspalten
צושפאַרען ז' [a:] sich stützen, sich anlehnen, sich anpressen
צושפילען ז' in Bewegung geraten
צושפילען spielen, begleiten
צושפרײטען ausbreiten, verbreiten. צושרײַען ז' *3* schreien, zu schreien beginnen
ציִ *kj.* ob
ציבור *m.* Gemeinde, Gemeinschaft
ציבעך *m. B.* Tabakpfeife
ציבעלע *n. A.* Zwiebel
ציג *u.* ציִג *f. C.* Ziege
ציגײַנער *m. G.* Zigeuner
ציגאַר *m. A.* Zigarre, Zigarette
ציגעל *u.* ~יג *m. G.* Ziegel
ציטערדיג *a.* teuer, Gegenstand der Sorge. ציטערניש *n.* Zittern, Angst. ציטערען zittern
צײַט *f. C.* Zeit; *kj. pr.* seit
צײַטונג *n. C.* Zeitung
צײַטיג reif
צײכען *n. A. G.* Zeichen. צײכענונג *n. C.* Zeichnung. צײכענען zeichnen
צײלען zählen
ציִך *f. C.* Überbett-Bezug. ציכעל *n. H.* Polsterüberzug
ציכטיג [P. 16] sauber. ~קײט *n.* Sauberkeit, Reinheit
צימעס *n.* Süßgemüse; Kompott
צימערינג *m.* Zimt
ציִן *u.* צין *n.* Zinn. ציִנערען zinnern
צינד *ad.* jetzt
צינדען *3* zünden, anzünden
ציִען *3* ziehen
ציצה *f. A.* „Schaufaden“
ציקעל *n. H.* Lamm
ציִרונג *n.* Schmuck
צלם *m.* צלָמים [ů] Kruzifix, Kreuz
צנועה *f. A.* sittsame Frau. ~דיג züchtig, keusch. צניעות *n.* Züchtigkeit, Keuschheit. ~דיג züchtig
צעטעל *n. G.* Zettel; Liste
צעך *m. C.* Zunft
צען zehn. צענדליג *u.* ~יג *m. F.* Zehnschaft
צער *m.* Leid
צפון [ů] *m.* Norden
צרה *f. A.* Unglück, Leid

ק

קאָוואַדלע [o'] *f. A.* Amboß. קאָוואַל [o'] *m. B.* Schmied

קאַווע *f.* Kaffee

קאָווען 2 schmieden

קאָזע *f. A.* Ziege, Geiß

קאַטאָוועס [ů'] *n. C.* Spaß

קאַטויליש katholisch

קאַטער *m.* Katarrh

קאָטער *m. A.* Kater

קאַטשעלקע *f. A.* Nudelholz. קאַ־טשען 2 sich wälzen ז'

קאַטשער *m. A.* Enterich

קאָטשערע [o'] *f. A.* Backschaufel

קאַטשקע *f. A.* Ente

קאָכלעפֿעל *m. G.* Kochlöffel; Hans Dampf in allen Gassen. קאָכן kochen

קאַלאָש *m. C.* Galosche

קאַלב *n. E.* Kalb

קאָלבאַס [o'] *m. C.* Wurst (*u. zw.* טרֵפֿה)

קאָלדרע *f. A.* (Bett-)Decke

קאַלט kalt. ~קײַט *n.* Kälte

קאַליע *infl.* verdorben. ~ מאַכן verderben

קאַליעקע [a'] *m. A.* Krüppel

קאָליר [i:'] *m. C.* Farbe

קאַלך (קאַלעך) *m.* Kalk

קאָלנער *m. D.* Kragen *(an Kleidung)*

קאַם *ad. s.* קוים

קאַם *m. C.* Kamm

קאַן *f. C.* Kanne

קאָן *m.* Einsatz

קאָן *m.* Reigen

קאַנאַפּע [na'] *f. A.* Sofa

קאַנאַריק [na'] *m B.* Kanarienvogel

קאַנט *m. C.* Kante; Gegend

קאַנטאָר [ů:'] *n. C.* Kontor, Bureau

קאַנטיק sichtlich, ersichtlich

קאַנטשיק *m. B.* Knute

קאָנען können; kennen

קאַסטען *m. A.* Kiste

קאָסטען kosten *(Preis)*

קאָסע *f. A.* Sense. ~ן mähen

קאַפּ *subst.* bißchen

קאָפּ *m. D.* Kopf; Verstand

קאָפּאָטע [o'] *f. A.* Kaftan

קאַפּהאָן [a'] *m. E.* Kapaun

קאָפּווייטיק *m.* Kopfschmerzen

קאַפּויער [oi'] *ad.* umgekehrt

קאַפֿטען *m. A.* Kaftan

קאָפּעטע [o'] *f. A.* Huf. Schusterleisten

קאַפּעליטש *u.* יש [a'] *m. C.* Hut

קאַפּען 2 träufeln, tropfen; triefen

קאָפּען 2 graben; treten, ausschlagen

קאַץ *f. D.* Katze

קאָץ *f. C.* Teppich

קאַרג *a.* geizig; wenig, knapp, gering. ~ען wenig geben. ~שאַפֿט *n.* Geiz

קאָרט *f. C.* (Spiel-)Karte

קאַרטאָפֿעל *f. G. u.* קאַרטאָפֿליע *f. A.* Kartoffel

קאָרטשען 2 sich krümmen, sich winden ז'

קאַרליק *m. B.* Zwerg

קאַרעטע [a'] *f. A.* Wagen

קאָרן *n.* Korn, Roggen

קאַרפּ *m. C.* Karpfen

קאַרק *m. B.* Genick, Nacken

קאַרש *f. C.* Kirsche

קאַשע *f. A.* Grützbrei *aus Buchweizen,* Brei

קבֿורה *f. A.* Begräbnis

קבלה *f.* Kabbala. קַבלת־פּנים [pù:'] *m.* Empfang, Begrüßung. קַבלת־שבת [a'] *m.* Sabbatempfang *(am Freitagabend)*

קבצן *m.* קבצנים armer Teufel, Habenichts. קבצניש arm

קבֿר *n.* קבֿרים Grab. קבֿרות־יוד *m. C.* Totengräber. קברן *m.* קברנים Totengräber

קדוש *m.* קדושים Toter; Märtyrer. קדושה *f.* Heiligkeit, Heiligung, Weihe; *e. gew. Gebet*

קדחת [gedû'] *n.* Fieber *(spött.)*

קדיש *n. ein gew. Gebet d. ältesten Sohnes nach Vater oder Mutter.* ~ *m.* קדישים ältester Sohn

קהל [ù:ł] *m. jüd.* Gemeinde, Gemeinschaft. קהילה (קהלה) [ki] *f. A. jüd.* Gemeinde *(die Organisation)*

קו *f. D.* Kuh

קוגעל *m. C. eine Art Strudel*

קודם *ad.* vorher, zuerst, früher. כּל ~ *ad.* vor allem

קוואַטער *m.* Gevatter *bei der Beschneidung*

קוואַל *m. C.* Quelle

קוואָקע *f. A.* brütende Henne. ~ן 2 brütend sitzen; dasitzen

קוואַרט *f.* Quart *(Maß)*

קוואַרטאַל [a'] *n. H.* Quartal

קוויטל *n. H.* Zettel, Brief *meist mit dem Anliegen an den* רבי

קוויטשען 2 quietschen

קווייט *f. C.* Blüte, Blume

קוועטשען quetschen, drücken

קוועלען 3 sich sehr freuen

קווענקלען ז' zögern, zaudern

קויבער *m. A.* Korb

קויט *m.* Schmutz. ~יג schmutzig

קויל *f. C.* Kohle

קויל *f. C.* Kugel; Geschoß

קוילעטש *m. C. Weißgebäck für festtägl. und festl. Gelegenheiten*

קוילען 2 *u.* קוילענען 2 schächten, schlachten, töten

קוילערען ז' kollern

קוימען *m. A.* Rauchfang, Schlot

קויפען kaufen, erwerben

קויקלען ז' kollern

קויש *m. C.* Korb

קוכען *m. A.* Kuchen

קול [o] *n.* קולער [keł] Stimme; ~ אויפ'ן *ad.* laut. קולות *pl.* Geräusch, Lärm

קולעק *m. B.* Faust

קומען 3 kommen; *impers.* schuldig sein, zukommen. ~ צו passen, gehören. ~ צו גייען, פאָרען... gegangen, gefahren *usw.* kommen

קונה *m.* קונים (der) Kunde. קונהטע *f. A.* ~ שם זיין ז' [e'] 4 sich einen Ruf, Namen erwerben

קונע *f. A.* Pranger

קונץ *f. C.* Kunststück. קונציג kunstvoll. קונצענמאַכער *m. G.* Taschenspieler

קוף *f. C.* neunzehnter Buchstabe *[des Alphabets*

קופּע (*u.* קופּקע) *f. A.* Haufe, Gruppe

קופער *n.* Kupfer. ~ווארג *n.* Kupferzeug

קופערט *m. C.* Koffer

קופערטע [upe'r] *f. A.* Deckel

קוקוריקו [ikī:'] kikeriki

קוקן blicken, schauen

קוקערוזע [rĭ'] *f. A.* Mais

קורץ [P. 21] kurz

קוש *m. C.* Kuß. ~־וואך *f. C.* [ĭ'] Flitterwoche. קושן küssen

קיִאיש *a.* Kuh-

קיבוץ *m.* קיבוצים Ansammlung

קידוש (קדוש) *m. ein gew. Segensspruch, meist über Wein usw.* מאכן ~ *diesen Segen vor dem Trinken sprechen.* ~ הַשֵּׁם [e'] *m.* Heiligung Gottes

קִיום *m.* Bestand, Existenz

קיטעל *m. C. weißes, langes Hemd über d. Kleidern bei gew. rit. Gelegenheiten, bes.* Sterbemantel

קײט *f. C.* Kette. קײטלען ז' verbunden sein, zusammenhängen

קײַכן keuchen

קײַלעכדיג rund

קײן *u.* קײַן *pr.* nach *(Richtung bezügl. Land, Stadt)*

קײן ניט *u.* קײן ניט (*u.* קײַן) *p.* kein. קײנמאָל ניט *ad.* nie

קײַען kauen

קויקלען ז' *s.* קײַקלען ז'

קיך [P. 16] *f. C.* Küche. קיכלען [P. 16] *intr.* geschäftig *oder* viel kochen; *tr.* füttern

קיִכעל *n. H.* mürbes Gebäck

קיִל kühl

קימפעט *n.* Kindbett. ~אָרין [i'] *f. A.* Wöchnerin

קיִן *m. C.* Kienspan

קינד *n. F.* Kind. ~ און קײט Kind und Kegel. ~לען ז' sich vermehren. ~ס־קינדער *pl.* Nachkommen. קינדעריש kindlich

קיִנינעל *n. H.* Kaninchen

קיִנינען regieren, herrschen

קינצלען erkünsteln

קֵיסר *m.* קֵיסָרים Kaiser

קיצור *m.* Verkürzung; Auszug

קיצלען kitzeln

קירה Österreich; Österreicher *(Spitzname)*

קירזשנער *m. A.* Kürschner

קישן *n. A.* Kissen, Polster

קישקע *f. A.* Darm; Bauch

קל וָחומר [oi'] *m.* Schluß vom Weitern aufs Engere

קלאָגן [ū] *u.* ~ ז' klagen, jammern

קלאַנג *m. C.* Klang, Laut; Gerücht

קלאָמפערשט *a.* so zu sagen, vor-, angeblich

קלאַפּן klopfen, schlagen

קלאָפּן klopfen

קלאָץ *m. E.* Klotz, Block

קלאָר klar. מאַכן ~ *trans.* erklären

קלוג *u.* ג klug. ~שאַפֿט *n.* Klugheit

קלויבן *3* heraussuchen, wählen. ~ ז' *3* darangehen

קלויז *f. C.* kleine Synagoge; *chssidisches* Bet- und Studierhaus. ~ניק *m. B.* der sich ständig in der קלויז Aufhaltende

קלויסטער *n. A.* Kirche; Kloster

קליאַטשע *f. A.* Stute

קליאַטשע *f.* Werg

קליאַמקע *f. A.* Türklinke

קליוסקע *f. A.* Teigklößchen, Breiknollen

קלײַבען *s.* קלויבען

קלײד *n. F.* Kleid. ~ען mit Kleidung versehen

קלײט *f. C.* (Geschäfts-)Laden

קלײן klein. קלײנװאַרג *n.* Kleinzeug (= *Kinder*). קלײנטשיק klein, winzig

קלײַען *f.* Kleie

קלינגען *3* klingen, tönen; klingeln, läuten

קליפה (קלפה) *f. A.* böses Prinzip; böser Geist; Hexe, böses Weib

קללה *f. A.* Fluch

קלעבען *trans.* kleben

קלעמען *impers.* beklemmend sein. קלעמעניש *n. C.* Beklemmung

קלעפּען *s.* קלעבען

קלעק *m. C.* Fleck, Klecks. קלעקען beflecken, klecksen

קלעקען genügen, ausreichen, langen

קלערען denken, sinnen

קמיע [æi'ė] *f. A.* Amulett

קמצן *m.* קמצנים Geizhals

קנאָבעל *m.* Knobel

קנאה *f.* Neid, Mißgunst. שׂנאה-~ *f.* Mißgunst

קנאַפּ *a.* wenig, gering

קנאָפּ *m. D.* Knopf

קנאַפּעל *m. C.* Schuhabsatz

קנאַקניסעל [a'] *n.* Nußknacker. קנאַקעדיג tönend. קנאַקען knarren; knistern; knallen; laut tönen.

קנויט *m. C.* Docht

קנויל *m. C* Knäuel

קנופּ *m. C.* Knoten

קני *n. G. C. B.* Knie

קנײדעל *n. H.* Suppenknödel

קנײטש *m. C.* Falte. ~ען zerknüllen, falten

קנײַפּען *1, 3* kneifen, zwicken

קניפּען knüpfen

קנײש *m. B. eine Art Strudel*

קנסמאָל [a'] *n.* Verlobungsmahl

קנעלען (מיט) unterrichten, lehren

קנעטען *3* kneten

קעגען *pr.* gegen; bezüglich

קעז *m.* Käse; Quark.

קעכען *f. A. u.* קעכנע *f. A.* Köchin

קעלעשיק [ke'] *m. B. u.* ~על *n. H.* Kelchgläschen

קעלט *f. C.* Kälte

קעלער *m. A.* Keller

קעמעל [ke'] *n. C.* Kamel

קעמען ז' sich kämmen

קענטיג ersichtlich, sichtlich

קענען können; kennen

קעסט *f. der Unterhalt der Neuvermählten bei den Eltern der Frau*

קעסט *f. C.* Kastanie

קעסעלגרוב [ke'] *m. E.* Wirbel, Strudel

קעפּען köpfen

קערבעל *n. H.* Rubel

קערמישעל [ke'] *n. H.* Festlichkeit

קערעל *n. H.* Korn, Körnchen

קערען *m.* (Frucht-)Kern

קערען gehören; sollen, müssen

קערען fegen

קערען ז' sich kehren

קעשענע [ke'] *f. A.* Tasche *(in d. Kleidung)*

קַצבֿ *m.* קַצָבֿים [ů] *(jüd.)* Metzger. קַצָבֿיש *a. nach der Art e.* קַצבֿ

קראָ *f. C.* Krähe

קראכמעל *n.* Stärke

קראָם *f. C.* (Geschäfts-)Laden

קראַן *m. C.* (Wasser-)Hahn

קראַנץ *m. D.* Kranz

קראַנק krank; ~ערהײט *ad.*

קראַצען kratzen

קראַקען *2* krächzen

קָרבן *n.* קָרבָנות Opfer

קָרובֿ *m.* קרובֿים Verwandter. ~ *a. präd.* nahe. קרובֿה *f. A.* Verwandte. קרבות *n. u.* קרובֿה-שאַפֿט *n.* Verwandtschaft

קרוג *u.* קרױג *m. C.* Krug

קרויזען kräuseln

קרויט *n.* Kraut, Weißkohl

קרוין *f. C.* Krone

קרוליק *m. B.* Kaninchen

קרום krumm; lahm; unrichtig, falsch

קרוע-בלוא [krī:ė-błī:ė] *ad.* in zerrissenen Kleidern

קריאת-שמע [krišmė] *f. ein best. bet*

קריג *u.* קריַג *f.* Streit, Zank

קריגען *u.* ־יַג *3* kriegen, bekommen

קריגען ז׳ *u.* ־יַג streiten, zanken

קריװדע *f. A.* Unbill

קרײַד *f.* Kreide

קרײַזלען kräuseln

קרײַטעכצער *pl.* Kräuter

קרײַען krähen

קריַכען *3* kriechen

קרימען ז׳ Unzufriedenheit zeigen

קריצען eingraben, gravieren; knirschen

קריק *ad.* zurück

קרישטאָל [ů:′] *m. C.* Kristall

קֶרן *m.* Grundkapital

קרעטשמע *f. A.* (Land-)Einkehrhaus

קרעכצן seufzen, stöhnen

קרעל *f. C.* Koralle

קרעמער *m. G.* Ladenhändler. ~קע *f. A.*

קרענק *f. G.* Krankheit; wenig, nichts *(Verneinung, negative Beteuerung).* ~ען krank sein

קרעפּעל *n. H.* Tasche *(Mehlspeise)*

קרעץ *f.* Krätze. קרעציג krätzig

קָשה *a. präd.* schwer, schwierig, unbegreiflich

קַשיא [šė] *f. A.* Frage

ר

ראַבֿירען [i:′] *u.* ראַבעװען *2* rauben, plündern

ראָד *n. E.* Rad; Reigen; Gruppe

רָאוי [rů:ė] *a. präd.* würdig, wert

ראזע *u.* ראזעװע [o′] *a.* Rosa-

ראזשינקע [o′] *f. A.* Rosine

ראַטעװען *2* retten

ראַיה *f. A.* Beweis

ראִיה *f.* Gesichtssinn

ראיען [o:] *2* heulen

ראַנגלען ז׳ ringen, kämpfen

ראסע *f.* Tau *(m.)*

ראסיל *n. C.* Fleischbrühe

ראַפּטעם *ad.* plötzlich

ראָץ *f.* Rotz

ראַק *m. B.* Krebs

ראָק *m. D.* Rock

ראש [roš] *m. hba.* Kopf, Führer. ~־הַשָנה [ů:′] *m.* (jüd.) Neujahr

~־חודש [oi'] *m.* Fest d. Monatsbeginnes. ראשי־תּיבות [æi'] *pl.* Initialen, Anfangsbuchstaben

ראשית [ræišės] *ad.* erstens

רב [e] *m.* Herr **bei (Vor)namen**

רבּ [ů:] *m.* רבנים Rabbi

רבונו־של־עולם [boi'] *m.* Herrgott

רבותי *u.* רבותים meine Herren!

רבי [e] *m.* chssidischer Rebbe; *pl.* *A. u.* רביים [jė]. — **Anrede f. den** רבּ, **den** רבי ***und*** **den** מלמד. — *A.* Lehrer

רבי־געלט Lehrgeld

רביאיש *a.* Rebbe-

רביצין [ėcn] *f. A. Frau des* רבּ, רבי *u.* מלמד. — *Ansprache für sie*

רבנות *n. Amt eines* רבּ. — רבניש rabbinisch

רגלים [jė] *hba. pl.* Beine, Füße

רגע *f. A.* [~ות gės] Augenblick

רדיפה *f. A.* Verfolgung

רו *f.* Ruhe. רואיג ruhig. רואיגקייט *n.* Ruhe

רובעל *m. G.* Rubel

רוגז *m.* Zorn. רוגזה *f.* Zorn, Wut

רודערן aufrühren, bewegen; Geräusch verursachen, lärmen

רודפען [dė] verfolgen

רוח (ריווח) [w] *m.* Reingewinn. רווחים Zinsen

רוח *m. B.* Geist, Teufel, Dämon. ~־הקודש [oi'] *m.* heiliger Geist. רוחניות [*ech*; *uch*] *n.* Geistigkeit

רוט *f. E.* Rute, Stab

רוי roh

רויג *m.* Rogen

רויז *f. C.* Rose

רויט rot. ~קייט *n.* Röte

רויך *m.* Rauch

רויכוואַרג *n.* Rauchwerk, Pelzwerk

רוימען räumen, in Ordnung bringen

רומעל *m.* Ritualien

רופא *m.* רופאים Feldscher. ~טע *f. A.*

רופען *3* rufen; nennen

רוצח [æi'] *m.* רוצחים [o] Mörder, Schurke

רוקען *m. A.* Rücken

רוקען rücken, schieben

רושם *m.* Eindruck

רחבות *n.* Bequemlichkeit

רחמנא לצלן [to'] *int.* Gott steh' uns bei. רחמים *n.* Erbarmen, Barmherzigkeit. רחמנות *n.* Mitleid, Barmherzigkeit, Erbarmen; ~דיג mitleidig, barmherzig; ~־פנים [mů:'] *n.* *E.* Mitleid erweckende Miene

ריב *f. C.* Rübe

ריבאײַזעל [i:'] *n.* Reibeisen

רינעל *u.* ינ *m. C.* Riegel

רידעל *m. C.* Schaufel

ריז *m. C.* Riese

ריח *m. B.* Geruch; Duft

רײַבען *3* reiben

רייד *pl.* Worte

ריידען *s.* רעדען

רײַז *m.* Reis

רייטלען ז' rot werden, sich röten

רײַטען *3* reiten. רײַטער *m. G.* Reiter

רײַך reich

רייכערען rauchen *trans.*

רײַכקייט *n.* Reichtum

רײַן *f. C.* **Kochpfanne**

ריין rein. רייניגען reinigen
רייניש m. (österr.) Gulden
רייסטער n. A. Verzeichnis, Liste
רייסען 3 reißen; pflücken
רייצען reizen
ריכטען זיך [P. 16] erwarten (אויף)
רימען preisen
רין f. Rinnstein. רינען 3 rinnen, fließen. רינשטאק m. Rinnstein
ריפּ f. C. Rippe
ריצענאייל [i'] n. Rhizinusöl
ריִרעוודיג rührig, geschäftig, beweglich. ריִרען rühren, angreifen, anrühren
ריש f. C. *zwanzigster Buchstabe des Alphabets*
רכילות n. Klatsch, Verleumdung. ~ניק m. B. Verleumder
רמז m. רמזים Andeutung, Wink
רעגען m. A. Regen. רעגענען regnen
רעדעוודיג beredsam, redselig
רעדעל n. H. Gruppe. ~פירער m. A. Anführer, Führer
רעדען reden, sprechen
רעה f. A. Schlechtes
רעטעך m. F. Rettig
רעטעניש n. C. Rätsel
רעיון m. רעיונות Gedanke
רעכט recht, richtig. ~ס rechts
רעכענונג n. Rechnung. רעכענען rechnen; ~ ז' in Rechnung ziehen
רעם m. C. Rahmen
רענדאר [a:'] m. C. Pächter. ~קע f. A.
רענדעל n. H. Dukaten
רער f. C. Röhre. -רערענדיג -armig

רעש m. Lärm, Getümmel. ~ען ז' e. Lärm, e. Aufregung sein; großtuerisch tätig sein
רעשט m. Rest
רפואה f. A. Heilmittel, Medizin, Arznei
רצון m. Wille
רצועה f. A. Riemen der תפילין
רציחה f. A. Mord, Gewalttat; Wut, Grausamkeit
רק nur, bloß
רשות m. Bereich, Geltungsbereich, Vollmacht, Erlaubnis
רש״י *berühmter jüd. Gelehrter (11. Jahrh.); sein Bibel- u. Talmudkommentar*
רשימה f. A. Liste, Verzeichnis
רשע m. רשעים Bösewicht; Judenfeind. ~טע f. A. רשעות [śęs] n. Schlechtigkeit, Judenfeindschaft

ש

שא pl. שאט(ס) int. Ruhe!
שאבען [û] 3 schaben
שאד m. Schade. ~ען m. A. Schaden
שאטען schaden
שאטען m. A. Schatten
שאך n. Schach
שאל f. C. Shawl
שאל f. C. Schale, Tasse
שאלאטען pl. Salat
שאלה f. A. Frage; Anfrage *in relig. Dingen beim Rabbi*
שאנד f. Schande, Schmach
שאנעווען 2 schonen
שאנק m. C. Schrank
שאס m. C. Schuß
שאף m. C. u. שאפע f. A. Schrank

שאַפֿען befehlen; ~ 'ז herumbefehlen
שאַצען schätzen
שאַק n. Schock
שאָקלען schütteln. ~ 'ז den Körper hin- und herbewegen
שאַרבען m. A. Schädel; Scherben
שאַרכען scharrendes Geräusch machen
שאַרען [a:] scharrendes Geräusch machen; scharren
שאַרף a. scharf; f. C. Schneide
שבֿועה f. A. Schwur, Eid
שבֿועות m. Wochenfest
שבֿח m. שבֿחים [û] Preis, Lob
שבֿט m. שבֿטים (Volks-)Stamm
שבֿט m. jüd. Monat (Jan.-Febr.)
שבֿעה זיצען nach dem Tode eines nächsten Verwandten eine Woche lang auf niedrigem Sitze sitzen
שבת m. שבתים Sabbath. ~-גוי [a'] m. ~-גוים der für d. Juden am Sabbath Licht, Feuer usw. besorgende Christ. ~דיג sabbathlich, Sabbath-
שגעון [gü:'n] m. שגעונות [goi'] Spleen
שד m. שדים Dämon
שדכן [d] m. שדכנים Heiratsvermittler. שדכנות n. Heiratsvermittlung; Lohn für den Heiratsvermittler. שדכנען 'ז [chè] sich anbiedern
שהחינו [šech] m. Segensspruch bei sich jährlich wiederholenden Gelegenheiten (neue Kleider, Früchte, Feste); ~ מאַכען diesen Segen sprechen
שהיות (שהות) [ši:] pl. Verzögerung
שהכל [šakl] n. der Segensspruch über viele Arten von Speisen und Getränken. ~ מאַכען diesen Segen sprechen; essen
שוואָגער [û] m. A. Schwager
שוואַך schwach; שוואַכערהייט ad.
שוואַכקייט n. Schwäche
שוואַלב f. C. Schwalbe
שוואָם m. C. Schwamm, Pilz
שוואַרץ schwarz. ~-אַפּעל n. C. Augapfel. ~ע יאָר pl. Unglück.
שוואַרצען schmuggeln.
שוויגער f. A. Schwiegermutter
שווייַגען 3 schweigen
שוויַגער m. A. G. Meier
שווייס m. Schweiß
שווימען 3 schwimmen
שוויצען schwitzen
שוועבעל m. Schwefel. שוועבעלע n. H. Zündholz
שוועגערין f. A. Schwägerin
שוועל m. C. Schwelle
שוועסטער f. G. Schwester
שווער m. C. Schwiegervater
שווער schwer
שווערד f. C. Schwert
שווערען 3 schwören
שוחד m. Bestechung
שוחט m. שוחטים [o] Schächter
שוטה m. שוטים Dummkopf
שויב f. C. Scheibe
שויט f. C. Schote
שוים m. Schaum. שוימען schäumen
שוין schon. ~ ניט(ש) nicht mehr
שוינען schonen
שויס f. C. Schoß
שוך m. D. Schuh. שוכען mit Schuhen versehen

שול *f. C. jüd.* Bethaus, Synagoge
שולדיג schuldig
שולחן־עָרוך [ů:'] *m. ein best. jüd. Ritualkodex*
שולט זײַן 4 herrschen
[שום] — ~ ניט קײן gar kein
שומר *m.* שומרים [o] Wächter, Hüter. ~ מַציל זײַן 4 behüten und retten
שונא *m.* שונאים [sonėm] Feind
שוסטער *m. A.* Schuster. ~ײַ *n.* Schusterhandwerk
שופּ *f. C.* Schuppe
שופֿט *m.* שופֿטים [o] Richter
שופֿלאָד [I'] *f. C.* Schublade
שופֿר *m.* שופֿרות [oi] Widderhornposaune
שורה *f. A.* Zeile, Reihe
שורש *m.* שרָשים Wurzel, Ursprung
שושן־פּורים [I'] *m. zweiter Tag des* פּורים*-Festes*
שושקען 2 geheimnisvoll flüstern ז'
שותּף *m.* שותּפֿים [tw] Teilhaber, Kompagnon. שותּפֿות [tw] *n.* Gemeinschaftlichkeit, Gemeinsamkeit, Kompagnie; ~דיג gemeinsam, gemeinschaftlich
שָחטען 3 schächten, schlachten. שחִיטה *f. A.* Schächtung, Schlachtung
שַחרית *das Morgengebet*
שטאָט *f. D.* Stadt; Platz im Bethaus
שטאַל *f. C.* Stall
שטאָל *m.* Stahl. ~ען stählern
שטאָלץ *f. C.* Krücke, Stelze; ~ *m.* Stolz; *a.* stolz. שטאָלצירען (מיט) stolz sein (auf)
שטאַמלען stottern, stammeln
שטאַפּעל *m. C.* Stufe
שטאָפּען stopfen
שטאַרבען 3 sterben
שטאַרק stark. ~ען ז' sich ein Herz fassen. ~ײַט *n.* Stärke
שטוּב *f. E.* Stube; Wohnung; Haus
שטויב *m.* Staub
שטויסען 3 stoßen. ~ ז' vermuten.
שטול *f. C.* Lehnstuhl; Thronstuhl
שטום stumm. שטומען stumm bleiben, nicht reden
שטומפּיג stumpf
שטופּען stoßen
שטוקעווען 2 stücken, stückeln
שטורעמווינט [P. 21] *m. C.* Sturm
שטות *m.* שטותים *u.* שטותערײַ *n.C.* Unsinn, Dummheit
שֶטח *m.* Gebiet, Raum, Fläche
שֹטיא [jė] *f. A.* Dummkopf
שטיװעל *m. G.* Stiefel
שטײַג *f. C.* Käfig
שטײגער *m.* Weise; Gewohnheit, Brauch; Melodie. ~ אַ zum Beispiel
שטײן *m. F.* Stein
שטײסעל *m. C.* Stößel, Mörser
שטײען 3 stehen
שטיל still, ruhig; leise. ~ערהײט *ad.* ~קײט *n.* Stille
שטינקען 3 stinken
שטיפֿען scherzen, spielen, lustig sein, Possen treiben
שטיק *n. F.* Stück
שטיקען würgen
שָׂטן *m.* Satan
שטעג *m. C.* Weg, Pfad

שטעכווערטעל *n. H.* bissige, spitze Worte. שטעכען *3* stechen
שטעלען stellen
שטענדיג *ad.* immer; *a.* dauernd
שטענדער *m. A.* Buchpult *(in der Synagoge)*
שטעקען stecken
שטערען stören
שטערען *m. G.* Stern
שטערען *m. A.* Stirne. ~טיכעל *n. H. jüd. Frauen*-Stirnbund
שטערצעל *n. H.* (Topf-)Deckel
שטראָז *m. C.* Straße
שטראָף [ů] *f. C.* Strafe; Strafrede. שטראָפען [ů] strafen; Strafrede halten
שטרוי *n.* Stroh. ~ען *u.* ~ערען *a.* Stroh-
שטרייכען *3* streichen, löschen
שטריימעל *n. H. jüd. pelzverbrämte Festtagsmütze*
שטריק *m. G.* Strick
שטריקען stricken
שטשור [P. 21] *m. B.* Ratte
שטשירען *2* blecken, fletschen
שידוך (שדוך) *m.* שידוכים Heirat, Partie
שיטה (שטה) *f. A.* System
שיטען *1. 3* schütten
שיטער **nicht dicht**
שייגעץ *m.* שקָצים *(nichtjüdischer)* Bauernbursche; Lümmel
שיידען ד׳ sich trennen
שייט *m.* Scheit
שייטעל *n. C. H.* **Haartour (d. jüd. Frauen)**
שיילען schälen
שיין *f.* Schein, Licht, Glanz
שיין schön; vornehm
שיינען *1* scheinen, strahlen, glänzen
שיינקייט *n.* Schönheit
שייען ד׳ sich scheuen
שייער *m. C.* Scheune, Scheuer
שייערען scheuern
שייך (שייך) [jĕ] *a. präd.* in Zusammenhang stehend, sich beziehend. שייכות (שייכות) *n. C.* Zusammenhang, Belang, Verhältnis
שיכור (שכור) trunken, betrunken. ~ען saufen. שיכרות (שכרות) *n.* Trunkenheit, Betrunkenheit
שילד *f. C.* Schild
שילטען *3* fluchen, verfluchen
שין [i:e] *f. A. G. einundzwanzigster Buchstabe des Alphabets*
שינדען *3* schinden
שינוי (שנוי) [šinė] *m.* שינויים [šini:jėm] Änderung, Veränderung
שיסעל *f. C.* Schüssel
שיסען *3* schießen
שיעור [ši:"r] *m.* Maß; Ende
שיף *f. C.* Schiff
שיקלען schielen
שיקסע *f. A. (nichtjüd., Bauern-)* Mädchen
שיקעלדיג *a.* schieläugig
שיקען schicken
שיר *m. n.* שירים Lied, Gedicht
שיר ניט *ad.* schier, fast
שירים (שיריים) [jė] *pl.* Überbleibsel *(meist v. d. Mahlzeit des chssid. Rebben)*
שירעם *m. A.* Schirm
שכונה *f.* Nachbarschaft, Nähe
שכינה *f.* die Gottesherrlichkeit

שכירות *pl.* Lohn, Gehalt

שכל *m.* Verstand

שכן [ů] *m.* שכנים Nachbar; Mieter.
שכנטע [ů] *u.* שכנה *f. A.* Nachbarin; Mieterin. שכנות *n.* Nachbarschaft; ~דיג benachbart

שכר *m.* Lohn *(abstr.)*. ~־לימוד [i'] *m.* Schulgeld

שלאָגן [ů] *3* schlagen

שלאס *n. E.* Schloß

שלאַנג *m. C.* Schlange

שלאַף krank

שלאָפן [ů] *3* schlafen

שלאַפקייט *n. C.* Krankheit

שלאַק *m. D.* Schlaganfall; Unglück. Tölpel, Pechvogel

שלאַקסרעגן [a'] *m. A.* Platzregen

שלוח־מנות [šlachmů:', šałchėmů:'] *pl. Geschenke am* פורים־*Feste*

שלום *m.* Frieden. ~ נעבען begrüßen. ~ ווערען Frieden schließen, sich versöhnen. ~ ושלוה [twė] Ruhe und Frieden. ~ נעמען begrüßen. ~ עליכם Friede mit Euch! Grüß Gott!

שלוקערצען Schluckauf haben

שליאַך *m.* Heerstraße

שליח *m.* שלוחים Bote. ~־ציבור *m.* „Bote der Gemeinde", Vorbetender. שליחות *n.* Botengang; Mission, Sendung

שליטה *f. A.* Herrschaft, Einfluß, Gewalt

שליטלען ז' Schlitten fahren.

שליטען *n. m. A.* Schlitten

שלייען *m. G.* Schleie

שלייער *m. A.* Schleier

שלייף *f. A.* Schläfe

שלימזל [ima'] *n. C.* Unglück; Unglücksrabe, Pechvogel, ungeschickter Mensch. שלימזלניצע [imeza'] *f. A.* zu ~ניק *m. B.* ungeschickter Mensch, Pechvogel. שלים־שלימזל *n.* großes Unglück

שלינגען *3* hinunterschlingen

שליסעל *m. G.* Schlüssel

שליפס *m. C.* Kravatte

שלמות (שלימות) *n.* Vollkommenheit

שלעכט schlecht. ~סקייט *n.* Schlechtigkeit

שלעפען schleppen

שלעפעריג schläfrig

שלש סעודות [šałėši:'dės] *m.* „dritte Mahlzeit" *(am Sabbatnachmittag)*

שלשים [łoiš] *pl.* dreißigtägige Trauerzeit

שם *m.* Ruf, Name, Leumund. ~ המפורש [oi'] *m.* der ausdrückliche Gottesname

שמאַטע *f. A.* Lappen, Fetzen

שמאָל schmal. ~ האַלטען schlecht bestellt sein

שמאַלץ *n.* Schmalz

שמאַנט *m.* Sahne

שמד *f.* Taufe *(von Juden)*. ~ען taufen *(v. J.)*. ~־שטיק *n. G.* niederträchtige Handlung

שמונה־עשרה [š(ė)mėnesrė] *f. ein best. Gebet*

שמועה *f. A.* üble Nachrede

שמועסען [I:s] reden, sprechen

שמוקלער [u] *m. A. G.* Posamentierer

שמחה *f. A.* Freude; Fest. שמחת־תורה [oi'] „Thorafreude", *d. letzte Tag d.* סוכות־*Festes*

שמיד m. C. Schmied
שמייכעל m. Lächeln. שמייכלען lächeln
שמײַסען 3 schlagen. שמײַסער m. A. Kutscher
שמיני-עצרת m. der achte Tag des סוכות-Festes
שמיצען schlagen
שמירען schmieren
שמעטען f. Rahm
שמעלצען schmelzen (tr.); ~ ז' (intr.) sich sehr freuen
שמען [o] Ruf haben, berühmt sein
שמעקעדיג wohlriechend. שמעקען riechen (trans. u. intrans.); duften; (Tabak) schnupfen
שמש m. שמשים Bethaus-Wart
שנאבעל [ů] m. C. Schnabel
שׂנאה [sinė] f. Haß. שׂנאת-חינם [chi'] n. grundloser Haß
שנופטיכעל [I] n. H. Taschentuch
שנור f. C. D. Schwiegertochter
שניט m. Schnitt; Art, Wesen; Ernte
שניי m. C. Schnee, Schneefall
שנײַדען 3 schneiden. שנײַדער m. A. Schneider
שנייען schneien
שנײַצען schneuzen
שניפס m. C Kravatte
שנירעל n. H. Schnur
שנית zweitens
שנעל m. schnellende Fingerbewegung
שנעק m. kleiner Mensch
ש"ס m. C. Talmud; Talmudexemplar
שעדיגען beschädigen, verletzen
שעה [ŝů:] f. C. Stunde. ~עדיג a. stündig. ~ענווייז ad. stundenlang
שעלטען 3 fluchen, verfluchen
שעלעכין n. Schale (v. Früchten)
שעמעוודיג schüchtern. ~קייט n. Schüchternheit. שעמען ז' sich schämen
שענק f. C. Schenke, Gasthaus
שענקען 1, 3 schenken
שעפטשען 2 flüstern
שעפס m. C. Schöps. ~ען Schöps-
שעפען schöpfen
שער [a:] m. Titelblatt
שער f. C. Schere
שערעם m. A. Schirm
שערען 3 scheren
שפאגעט [ů'] m. Spagat, Bindfaden
שפאגעלניי [ů'] funkelnagelneu
צו שאנד און צו ~ — [שפאט] zu Schande und Spott
שפאלט m. C. Schlitz; Spalte. שפאלטען 3 spalten
שפאן m. E. Span
שפאנען große Schritte machen
שפאצירען spazieren gehen
שפאקולען [i'] pl. Brille
שפארינע [a:'] f. A. Ritze, Sparre
שפארע [a:] f. A. Türspalte
שפארעוודיג ausgiebig
שפארען drängen trans. u. intrans. ~ ז' sich drängen; hartnäckig zanken
שפארען pl. Sporen
שפארען sparen
שפיגלען ז' u. יג entzückt betrachten, sich sehr freuen, stolz sein.
שפיגעל u. יג m. C. Spiegel

שפּיז *f. C.* Spieß
שפּיטאָל *n. C.* Spital
שפּייַז *f.* Nahrung. שפּייַזען speisen (*trans.*), ernähren
שפּייַכלער *m. A.* Speicher
שפּייַעכץ *n.* Speichel. שפּייַען *3* spucken, speien
שפּיל *m. f. C.* Spiel. ~ען spielen. ~פֿויגעל *m. D.* Singvogel
שפּילקע *f. A.* Stecknadel
שפּין *f. C.* Spinne. שפּינוועבס *n.* Spinngewebe. שפּינען *1, 3* spinnen
שפּיסעל *n. H.* Stricknadel
שפּיץ *m. f.* Spitze; Gipfel; Pointe. ~באַרג *m. D.* Gipfel. ~נאָז *f. D.* Nasenspitze
שפּיצעל *n. H.* Schabernack
שפָּל [ů] gemein, niedrig, schäbig
שפַע *f.* Überfluß
שפּעט spät
שפּעטען spotten, verspotten, höhnen
שפּראָצען sprießen
שפּרייַז *m. C.* (Schreib-)Feder
שפּרייַזען schreiten, große Schritte Schritte machen
שפּרייַטען breiten
שפּרינגען *3* springen
שפּריצען spritzen *trans. u. intrans.*
שקאַפּע *f. A.* Schindmähre
שקאַרלאַטינע [i'] *f.* Scharlach
שקאַרמיץ [i'] *m. C.* Düte
שקצים *s.* שייגעץ
שֶקר *m.* שקרים Lüge. ~בלבול [é'] *n.* ~בלבולים Verleumdung, lügenhafte Anklage. שקרן *m.* שקרנים Lügenmaul

שר *m.* שׂרים Herr, Fürst
שראַנקען *m. A.* Schlagbaum, Maut
שרויף *f. C.* Schraube. שרויפֿען schrauben
שׂריד ופּליט [ipů:'] *m.* Entronnener
שרייַבען *3* schreiben. שרייַבער *m. G.* Schriftsteller
שרייַען *3* schreien
שרינד *m.* Haarscheide
שרעק *m. C.* Schrecken. שרעקען Furcht einflößen, schrecken, drohen; ~ זי fürchten, erschrecken
שׂרפֿה *f. A.* Feuersbrunst
שׂררה *m. A.* hochgestellte (*nicht-jüd.*) Persönlichkeit
שתדלן *m.* שתדלנים Fürsprecher, Vermittler. שתדלנות *n.* Vermittlung, Intervention

ת

תאווה (תאוה) *f. A.* Begierde, Lüsternheit, Wollust
תבואה *f. A.* Getreide
תביעה *f. A.* Forderung
תהום [tɔm] *m. B.* [toi] Abgrund
תהלים [tit] *m.* Psalter; Psalmen
תוך [o] *m.* Grund, Wesen. ~כדי־דיבור [o'] *ad.* augenblicklich
תוכחה [toi'chèchė] *f. A.* schwere Verfluchung (*am Berge* עֵיבל)
תוספות [sw] *m. Name eines berühmten talmud. Kommentars*
תופס זייַן *4* begreifen
תורה *f.* d. relig. jüd. Schrifttum; Pentateuch; *f. A.* Lehre, Wissenschaft

תחום *Zwangsansiedlungs*-Rayon *der Juden in Rußland.* ~ שבת [a'] *das am* Sabbat *nicht zu überschreitende* Gebiet
תחילת (תחלת) anfangs
תחינה *f. A. ausschließlich für* Frauen *bestimmtes* Gebet *aus einem Gebetbuch für Frauen;* Frauengebetbuch
תחית המתים [i:ės] Auferstehung der Toten
תחת [ů] *m. E.* Hinterer
תיו *u.* תיו [ůw] *f. C. zweiundzwanzigster Buchstabe des Alphabets*
תכלית *m.* Zweck. ~-השנאה *ad.* mit bitterem Haß
תכף (תיכף) sofort. ~ ומיד [i, a'] sofort
תכריכים *pl.* Totenkleider
תכשיט *m.* Schatz, Kleinod *(spött.)*
[תל] —~ מאכען א vernichten, zerstören, verwüsten. ~ א ווערען zugrundegehen, zunichtewerden
תליה [i:'ė] *f. A.* Galgen. תלין [jė] *m.* תלינים Henker
תלמוד-תורה [oi'] *f. A. eine Art (jüd.) Schule*
תלמיד *m.* תלמידים Schüler. ~ חכם [chů:'] *m.* Gelehrter *(im jüd. Schrifttum)*
תם *m.* Einfaltspinsel, Naiver
תמוז *m. jüd. Monat (Juni-Juli)*
תמיד [ů] *ad.* immer
תמימות *n.* Naivetät: ~דיג naiv.
תמעיאַטע *a. präd.* einfältig
תמצית *m.* Wesen, Quintessenz
תנאי *m.* Bedingung. תנאים [ů:ėm, o:jėm] *pl.* Verlobung
תנועה *f. A.* Bewegung, Geste
תנ"ך *m. (jüd.)* Bibel; B.exemplar
תענוג *m.* תענוגים Vergnügen
תענית [ů:n] (*auch* תעניס) *m.* תעניתים Fasttag; Fasten
תפילה (תפלה) *f. A.* Gebet. תפילין [twiln] *pl.* Phylakterien
תפיסה *f. A.* Gefängnis; Auffassungsgabe
תקיעות [tki:'ės] *pl. Stöße des* שופר
תקיעת-כף [a'] *m.* Handschlag
תקיף *m.* תקיפים Mächtiger, Herrschsüchtiger
תרבות Betragen
תרגום *m. d. aram. Übers. d. jüd. Bibel.* ~-לשון [a'] *n.* Aramäisch, Schwerverständliches
תרופה *f. A.* Mittel, Arznei
תרוץ (תירוץ) [e] *m.* תרוצים Ausrede, Einwand
תרעומות [ri:] *pl.* Beschwerden
תשובה *f. A.* Antwort; Buße
תשעה-באב [ti'šė] *m. Fasttag wegen Zerstörung des Tempels*
תשרי *m. jüd. Monat (Sept.-Okt.)*

Die häufigsten Abkürzungen.

א"ב *siehe im Wörterbuch:* אַלף־בּית

א"י אֶרץ יִשׂרָאל [ü:'] Palästina

אי"ה *s. i. W.:* אם ירצה הַשֵּׁם

ב"ה בָּרוך הוּא [běrchi:'] er sei gesegnet

ב"ה בָּרוך הַשֵּׁם [běrchěše'm] (Gott sei gesegnet, Gott sei Dank

בס"ה *s. i. W.:* בְּסך הַכּל

בעש"ט [bešt] ר' יִשׂרָאל, *der Begründer des* חסידות (*der* בַּעל שֵׁם טוב [e'])

הנ"ל [hana'l] der Obige

הקב"ה [kü:děšbo'rchi] Gott (= der Heilige, er sei gesegnet)

השי"ו השֵּׁם יתבָרך [šémés-bü:"rěch] Gott (= der Name sei gepriesen)

ז"ל [zał] *od.* זִכרונו לִבְרָכה (זִכרונה) der (die) Selige [= sein (ihr) Gedenken z. Segen)

ח"ו *s. i. W.:* חַס וְשָׁלום

חוה"מ *s. i. W.:* חול הַמוֹעֵד

יו"ט *s. i. W.:* יום טוב

יו"כ *s. i. W.:* יום כִּיפור

י"ש [jaš] Branntwein

כ"ץ [kac] *Fam.-Name* (כֹּהֵן צֶדק)

ל"ו־ניק *s. i. W.:* לַמד־וָוניק

מוצ"ש *s. i. W.:* מוצאי שַׁבָּת

נ"ך [na*ch*] (נְבִיאִים־כְּתוּבִים) die Propheten- und Hagiographenbücher

ס"ה *s. i. W.:* סך־הַכּל

ע"ה *s. i. W.:* (עָלֶיהָ) עָלָיו הַשָּׁלום

ק"ק קְהִלָּה קְדושה [ki, oi'] (jüd.) Gemeinde

ר' *s. i. W.:* רַב

רבש"ע *s. i. W.:* רִבּונו־שֶׁל־עולם

ר"ה *s. i. W.:* ראש־הַשָּׁנה

ר"ח *s. i. W.:* ראש־חודש

רמב"ם [ra'mbam] רַבִּי משה בֶּן מַימון Maimonides

רש"י [ra'ši] רַבִּי שלמה יִצחָקִי *s. i. W.*

ש"ס [šas] (שִׁשָּׁה סְדָרִים) *s. i W.*

ת"ח *s. i. W.:* תַּלמִיד חָכָם

תנ"ך [tna*ch*] (תּורה־נְבִיאִים־כְּתוּבִים) *s. i. W.*

Die Buchstaben des Alphabets dienen auch als Ziffern: א bis י ist 1 bis 10, כ bis ק ist 20 bis 100, ר bis ת ist 200 bis 400. Die weiteren, sowie zusammengesetzte Zahlen werden durch Addition gebildet: 25 ist כה, 800 ist תת. (Tausender: Buchstabe mit Punkt darüber: 3000 ist ג̇. — Unregelmäßig: 15 ist טו, 16 ist טז.)

Die jüdische Zeitrechnung zählt jetzt das Jahr 5675. Beispiel: י"ח איר תרע"ה 18. Ijer 675, d. i. 5675, entspricht dem 2. Mai 1915.

Folgendes Verzeichnis bringt von einer Anzahl hbä. Wörter orthographische Formen, die von denen im vorhergehenden Wörterbuch als Stichworte gebrauchten abweichen; in der Klammer diese Formen:

אבידה (אבדה)
אודאי (אוודאי)
אײר (איר)

בדיל־הדל (בדילי־דל)
בודאי (בוודאי)
בזיל־הזול (בזילי־זול)
בחנם (בחינם)
בטול (ביטול)
ביכלת (ביכולת)
בית המדרש (בית־מדרש)
בכח (בכוח)
בעל־הביתישקיט (בעל־בתישקײט)
בקצור (בקיצור)
בר מנן (בר־מינן)

גבור (גיבור)
גהנום (גיהנם)
גזילה (גזלה)
גזירה (גזרה)
גמטריא (גימטריא)
גנביש (גנבהש)

דבוק (דיבוק)
דביקות (דבקות)
דהײנו (דהינו)
דופק (דפק)
דוקא (דווקא)
דײן (דין)

היזק (הזק)
היפך (הפך)
היתר (התר)
הלואה (הלוואה)

הלואי (הלוואי)
המוציא (מוציא)
העויה (העווײה)
הפטרה (הפטורה)
התחײבות (התחיבות)

ודוי (ווידוי)
וכוח (וויכוח)
ושט (ווישט)

זווג (זיווג)
זײן (זין)

חדוש (חידוש)
חדש (חודש)
חײל (חיל)
חלאת (חולאת)
חלוף (חילוף)
חלוק (הילוק)
חצפה (חוצפה)
חרבה (חורבה)
חרבן (חורבן)

טנוף (טינוף)
טפש (טיפש)
טריף (טרף)

יום כפור (יום־כיפור)
יכלת (יכולת)

כבוד (כבוד; כיבוד)
כוון (כיוון)
כונה (כוונה)
כלי זײן (כלי־זין)
כלי זמר (כלזמר)

לאו	(לאוו)
להיפך	(להפך)
לוה	(לווה)
לכתחלה	(לכתחילה)
למוד	(לימוד)
לקוי	(ליקוי)
מאוס	(מיאוס)
מבוייש	(מבויש)
מבייש	(מביש)
מגייר	(מגיר)
מדה	(מידה)
מדריגה	(מדרגה)
מוסר	(מסר)
מושוה	(מושווה)
מחייה	(מחיה)
מייאש	(מיאש)
מייסד	(מיסד)
מיישב	(מישב)
מכח	(מכוח)
מקויים	(מקוים)
מקיים	(מקים)
נגון	(ניגון)
ניכר	(נכר)
נצול	(ניצול)
סבה	(סיבה)
סברא	(סברה)
סדור	(סידור)
סכה	(סוכה)
סכות	(סוכות)
סמן	(סימן)
עבור-יאר	(עיבור-יאר)
עבירה	(עברה)
עיצה	(עצה)
עלוי	(עילוי)
עניו	(ענו)

עקר	(עיקר)
פירוש	(פרוש)
פליטה	(פלטה)
פסלת	(פסולת)
פרכת	(פרוכת)
צבור	(ציבור)
צצה	(ציצה)
קדם	(קודם)
קדוש	(קידוש ; קדוש)
קדש	([לשון] קודש)
קלפה	(קליפה)
ריוח	(רוח)
שדוך	(שידוך)
שהות	(שהיות)
שטה	(שיטה)
שייך	(שיך)
שייכות	(שיכות)
שיריים	(שירים)
שכור	(שיכור)
שכרות	(שיכרות)
שלח מנות	(שלוח-מנות)
שלימות	(שלמות)
שמנה עשרה	(שמונה-עשרה)
שנוי	(שינוי)
שעור	(שיעור)
שעכטען	(שחטען)
תאמר	(טאמער)
תחלת	(תחילת)
תחנה	(תחינה)
תיכף	(תכף)
תכחה	(תוכחה)
תפלה	(תפילה)
תירוץ	(תרוץ)

Die häufigsten ostjüdischen Rufnamen.

אַבא. אַבֿנר. אַבֿרָהם [ru̇:′m] (אַבֿרֶהמל rė′m). אַהרן, אַהרעלע.
אָהרע. אײַדעל*. אײַזיק. איסר. איציק. איתָמר [u̇]. אֶלחָנן [u̇:′].
אַלטע*. אַלטער. אֶליה[1]), אֶליָהו. אֶלימֶלך. אֶליעֶזר. אֶליָקום. אַלֶכּסנדר.
אֶלעָזר. אֶלקָנה. אַנשעל. אֶסתר*. אֶפֿרַים [o:′jė]. אַריה[1]). אָשר.

באַנטשע. בונים. בײלע*. בײנוש. בינע*. בלומע*. בֶּן-ציון [i:′].
בִּנָימין [u̇′]. בנציה. בעבעלע*. בענדעט. בער, בעריש, בערל. בְּצַלאֵל
[łėł]. בָּרוך. בריינדעל*, בריינע*. בְּרָכה* [u̇]. בֶּרַכיה[1]): בַּתיה*. בַּת-שֶׁבַֿע*.

גאָלדע*. גַבֿריאל[2]). גְדַליה[1]). גיטעל. גנעסי*. געלע*. גענענדעל*
[ne′]. געצעל. גרונים. גרונע*. גרויטע*. גֶרשון [é].

דאָבע*. דאַברע*. דבֿורה*. דובֿ [o]. דובעריש [o′]. דָוד [u̇wė].
דוואָשע*. דינה*. דָן [o]. דָניאל[2]).

האָדעל*. האַנע*. הינדע*, הינדעל*. הִלל. הענע*. העניך. הערש.
הערצעלע. העשעל.

וואָלף. ווינע*. וועלוועל.

זאבֿ. זבֿולון. זײַנוועל. זימעל. זיסע*. זיסעל. זישע. זכַריה[1]).
זלאַטע*. זַלמן. זִלפּה*. זַלקע. זעטעל. זעלדע*. זעליג. זֶרח.

חַוה* [w]. חֶזקיאל [kł]. חִיאל[2]). חַיה*[1]). חַיִם [jėm], חַײקעל.
הינקע*. חָנא. חַנה*, חַנטשע*. חַנוך. חָנן. חֲנַניה[1]). חַצקאל [kł].

טָביה[1]), טוביה[1]). טויבע*. טעמע*. טרײַטעל. טרײַנע*. טשאַרנע*.

יאַכנע*. יאַנקעל [áıŋk]. יאַנטעל. יאָסעל. יאָקעל [u̇]. יהודה [ji:].
יהודית*. יהושֻע [joiši:′ė]. יואל [joił]. יודעל. יְחֶזקאל [kł]. יוחנן
[oi′]. יוטע*. יום-טובֿ [jontėw]. יונה. יונתן [oi′]. יוסף [o]. יְחִיאל[2]).
יַעקבֿ [jáŋkėw]. יָמי [u̇]. יענטע*. יִצחק. יְקותיאל[2]). יְרוחם. יְרַחמיאל[2]).
יִרמיה[1]). יִשָׂכר [u̇]. יְשַׁעיה[1]). יִשׂראל [ru̇:′ł].

כאַסע*, כאַשע*. כַּתריאל[2]).

לֵאה* [æiė]. לאָזער. לֵוי [w]. ליבע*. לײב (לֵיב), לײבוש, לײבע.
לײזער. ליפּמאַן, ליפּע.

מאָטעל. מֵאיר. מאָניש. מיכָאל [u̇:′]. מִיכה. מיכל. מינדעל*,
מינטשע*. מירל*. מֶלך. מַלכּה*. מְנַחם. מְנַשה. מענדעל. מָרדכי
[mordchė]. מרים* [jė]. משה [oiš]. מְשולם. מַתִתיָהו.

נֹח. נָחום [u̇]. נְחָמה* [u̇]. נְחֶמיה[1]). נַחמן. נָטע. ניסעל, ניסן.
נעכע*. נַפֿתָלי. נָתן. נְתַנאל [nł].

סילקע*. סימע*. סיני. סלאַווע*. סענדער.

עובֿדיה[1]). עוזר. עֶזרא. עַזריאל[2]). עטעל*. עירא. עלקע. עֲקיבֿא.

* Frauenname. — [1]) [jė]. — [2]) [i:′ł].

פּאל. פײגע*. פײַװיש (פײַבוש). פײַסי*. פּיניע. פײשעל, פישקע.
פּלטיאל[2]). פּנחס. פּסח. פּעסיע*, פּעסיעל*. פּערל*. פראדעל* [a:]. פרומע:
פרומעט*. פרידעל. פרײַדע*, פרײַדעל*. פרים [o:jé]. פּרץ. פּתחיה[1]).
צבי. צביה*[1]). צדוק. צײַטעל*. צירל*. צמח. צפורה*, ציפע*. צלל.
קאפּעל. קהת. קיבה. קײלע*. קלמן. קרוינע*, קרײַנדעל*.
ראובן [ri:], ראובעלע. רבקה*, רבעלע* [i]. רויזע*. רחל* [ú].
רײזעל*. רײַצע*, רײַצעל*. ריקעל*. רעחעל. רפאל [réfú:'l].
שאול [šoil]. שבתי. שײנדעל*, שײנע*. שכנא. שכר [ú]. שלום.
שלמה. שמאי [mé]. שמואל [i:l]. שמחה. שמעון [šimén]. שמעיה.
שמעלקע. שמערל, שמריה[1]). שמשון. שניאור [žciěr]. שע [ši:é]. ישעיה[1]).
שעפּטעל. שפרה*. שפרינצע*. שראל [srú:l]. שרגא. שרה*, שרל* [é].
תנאל [nl]. תנחום.

Einige geographische Namen.

Odessa	אדעס [e']
Ungarn	אונגערן
Europa	אײראפּע
Amerika	אמעריקע
Palästina	ארץ־ישראל [ú:'l]
Bolszowce	באלשעװעץ [e']
Berditschew	באַרדיטשעװ [i']
Bug	בוג
Bialystok	ביאַליסטאָק
Buczacz	בעטשאַטש [ú:']
Belz	בעלז
Bendzin	בענדזין [i:']
Berlin	בערלין [i:']
Brody	בראָד
Brzesko	בריגעל
Brest	בריסק
Galizien	גאַליציען
Galiläa	גליל
Grodno	גראָדנע
Danzig	דאַנציג
Dubno	דובנע
Deutschland	דײַטשלאַנד
Dünaburg	דענענבורג
Dorpat	דערפּעט
Drohobycz	דראָביטש
Homel	האָמעל
Halycz	העליטש
Wolhynien	װאָלין [o']
Walachei	װאַלעכײַ [á]
Warschau	װאַרשע
Witebsk	װיטעבסק
Weichsel	װײַסעל
Wilna	װילנע
Wien	װין
Samut	זאַמעט
Shitomir	זשיטאָמיר
Zloczów	זלאָטשעװ
Tarnów	טאַרנע
Tiberias	טבריה [jé]
Türkei	טערקײַ [á']
Jaroslau	יאַרעסלעװ [a']
Jaffa	יפו
Jordan	ירדן
Jerusalem	ירושלים [jé]
Lodz	לאָדז
Lomža	לאָמזשע
London	לאָנדאָן
Lublin	לובלין

Prag	פּראָג
Prut	פרוט
Przemyśl	פּרעמיסל
Safed	צְפַת
Kowno	קאָוונע
Kowel	קאָוועל
Kamieniec	קאַמענעץ [a′]
Kolomea	קילעמיִ [æi′]
Kiew	קִיעוו
Kielce	קעלץ
Kischinew	קעשענעוו [ko′]
Krakau	קראָקע
Radautz	ראַדעווייץ
Radom	ראָדעם
Rowno	ראָוונע
Rom	רוים
Rußland	רוסלאַנד
Riga	ריגע
Rzeszów	רֵישא (ריִישע)
Radymno	רעָדעם
Szawli	שאַוועל
Suczawa	שאץ
Szpala	שפּאלע
Siedlce	שעדלעץ

Libau	ליבאַווע
Litauen	ליטע
Lemberg	לעמבעריג
Mohilew	מאָלעוו
Moskau	מאָסקווע
Minsk	מינסק
Miedzibož	מעזביזש
Ägypten	מְצרַים [jė]
New-York	נויארק [o′]
Sabagura	סאַדעגערע [ge′]
Sandec	סאַנדז
Sodom	סדום [o]
Stanislau	סטאַניסלעוו
Sinai	סיני
Sokal	סקאָל
Österreich	עסטרײַך
Poltawa	פּאָלטאַווע
Paris	פּאַריִז
Posen	פּויזען
Polen	פּוילען
Pinsk	פּינסק
Plock	פּלוצק
Petersburg	פּעָטערבורג
Petrikau	פּעטריקעוו

Überblick über das jiddische Lautsystem.

(Anordnung nach Sweet-Sievers.)

A. Konsonanten.

			Lippenlaute: Bilabiale	Lippenlaute: Labiodentale	Zungen-Gaumenlaute: Coronale: Postdentale	Zungen-Gaumenlaute: Dorsale: Palatale	Zungen-Gaumenlaute: Dorsale: Velare	Laryngallaute
Geräuschlaute	Explosivlaute	stimmlos	p		t		k	א
		stimmhaft	b		d		g	
	Spiranten	stimmlos		f	s; š		ch	h
		stimmhaft		w	z; ž			
	Affrikaten	stimmlos			c	č		
		stimmhaft			dz	dž		
Sonorlaute	Nasale		m		n	nj	ŋ	
	l-Laute				ł	lj		
	r-Laute						Uvular r	

B. Vokale.

Velare

Zungenstellung	Dialekt	Quantität	gespannt	ungespannt
niedrige	äi-Mundart	kurz		$\mathfrak{a}^2$ pač, kłał, cap
		lang		wát, šáłė, da:r, łė-wa:jė, wa:rė. — Nasaliert: mą́sė
	ai-Mundart	kurz		$\mathfrak{a}^2$ pač, kłał, cap, šnœi, ksœ:dĕr
		lang		wát, šáłė, da:r, łė-wa:jė, wa:rė. — Nasaliert: mą́sė
	O-Dial.	kurz	$\mathfrak{a}^1$ łėwa:jė, wait (= wát), šailė (= šáłė)	$\mathfrak{a}^2$ pač, kłał, cap, da:r, wa:rė

Velare gerundet

Zungenstellung	Dialekt	Quantität	gespannt	ungespannt
hohe	äi-Mda.	kurz	u^1	u^2 zůgŋ, kůwėd, houz
		lang	mů:l, pů:těr, sů:d; dial.: hů:z (=houz)	
	ai-Mda.	kurz	u^1	u^2 zůgŋ, kůwėd, houz
		lang	mů:ł, pů:těr, sů:d	
	o-Dial.	kurz		u^2 gĭt, štĭs, fĭ:s, bĭ:šė; dial.: huiz. (= houz)
mittlere	äi-Mundart	kurz	o^1 dial.: roit, toiwė, hoidėn	o^2 kop, os, chochmė, sosnė; roit, toiwė, hoidėn; houz
		lang		gėwo:rn, niso:jėn, ro:jėn
	ai-Mundart	kurz		o^2 kop, os, chochmė, sosnė; roit, toiwė, hoidėn; houz
		lang		gėwo:rn, niso:jėn, ro:jėn
	o-Dialekt	kurz		o^2 kop, os, chochmė, sosnė, zůgŋ, mů:ł, pů:těr; houz

Palatovelare.

mittlere	äi-Mda.	kurz	$ė^1$ gėzůgt, mėłi:chė, prawėn	
	ai-Mda.	kurz	$ė^1$ gėzůgt, mėłi:chė, prawėn	$ė^2$
		lang		dial.: šnœi, ksœidĕr
	o-Dial.	kurz	$ė^1$ gėzůgt, mėłi:chė, prawėn	

Hohe Zungenstellung (i^1) ist vielleicht häufiger

Palatale.

Zungenstellung	Dialekt	Quantität	gespannt	ungespannt
hohe	äi-Mundart	kurz	i^1 roit, toiwė; šnæi, ksæidĕr; téig (= tég), téiwė (= téwė); kái (= ká). — dial. mit, widė, brikėn, git, štis, tipėn	i^2 mit, widė, brikėn, git, štis, tipėn
		lang	fi:ln, di:nėm, fi:s, bi:šė	
	ai-Mda.	kurz	i^1 roit, toiwė, šnæi, ksæidĕr; téig (= tég), téiwė (= téwė)	i^2 mit, widė, brikėn, git, štis, tipėn
		lang	fi:ln, di:nėm, fi:s, bi:šė	
	o-Dialekt	kurz	i^1 mit, widė, brikėn, fi:ln, di:nėm; roit, toiwė; šnæi, ksæidĕr; wait (= wát); hoiz (= houz)	
mittlere	äi-Mda.	kurz	e^1 téig (= tég), téiwė (= téwė)	
	ai-Mda.			
	o-Dial.	kurz	e^1 šnæi, ksæidĕr	e^2 wet, get, čepėn, tég, téwė
niedrige	äi-Mda.	kurz	$æ^1$ šnæi, ksæidĕr	$æ^2$ wet, get, čepėn; sehr kurz: hoikėr, æiwėr, marėch, małėch
	ai-Mda.	kurz	$æ^1$ téig (= tég), téiwė (= téwė)	$æ^2$ wet, get, čepėn; sehr kurz: hoikėr, æiwėr, marėch, małėch
	o-Dial.			

Kurze Bibliographie

Siehe den dritten Absatz im Vorwort. – Zur Umschrift siehe die Seiten 3 und 4. – Die Abkürzung der Zeitschriftennamen ist mit Rücksicht auf Nichtfachleute vorgenommen.

A. Allgemeines

1 Moritz Grünwald: Über den jüdisch-deutschen Jargon, vulgo Kauderwälsch genannt. a) Der ungarische Israelit, [1887]. (b) Separatabdruck. c) Zweiter unveränderter Abdruck; Prag 1888.

2 Nathan Birnbaum: Hebräisch und Jüdisch (Ost und West, *Jg.* 2, 1902; *Neudruck in No. 7 [siehe unten], Bd.1).*

2,1 --: Die Sprachen des jüdischen Volkes (Jüdische Abende, Wien, 1904; *erweiterter Nachdruck in No. 7 [siehe unten], Bd.1).*

3 --: Für die jüdische Sprache (Jüdische Zeitung, *Jg. 1*, Wien 1907; *Neudruck in No. 6 [siehe unten], Bd. 2).*

4 --: Die konferénc far der Iîdiśer śprax – Éfynjngsréidy (Dr. Biirnboims Voxn-Blat, 1908; *Übersetzung in No. 7 [siehe unten], Bd. 2*: Eröffnungsrede auf der jüdischen Sprachkonferenz in Czernowitz).

5 --: Der „źargon" (Géirśym Baders Iîdiśer folkskalénder, *Jg. 15*, 1909: *Übersetzung in No. 7 [siehe unten], Bd.2:* Der „Jargon").

6 --: Zum Sprachenstreit. Eine Entgegnung an Achad Haam *(Siehe No. 7 [siehe unten], Bd. 2).*

7 --: Ausgewählte Schriften zur jüdischen Frage, *Cernowitz* 1910. *(Siehe No. 2–6 [siehe oben]).*

8 --: Der iîxys fjn Iîdiś. *Berlin* 1913. *Übersetzung:* Sprachadel (Die Freistatt, *Bd. 1*, 1913).

9 Matthias Mieses: Die Entstehungsursache der jüdischen Dialekte. *Wien* 1915. Neudruck mit einer Einleitung von Peter Freimark. *Hamburg* 1979.

10 Hugo Bergmann: Unsere Stellung zum Jüdischen (Jawne und Jerusalem. *Berlin* 1919).

11 Śloimy Uu. Biirnboim: Iîdiśkait jn luuśn. *Warschau* 1930.

12 --: Gjly fjn luuśn. *Lodz* 1931.

13 --: Iîdiś-njmer (Bais iaankyv, *No. 71/72, Jg. 8, Lodz* 1931).

14 --: Iîdiśer Visnśaftlexer Institút: Di éirśty Iîdiśy śpraxkonferénc . . . *Wilna* 1931.

15 Solomon A. Birnbaum: Jewish Languages (Essays in Honour of . . . J. H. Hertz, *London* 1944).
16 Ïisruul Efroikin: Of-kjm jn jm-kjm fjn Iîdiśy guulys-śpraxn jn dialéktn. *Paris* 1951.
17 Iaankyv Śmjjl Toubys: Iîdiś – niśt Hébréïiś. *New York* 1952.
17,1 Solomon A. Birnbaum: Judaism and Yiddish (J. Leftwich, Hrsg.: The way we think, *Bd. 2, New York* 1969).
17,2 --: Jewish languages (Encyclop. Jud., Vol. 10, *Jerusalem* 1971).
17,2,1 Maurice Samuel. In praise of Yiddish. *New York* 1971.
17,2,2 Herbert H. Paper (Hrsg.). Jewish Languages. *Cambridge, Mass.* 1978.
17,3 Emanuel S. Goldsmith: Architects of Yiddishism at the beginning of the twentieth century; A study in Jewish cultural history, Rutherford etc. 1979.
17.4 Anna Dresner. Scholem-Alejchems „Jidische Folksbibliotek" 1888/89. (Sonderheft Jiddisch *[s. Nr. 149]* 186–194) 1981.
17,5 Dov Ber Kerler: Prewar Soviet Theories on the Origins of Yiddish. (*Siehe Nr. 152.* 1987.)

B. Einführendes

18 Salomo A. Birnbaum: Die jiddische Sprache (Germ.-Roman. Monatsschr., *Jg. 11*, 1923).
19 --: Jiddische Sprache (Jüdisches Lexikon, *Bd. 2, Berlin* 1929).
20 --: Jiddisch. (Encyclopaedia Judaica, *Bd. 9, Berlin* 1932).
21 Maks Vaanraax: Iîdiś (Algymainy énciklopédiy, *Band* Iîdn II, *Paris* 1939).
22 --: Iîdiśy filologiy *(Ebda).*
23 Franz J. Beranek: Jiddisch (Deutsche Philologie im Aufriß, *Hrsg.* W. Stammler, *2. Aufl., Bd. 1, Berlin* 1957. 2. unv. Nachdruck 1978).
24 Salcia Landmann: Jiddisch. Das Abenteuer einer Sprache. *Freiburg* 1962. (Teilausgabe als Taschenbuch dtv Nr. 252. *München* 1964). Neubearb. Ausgabe *Wiesbaden und München* 1979.
25 Hans P. Althaus: Die jiddische Sprache. Eine Einführung (Germania Jud. N. F. *Bd. 4*, 1965, *Bd. 7*, 1968).
25,1 William B. Lockwood: Yiddish (An informal hist. of the Germ. lang., *Cambridge* 1965).

25,2 OTTO F. BEST: Mameloschen. Eine Sprache und ihre Literatur. *Frankfurt/M.* 1973.
25,3 SALOMO A. BIRNBAUM: Die jiddische Sprache, Ein kurzer Überblick und Texte aus acht Jahrhunderten. 2., erweiterte u. überarb. Aufl. *Hamburg* 1986.
25,4 CLAUS J. HUTTERER: (*In:* Die germanischen Sprachen, 347–361) *Budapest* 1975.
25,5 JACOB ALLERHAND: Jiddisch – Metamorphose einer Sprache (Studia Judaica Austriaca, *Bd. IV*, 1977).
25,6 MAX WEINREICH: Di geśixty fjn der Iîdiśer śprax. *New York* 1973.
25,7 --: History of the Yiddish language (*Übersetzung von* [25,6]). *New York* 1979.
25,8 FLORENCE GUGGENHELM: Sprachen und schrieben die Zürcher Juden jiddisch zu Ende des 14. Jahrhunderts? (Frag. d. ält. Jid., 2f.) 1977.
25,9 JOHN GEIPEL: Mame Loshn: the making of Yiddish. *London* 1982.

C. GRAMMATISCHES

26 LEO WIENER: On the Hebrew Element in Slavo-Judaeo-German (Hebraica, *Bd. 10*, 1893).
26,1 ALFRED LANDAU: Das Deminutivum der galizisch-jüdischen Mundart. (Deutsche Mundarten, 1:46–58) 1896.
27 JACOB GERZON: Die jüdisch-deutsche Sprache. Eine grammatisch-lexikalische Untersuchung ihres deutschen Grundbestandes. Frankfurt a. M. 1902. *Bespr. von*
28 ALFRED LANDAU (*in* Zeitschr. f. dt. Philol., *Bd. 36*, 1904).
29 SALOMO A. BIRNBAUM: Praktische Grammatik der jiddischen Sprache für den Selbstunterricht. *Wien* 1918. 5., ergänzte A. *Hamburg* 1988.
30 ZALMYN RAIZIN: Gramatik fjn der Iîdiśer śprax. *1. Teil, 2. Aufl., Wilna* 1920.
31 SALOMO A. BIRNBAUM: Das hebräische und aramäische Element in der jiddischen Sprache. *Würzburg* 1922. 2. Aufl. mit einem Nachwort von Walter Röll. *Hamburg* 1986.
32 MATTHIAS MIESES: Die jiddische Sprache. Eine historische Grammatik des Idioms der integralen Juden Ost- und Mitteleuropas. *Wien* 1924. *Bespr. von*

33 MARTIN PLESSNER (*in:* Oriental. Literaturzeitung, *Jg. 30*, S. 386, 1927).

34 AAZIK ZARĘCKI: Praktiśy Iîdiśy gramatik far léirers jn studéntn. *Moskau* 1926.

34,1 MEYER WOLF: The geography of Yiddish case and gender variation (Field of Yiddish, *Bd. 3, New York* 1969).

34,2 VERA LOCKWOOD BAVISKAR: The position of aspect in the verbal system of Yiddish (Working Papers in Yiddish and East European Jewish studies, *Nr. 1, New York* 1972).

34,3 MEYER WOLF: Contributions to a transformational grammar of Yiddish. (Work. Pap. in Yid., 4) 1974.

34,4 VERA LOCKWOOD BAVISKAR: Negation in a sample of seventeenth century Western Yiddish (Ibid. *Nr. 4*, 1975).

34,5 WALTER RÖLL: Die Pluralbildung im Jiddischen und im Deutschen. (Akt. d. internat. Germ. kongr. (5:211-220) 1976.

34,6 ROBERT D. KING: Proto Yiddish morphology. (*Siehe Nr. 152.* 1987.)

34,7 CHRISTOPHER HUTTON: Negation in Yiddish and Historical reconstruction. (*Siehe Nr. 152.* 1987.)

34,8 JAMES W. MARCHAND: Proto Yiddish and the glosses: Can we reconstruct Proto Yiddish? (*Siehe Nr. 152.* 1987.)

D. MUNDARTEN, REGIONALES

35 LEO WIENER: On the Judaeo-German spoken by the Russian Jews. (Amer. Journ. of Philol., *Bd. 14*, 1893).

36 TH. WEISS: Das Elsasser Judendeutsch (Jahrb. f. Gesch., Spr. u. Lit. Elsaß-Lothringens, *Bd. 12*, 1896).

37 ALFRED LANDAU: Das Deminutiv in der galizisch-jüdischen Mundart (Dt. Mundarten, *Bd. 1*, 1896).

37,1 C. W. FABER: Zur Judensprache im Elsaß. (Jahrb. f. Gesch., Spr. u. Lit. Els.-Lothr. (13:173-183) 1897.

38 ALFRED LANDAU: Die Sprache der Memoiren der Glückel von Hameln (Mitteil. d. Gesellschaft f. jüd. Volkskunde, *Jg. 1901*).

39 LAZAR SAINÉAN: Essai sur le Judéo-allemand et spécialement sur le dialecte parlé en Valachie (Mém. de la Soc. de Ling., 1902).

40 E. HALTER: Das Elsasser Judendeutsch (Die Mundarten im Elsaß, *Bern* 1908).

40,1 A. BLOCH: Elsässisch-jüdische Redensarten und Sprichwörter. (Jahrb. f. d. Gesch. der Isr. in Els.-Lothr.) 1918.

41 E. WEILL: Le yidisch alsacien-lorrain (Rev. d. étud. juiv., *Bd. 70–72*, 1920–21, und Sonderdruck).

42 HONEL MEISS: A travers le dialecte judéo-alsacien. *Nizza* 1929.

43 FRANZ J. BERANEK: Die jiddische Mundart Nordostungarns. *Brünn* 1941.

44 —: Sprachgeographie des Jiddischen in den Slowakei (Zeitschr. f. Phonetik u. allg. Sprachwiss., *Bd. 3*, 1949).

44,1 FLORENCE GUGGENHEIM: Die Sprache der Schweizer Juden von Endingen und Lengnau. *Neudruck* (Beitr. z. Gesch. u. Volkskunde i. d. Schweiz) 1954.

45 FRANZ J. BERANEK: Das Pinsker Jiddisch und seine Stellung im gesamtjiddischen Sprachraum. *Berlin* 1958.

45,1 FLORENCE GUGGENHEIM: Zur Phonologie des Surbtaler Jiddischen (Phonetica 2:86–108) 1958.

46 FRANZ J. BERANEK: Die fränkische Landschaft des Jiddischen (Jahrbuch f. fränk. Landesforsch., *Bd. 21*, 1961).

46,1 FLORENCE GUGGENHEIM: Gailinger Jiddisch. *Göttingen* 1961.

47 JEAN JOFEN: A Linguistic Atlas of Eastern European Yiddish. *New York* 1964.

47,1 FLORENCE GUGGENHEIM: Überreste westjiddischer Dialekte in der Schweiz, im Elsaß und in Süddeutschland (Stud. in Jew. Lang., Lit. and Soc., 72–81) 1964.

48 FRANZ J. BERANEK: Westjiddischer Sprachatlas. 1965.

49 JOSHUA A. FISHMAN: Yiddish in America. Socio-linguistic Description and Analysis. *Bloomington* 1965.

50 PAUL L. GARVIN: The dialect geography of Hungarian Yiddish (Field of Yiddish, *Bd. 2, New York* 1965).

50,1 MARVIN I. HERZOG: The Yiddish Language in Northern Poland, Its Geography and History. *Bloomington* 1965.

50,2 CLAUS J. HUTTERER: The phonology of Budapest Yiddish (Field of Yiddish, *Bd.2, New York* 1965).

50,3 RICHARD ZUCKERMAN: Alsace — An outpost of Western Yiddish (Field of Yiddish, *Bd. 3, New York* 1969).

50,4 LEOPOLD SCHNITZLER: Prager Judendeutsch. (1922). *Gräfelfing bei München* 1966.

50,5 MAX WEINREICH: On the dynamics of Yiddish dialect formation. (Field of Yiddish: 2:73–86) 1965.

50,6 FLORENCE GUGGENHEIM-GRÜNEBERG: Surbtaler Jiddisch, Endingen und Lengnau. Mit Anhang jiddischer Sprachproben aus Elsaß und Baden. *Frauenfeld* 1966.

50,7 CLAUS J. HUTTERER: Geschichte des Vokalismus der westjiddischen Mundart von Ofen und Pest. (Acta Lingu. Acad. Scient. Hung.: 17:345–382) 1967.

50,8 HALINA KOZLOWSKI: Zur Forschungsgeschichte der jiddischen Dialekte (Lingua Posnaniensis, *Nr. 12/13, Poznań* 1968.

50,9 MARVIN I. HERZOG: Yiddish in the Ukraine. (Field of Yiddish, 3:58–81) 1969.

50,10 CLAUS J. HUTTERER: Theoretical and practical problems of Western Yiddish dialectology. (Ibid. 3:1–15) 1969.

50,11 STEVEN LOWENSTEIN: Results of atlas investigations among Jews from Germany. (Ibid., 3:16–35) 1969.

50,12 URIEL WEINREICH: The geographic makeup of Belorussian Yiddish. (Ibid., 3:82–101) 1969.

50,13 JECHIEL BIN-NUN: Jiddisch und die deutschen Mundarten. (*Allgem. Teil* [Jechiel Fischer, Leipzig 1936] + *Lautlehre*) Tübingen 1972.

50,14 FLORENCE GUGGENHEIM-GRÜNEBERG: Jiddisch auf alemannischem Sprachgebiet. 56 Karten zur Sprach- und Sachgeographie. *Zürich* 1973.

50,15 ROBERT M. COPELAND AND NATHAN SUSSKIND: The language of Hertz's Esther. (1951) 1976.

50,16 SOLOMON A. BIRNBAUM: Soviet Yiddish (Soviet Jewish Affairs, 1978).

50,17 FLORENCE GUGGENHEIM: Die Surbtaler Pferdehändlersprache (Sonderheft Jiddisch *[s. Nr. 149]* 43–55) 1981.

50,18 DOVID KATZ: Zur Dialektologie des Jiddischen (Dialektologie, 1983)

50,19 JEAN JOFEN: The origin of the *o* vowel in southeastern Yiddish. (*Siehe Nr. 152.* 1987.)

50,20 DOVID KATZ: The proto dialectology of Ashkenaz. (*Siehe Nr. 152.* 1987.)

E Zum Lautwesen

51 Ijjdy A. Iufy: Di klangyn fjn Iîdiś jn der Iîdiśer alyf-baiz (Dus nayy léibn, *New York* 1909).
51,1 DR. X. (= Lazar/Ludwik Zamynhof, Zamenhof/Samenhof). Véign a Iîdiśer gramatik jn ryforym in der Iîdiśer śprax. (Léibn jn visnśaft, 1:53–54; 7:89–96; 9:97–103) 1909, 1910.
52 P. M. Fleiss: Das Buch Simchat Hanefesch . . . 1727 . . . Reimuntersuchung . . . *Bern* 1912.
52,1 Salomo [A.] Birnbaum: Tabelle. (Freistatt, 1:58–59) 1913.
52,2 —: Die jiddische Orthographie. (Ibid., 1:588–591) 1914.
53 Edward Sapir: Notes on Judaeo-German Phonology (Jew. Quart. Rev., *N.F. Bd. 6*, 1915).
54 Salomo A. Birnbaum: Übersicht über den jiddischen Vokalismus (Zeitschrift f. dt. Mundarten, *Jg. 18*, 1923).
54.1 Śloimy Biirnboim [Salomo A. Birnbaum]: Di klangyn jn dus ous laign fjn Iîdiś (Iîd. Filolog., 176–180) 1924.
54.2 —: Transkripciys fjn Iîdiś. *First part.* (Filol. śriftn, 3:485–496) 1929.
55 Śloimy Uu. Biirnboim: Alyf-baiz fjn ortodoksiśn ous-laig. (Ainhaitlexer Iîd. ouslaig, 86–87) 1930.
55,1 Zéilik Kalmanović [Zelik (Selig) Kalmanowicz] Ci iz miiglex a fonétiśer ous-laig far der Iîdiśer literariśer śprax? (Ibid., 3–17) 1930.
55,2 Bruno Kormann: Die Reimtechnik der Esther-Paraphrase Cod. Hamburg 144 (*Dissertation Hamburg* 1930).
55,3 B. Śloseberg [Schlossberg]: Der Iîdiśer ous-laig in Ratn-Farband. (Ainhaitl. Iîd. ous-laig 72–84) 1930.
55,4 Śloimy Biirnboim [Salomo A. Birnbaum]: Cvai vuvn kexol ha-gooiym (Bais-Iaankyv, 71/72:32–33) 1931.
56 Salomo A. Birnbaum: Das älteste datierte Schriftstück in jiddischer Sprache (Beitr. z. Gesch. d. dt. Spr. u. Lit., *Bd. 56*, 1932).
57 —: Die Umschrift des Jiddischen (Teuthonista, *Jg. 9*, 1933).
58 —: Di historiy fjn di alty U-Klangyn in Iîdiś. *Wilna* 1934 (*aus:* Iîvuu-bléter, *Bd. 6*).
58,1 Iîdiśer Visnśaftlexer Institût: Ous-laig-takuunys fjn Iîdiś. *Wilna* 1935.
58,2 Florence Guggenheim: Zur Umschrift deutscher Mundarten

des 14./15. Jahrhunderts mit hebräischer Schrift. (Zeitschr. f. Mundartforsch. 24:229–246) 1957.

59 HANS NEUMANN: Sprache und Reim in den judendeutschen Gedichten des Cambridger Codex T.-S. 10. K. 22 (Indogermanica, Festschrift W. Krause. *Heidelberg* 1960).

59,1 FRANZ J. BERANEK: Zur Geschichte des jiddischen Vokalismus (Zeitschr. f. Ma. Forschung, *Jg. 32*, 1965).

59,2 PAVEL TROST: Yiddish in Bohemia and Moravia — The vowel question (Field of Yiddish, *Bd. 2, New York* 1965).

59,3 WALTER RÖLL: Zum Konsonantensystem der Cambridger Handschrift (Zeitschr. f. Ma. Forschung, *Jg. 33*, 1966).

59,4 M. GERNOT HEIDE: Graphematisch-phonematische Untersuchungen zum Altjiddischen; Der Vokalismus, *Bern — Frankfurt/M.* 1974).

59,5 JAMES L. HAINES: Proto-Yiddish and the history of Yiddish phonology — The front rounded vowel phonemes (Working Papers etc. *[siehe oben Nr. 34,2]*, 1975).

59,6 M. GERNOT HEIDE: Die h-Graphen im älteren Jiddisch (Fragen des älteren Jiddisch [Trierer Beiträge]). *Trier* 1977.

59,6,1 JAMES LEE HAINES: The phonology of the 'Bovo-Bukh'. Contribution to the history of East Franconian Yiddish. (Diss., Columbia Univ., 1979.)

59,7 SALOMO A. BIRNBAUM: Zur Geschichte der u-Laute im Jiddischen (Sonderheft Jiddisch *[s. Nr. 149]*, 4–42) 1981.

F. ZUM WORTSCHATZ

60 MORITZ GRÜNWALD: Ein Beitrag zur Bezeichnung der Ortsnamen in Böhmen und Mähren bei den jüdischen Schriftstellern (Jüd. Centralbl., 7:37–42) 1888.

60,1 CVII NISN GOLOMB: Milym bilśoini. *Wilna* 1910. *(Enthält das aus dem Hebr.-Aram. stammende Element des jidd. Wortschatzes.)*

61 XAAIYM SPIVAK jn IYHOIYŚ: Iîdiś vérterbjjx . . . *New York* 1911. *(Wie No. 60,1).*

62 ÉNGLIŚ-IÎDIŚYS ENCIKLOPÉIDIŚYS VÉRTER-BJJX: Réd. Paul Abelson. *New York* 1915.

63 JONAS VAN LEVIE VOORZANGER en J. E. POLAK Jz.: Het Joodsch in Nederland. *Amsterdam* 1915. *(Wörterbuch, zum allergrößten Teil der aus dem Hebr.-Aram. stammenden Wörter und Redensarten.)*

64 Hermann L. Strack: Jüdisches Wörterbuch . . . *Leipzig* 1916.
64,1 Wörterbuch *(in Nr. 29), (nicht Glossar)*, 1918 (*in Druck gegeben* 1915).
65 Oberbefehlshaber Ost: Sieben-Sprachen-Wörterbuch. *Leipzig* 1918.
66 Noiex Prilúcki: Dus gyvét. Dialogn véign śprax jn kúltúr. *Warschau* 1923.
67 Alyksander Harkavi: Iîdiś-Ẽngliś-Hébréïiser vérter-bjjx. Cvaity, farbéserty jn fargréserty ouflagy. *New York* 1928. *(Alle anderen Auflagen sind wertlos.)*
68 Śloimy Uu. Biirnboim: Iîdis vérter-biixl fjn ous-laig, gramatiśn miin, baigjng jn vort-klas . . . *Lodz* 1932.
69 Śloimy Nobl: Xjmyś-taać. An ous-forśjng véign der tradiciy fjn taaćn xjmyś in di xaduurym. *New York* 1943.
70 Nuxym Stúćkov: Der oicer fjn der Iîdiśer śprax. *New York* 1950. *(Wörterb. nach Sachgruppen.)*
70,1 Xaaiym Gininger [Chaim Ginninger]: A naais in der Iîdiśer léksikografiy (Iivuu-Bléter, 35:175–192) 1951.
70,2 Franz J. Beranek: Jiddische Ortsnamen (Zschr. f. Phon. u. allgem. Spr. w., 5:88–100) 1951.
70,3 ––: Jiddische Ortsnamen (Stud. Onomast. Monac., 2:131–135) 1961.
70,4 Groiser vérter-bjjx fjn der Iîdiśer śprax. (Bd. 1–3, New York, 1961, 1966, 1971; *Bd. 4ff., Jerusalem, in Vorbereitung.*
71 Siegmund A. Wolf: Jiddisches Wörterbuch. Wortschatz des deutschen Grundbestandes der jiddischen (jiddisch-deutschen) Sprache. *Mannheim* 1962. 2., durchges. A. *Hamburg* 1986.
71,1 Śloimy Nobl [Shlomo Noble]: Hebréïizmyn in dym Iîdiś fjn Mitl-Aśkynyz in 17tn iuur-hjndert (Stud. in Jew. Lang., Lit. a. Soc., 411–401) 1964.
71,2 Florence Guggenheim-Grünberg: Place names in Swiss Yiddish; Examples of the assimilatory power of a Western Yiddish dialect (Field of Yidd., *Bd. 2*, 1965).
71,3 Max Weinreich: Holekrash — A Jewish rite of passage (F, 243–253) 1967. *

---

* Einwendung: Das /l/ in Holekrasch ist nicht verdoppelt, zeigt also an, daß das /o/ lang ist. Darauf weist auch die Variante mit einem Diphthong hin: Houlekraasch. Beide Formen sprechen gegen einen Zusammenhang mit Frau Holle (Hulda).

71,4 H. P. ALTHAUS: Probleme und Ergebnisse der jiddischen Lexikographie (Zeitschr. f. Ma. Forschung, *Jg. 35*, 1968).
71,5 URIEL WEINREICH: Modern English-Yiddish, Yiddish-English dictionary, *New York* 1968 *(2. Aufl.). (Viel eigene neue Wörter)*
71,6 EDWARD STANKIEWICZ: The derivational pattern of Yiddish personal (given)names (Field of Yidd., *Bd. 3, New York* 1969).
71,7 WERNER WEINBERG: Die Reste des Jüdischdeutschen (Studia Delitzschiana, *Nr. 12*), *Stuttgart* 1969; 2. „erw. Aufl." 1973.
71,8 JOSEF WEISSBERG: Die Homonyme im Jiddischen (Akt. d. Internat. German. kongr., IV, 1970).
71,9 SUSANNE THIEME: Rosinkess mit Mandlen. Glossar und Forschungsbericht zu einer jiddischen Schwanksammlung. *Reihen* 1971.
71,10 H. BEEM: Judaeo-Nederlands (*in des Verfassers* Uit mokum en de mediene). *Assen* 1974.
71,11 ŚLOIMY LÉIVNŚTAIN [STEVEN LOWENSTEIN]: Di śyairys-haplaity fjn Iîdiś in Frankyn (Iîdiśy Śprax, *Bd. 33 u. 34*, 1974, 1975).
71,12 FLORENCE GUGGENHEIM-GRÜNBERG: Wörterbuch zu Surbtaler Jiddisch. *Zürich* 1976.
71.13 WULF-O. DREESSEN: Zur altjiddischen Synonymik. (Frag. d. ält. Jid., 63–67) 1977.
71,14 JOËL CAHEN: Verklarende woordenlijst, Jiddisje, Hebreewse en andere vreemde woorden. (ID.: Een Hoofdstuk uit de nieuwste geschiedenis van de Haagse Joden. (Jaarboek Die Haghe, 1979.)

G. TEXTE

72 THEODOR GARTNER: Texte in Bukowiner Judendeutsch (Zschr. f. hochdt. Mundarten, 2:277–281) 1901.
72,1 ALFRED LANDAU: Die Sprache der Memoiren Glückels von Hameln (Mitt. d. Ges. für jüd. Volkskunde, Heft 7:20–68) 1901.
72,2 IGNAZ BERNSTEIN: Jüdische Sprichwörter und Redensarten. *Warschau* 1908. *(In Original und Umschrift; mit Glossar u. Index).*
72,3 ABRAHAM MOSES TENDLAU: Sprüchwörter und Redensarten deutsch-jüdischer Vorzeit. Als Beitrag zur Volks-, Sprach- und Sprüchwörterkunde. Aufgezeichnet aus dem Munde des

Volkes und nach Sinn und Wort erläutert. (1860, Nachdruck 1980)

73 ALFRED LANDAU und BERN WACHSTEIN: Jüdische Privatbriefe aus dem Jahre 1619. *Wien* 1911. *(In Original u. Umschrift; mit Glossar.)*

74 LEO LANDAU: Arthurian Legends. The Hebrew-German Rhymed Version of the Legend of King Arthur. *Leipzig* 1912.

75 IJJDY LAIB KAHAN: Iîdiśy folks-liider. *New York* 1912; *2. Aufl.* 1957.

76 SALOMO A. BIRNBAUM: Jiddische Dichtung (Die Freistatt, *Jg. 1, Berlin* 1913). *(Umschrift und Prosaübersetzung.)*

77 HERMANN L. STARCK: Jüdischdeutsche Texte. Lesebuch zur Einführung in Denken, Leben und Sprache der osteuropäischen Juden. *Leipzig* 1917. *(In Umschrift.)*

77,1 ISAAK SPIERLREIN: Zur Aussprache und Transkription des Jüdischen (Jude, 2:285–288) 1917.

77,2 LEO LANDAU: Hebrew-German (Judeo-German) paraphrase of the book of Esther of the fiftheenth century (Journ. of Engl. a. Germ. Phil., 18:497–555) 1919.

78 FRITZ MORDECHAI KAUFMANN: Die schönsten Lieder der Ostjuden. *Berlin* 1920; *2. Aufl.* 1935. *(In Original u. Umschrift.)*

79 ŚLOIMY BASTOMSKI: Baam kval — Iîdiśy śprixvérter, glaaxvértlex . . . *Wilna* 1920.

79,1 JOHANN J. SCHUDT: Jüdische Merckwürdigkeiten. (III. 1–62, 202–327; IV:81–192) Frankfurt/M 1710–1718. Berlin 1922.

80 WILLY STAERK und ALBERT LEITZMANN: Die jüdisch-deutschen Bibelübersetzungen, von den Anfängen bis zum Anfang des 18. Jahrhunderts. *Frankfurt a. M.* 1923. *(In Umschrift.)*

80,1 V. ŚTÉRK [WILLY STAERK]: Ous di alt-Iîdiśy oicrys fjn der Minxyner meljjxiśer bibliotéik (Filol. śriftn, 1:55–68) 1926.

80,2 LEO LANDAU: Der jiddische Midrasch Wajoscha (Mon. schr. f. d. Gesch. u. Wiss. d. Judent., 72, N. F. 36:601–621) 1928.

80,3 MEIER SCHÜLER: Beiträge zur Kenntnis der alten jüdischdeutschen Profanliteratur (Festschr. z. 75jähr. Bestehen d. Realschule . . . d. Isr. Relig. ges. (Frankfurt/M, 79–132) 1928.

80,4 ŸISRUUL X. TAGLIXT [ISRAEL CH. TAGLICHT]: Liider fjn Jngern jn der Slovakaai (Filolog. Śriftn, 3:297–321) 1929.

81 SALOMO A. BIRNBAUM: Umschrift des ältesten datierten jiddischen Schriftstücks (Teuthonista, *Jg. 8*, 1932).

82 —: Die jiddische Psalmenübersetzung (Hans Vollmer: Die Psalmenverdeutschung von den ersten Anfängen bis Luther, *Potsdam* 1932. *(In Umschrift. Die Originale — und zusätzliches Material — in No. 143.)*

83 Chaim Gininger *und and.:* Naje jidiše dichtung. Klejne antologie. *Czernowitz* 1934. *(In Umschrift.)*

83,1 Śloimy Uu. Biirnboim [Salomo A. Birnbaum]: Cvai alt-Iîdiśy liider (Iivuu-Bléter, 13:172–180) 1938.

84 Śloimy Uu. Biirnboim: Dus éltsty briivl of Iîdiś (Iîdiś London, *Bd. 2,* 1939).

85 Leo Fuks: The Oldest Known Literary Documents of Yiddish Literature (c. 1382). *Leiden* 1957. *(In Original u. Umschrift). Besprechungen: No. 86, 88, 91–93.)*

86 Peter F. Ganz: *Bespr. der No. 85* (Journ. of Jew. Stud., *Bd. 8,* 1957 [1958]).

87 Leonhard W. Forster: Ducus Horant. (Germ. Life & Lett., *Jg. 11,* 1958).

88 Gottfried Schramm: *Bespr. der No. 85* (Götting. Gelehrte Anz., *Bd. 212,* 1958).

89 Werner Schwarz: Einige Bemerkungen zur jiddischen Gudrun (Neophilologus, *Jg. 42,* 1958). *(Bespr. der No. 85.)*

90 Peter F. Ganz: Dukas Horant — An Early Yiddish Poem from the Cairo Genizah (Journ. of Jew. Stud., *Jg. 9,* 1958 [1959]).

91 Solomon A. Birnbaum: *Bespr. der No. 85* (Biblioth. Orientalis, *Jg. 16,* 1959).

92 James W. Marchand: *Bespr. der No. 85* (Word, *Jg. 15,* 1959).

93 Ingeborg Schröbler: *Bespr. der No. 85* (Zeitschr. f. dt. Altert. u. dt. Lit., *Jg. 89,* 1959).

94 Salomo A. Birnbaum: Übersetzungen der hebräischen Texte und Umschriften der altjiddischen Texte (Raphael Straus: Urkunden und Aktenstücke zur Geschichte der Juden in Regensburg 1453–1738, *München* 1960).

94,1 Salomo [A.] Birnbaum: Das Datum des Codex Zimt-Sand (Mitt. d. Arbeitskreises f. Jid., 2:9f) 1960.

94,2 Pavel Trost: Zwei Stücke des Cambridger Codex T.-S. 10. K. 22 (Philol. Prag., 4:17–24) 1961.

94,3 Felix Falk: Das Schmuelbuch des Mosche Esrim Wearba . . . Einleitung und textkritischer Apparat. *Assen* 1961.

95 Dov Sadan: Der éltster grám in Iîdiś (Di goldyny kait, No. 47, *Jerusalem* 1963).
95,1 William B. Lockwood: Die Textgestaltung des jüngeren Hildebrandliedes in jüdisch-deutscher Sprache. (Beitr. z. Gesch. d. dt. Spr. u. Lit, 85:433–447) 1963.
95,2 Ḥana Śmeruq [Chone Shmeruk]: Ha-sippurim al r. Adam baal šem ve-gilgulehem be nusḥeot „Śivḥe ha-Beśt" (Tarbiz, 28:86–105) 1963.
96 Peter F. Ganz, Frederick Norman, Werner Schwarz: Dukus Horant. Mit einem Exkurs von S. A. Birnbaum. *Tübingen* 1964. *(In Umschrift.)*
96,1 Solomon A. Birnbaum: Specimens of Yiddish from eight centuries (Field of Yidd., *Bd. 2, New York* 1965).
96,2 H. Niedermeyer: Das altjiddische Midrasch Wajoscha (Judaica, *Jg. 21*, 1965).
96,2,1 Lajb Fuks: Das altjiddische Epos Melok̲im-buk̲. *Assen* 1965.
96,2,2 Walter Röll: Das älteste datierte jüdisch-deutsche Sprachdenkmal (Zeitschr. f. Munda. forsch., 33:127–137) 1966.
96,2,3 Arthur Zivy: Jüdisch-deutsche Sprichwörter und Redensarten. *Außentitel*: Elsässer Jiddisch. Basel 1966.
96,2,4 Ḥana Śmeruq [Chone Shmeruk]: Ha-śir al ha-srefa bi-Venetsiya le-Eliyahu Baḥur (Kobeẓ al Yad, N. S., 6:1:345–368) 1966.
96,3 Heikki J. Hakkarainen: Studien zum Cambridger Codex T.-S. 10. K. 22; I. Text, *Turku* 1967, II. Graphemik und Phonemik, 1971, III. Lexikon [d.h. Zeilenkonkordanz], 1973.
96,4 Percy Matenko and Samuel Sloan: The Aqedath Jiṣḥaq; A sixteenth century epic (in Percy Matenko: Two studies in Jewish culture.) *Leiden* 1968.
96,5 Hans P. Althaus: Die Cambridger Löwenfabel von 1382; Untersuchung und Edition eines defektiven Textes, *Berlin* 1971.
96,6 Wulf-O. Dreessen: Akêdass Jizḥak; Ein altjiddisches Gedicht über die Opferung Isaaks; Mit Einleitung und Kommentar kritisch herausgegeben, *Hamburg* 1971.
96,6,1 Nehemya Aloni [Nehemia Allony]: Meqorot ḥadaśim li-Śmjjl-bjjx ve-li„Meluxym-bjjx" (Beer Sheva, 1:90–123 1973.
96,7 Siegmund A. Wolf: Ritter Widuwilt, *Bochum* 1974.
96,8 Walter Röll: Zu den ersten drei Texten der Cambridger Handschrift von 1382/1383 (Zeitschr. f. deutsch. Altert. u. dt. Lit., *Bd. 104*, 1975).

96,9 ERIKA TIMM: Beria und Simra, Eine jiddische Erzählung des 16. Jahrhunderts (Literaturwiss. Jahrb., N.F. *Bd. 14*, 1975).

96,10 BRIGITTE KERN: Jüdisch-deutsche Privatbriefe aus dem 17. Jahrhundert. (Frankfurter Judaistische Beiträge, *H. 10*, 1982.)

H. VERSCHIEDENES

97 ANTON REE: Die Sprachverhältnisse der deutschen Juden. *Hamburg* 1844.

97,1 DAVIS TRIETSCH: Von den Sprachenverhältnissen der deutschen Juden. (Ztschr. f. Demograph. u. Statist. d. Jud., 2) 1905.

97,2 ERNEST-HENRI LÉVY: Langue des hommes et langue des femmes en judéo-allemand (Mélanges Charles Andler, *Strasbourg* 1924).

97,3 LAIBL TOUBYS [LÖBEL TAUBES]: Talmjjdiśy élyméntn inym Iîdiśn śprixvort; Mit an anhang: Talmjjdiśy gyfliglty vérter in der Iîdiśer śprax. *2. Aufl., Wien* 1928.

97,4 NECHAMA LEIBOWITZ: Die Übersetzungstechnik der jüdisch-deutschen Bibelübersetzungen des XV. und XVI. Jahrhunderts, dargestellt an den Psalmen (Beitr. z. Gesch. d. dt. Spr. u. Lit., 55:378–463) 1931.

98 SALOMO A. BIRNBAUM: Hebräische Etymologien im Deutschen (Zeitschr. f. dt. Philol., *Bd. 59*, 1934).

99 JECHIEL FICHER: Das Jiddische und sein Verhältnis zu den deutschen Mundarten. *Leipzig* 1936.

100 MAX WEINREICH: Le Yiddish comme objet de la linguistique générale. *Wilna* 1937.

101 SOLOMON A. BIRNBAUM: The Age of the Yiddish Language (Transactions of the Philol. Soc.; *London* 1939).

101,1 SOLOMON A. BIRNBAUM: Yiddish Phrase Book. London 1945.

101,2 SHLOMO NOBLE: Sacred and secular in the language of the Yiddish Bible translation (Yivo Annu. of Jew. Soc. Sci., 1:274–282) 1946.

101,3 SOLOMON A. BIRNBAUM: The cultural structure of East Ashkenazic Jewry (Slav. a. East Europ. Rev., 25:73–92) 1946.

101,4 ISRAEL ZINBERG: A defense of Yiddish in Old Yiddish literature (Yivo Annu. of Jew. Soc. Sci., 1:283–293) 1946.

102 FRANZ J. BERANEK: Die Erforschung der jiddischen Sprache (Zeitschr. f. dt. Philol., *Bd.* 70, 1947/48).

102,1 URIEL WEINREICH: College Yiddish. *New York* 1949; 5. *Aufl.*, 1971.

102,2 XAAIYM GININGER [CHAIM GINNINGER]: A bjjx cj lérnyn di Iîdiśy śprax (Yivuu-bléter, 33:204–211) 1949.

103 SHLOMO NOBLE: Rabbi Jehiel Mikhel Epstein, educator and advocate of Yiddish in the seventeenth century (Yivo Annu. of Jew. Soc. Sci., 6:302–319) 1951.

103,1 SOLOMON A. BIRNBAUM: The development of the Ashkenazic cursive script (*in* The Hebrew Scripts, Bd. 2, Nr. 349–365; Bd. 1; 303–309) 1954–1957, 1971.

103,2 —: Two problems of Jewish linguistics. (Field of Yid., 1: 63–72) 1954.

103,3 URIEL WEINREICH: Stress and word structure in Yiddish (Field of Yid., 1:1–27) 1954.

104 SALOMO A. BIRNBAUM: Der Mogel (Zeitschr. f. dt. Philol., *Bd.* 74, 1955).

105 MAX WEINREICH: The Jewish Languages of Romance Stock and Their Relation to Earliest Yiddish (Romance Philol., *Bd.* 9, 1955/56).

106 —: Yiddish — Knaanic — Slavic. The Basic Relationships (For Roman Jakobson. *Haag* 1956).

107 URIEL WEINREICH: Yiddish and Colonial German in Eastern Europe — The Differential Impact of Slavic (Amer. Contrib. to the 4th Internat. Congr. of Slavistics. *Haag* 1958).

108 JAMES W. MARCHAND: Three Basic Problems in the Investigation of Early Yiddish (Orbis, *Jg.* 9, 1960).

109 MAX WEINREICH: Old Yiddish Poetry in Linguistic Literary Research (Word, *Jg.* 16, 1960).

110 FRANZ J. BERANEK: Die jiddische Ortsnamenforschung (Stud. Onomast. Monac., *Bd.* 3, 1961).

111 SOLOMON A. BIRNBAUM: Old Yiddish or Middle High German? (Journ. of Jew. Stud., *Bd.* 12, 1961).

112 HANS P. ALTHAUS: Jüdisch-hessische Sprachbeziehungen (Zeitschr. f. Mundartforsch., *Jg.* 30, 1963).

113 FRANZ J. BERANEK: Die jiddischen Ortsbenennungen in Niederösterreich (Jahrb. f. Landeskunde v. N. Ö., *Bd.* 36, 1964).

113,1 Monumenta Judaica (Katalog). *Köln* ²1964.

113,1,1 ZOSA SZAJKOWSKI [SZAJKO (ISAIAH) FRYDMAN]: The struggle for Yiddish during World War I: The attitude of German Jewry (L. Baeck Inst. Year Bk, 9:131-158) 1964.

113,2 LAJB FUKS: Das altjiddische Epos Melo<u>k</u>im-bu<u>k</u>; I. Einleitung und Faksimile der editio princeps, Augsburg, 1543; II. Hebräische und aramäische Quellen, textkritischer Apparat und Glossar. *Assen* 1965.

113,2,1 DANIEL LEIBL: On Ashkenazic Stress (Field of Yid., 2:63-72) 1965.

113,2,2 SOLOMON POLL: The roll of Yiddish in American ultraorthodox and Hassidic communities (Yivo Annu. of Jew. Soc. Sci., 13:125-152) 1965.

113,3 WALTER RÖLL: Das älteste datierte jüdisch-deutsche Sprachdenkmal: Ein Verspaar im Wormser Machsor von 1272/1273 (Zeitschr. f. Ma. Forschung, *Jg. 33*, 1966).

113,4 WERNER SCHWARZ: Prinzipielle Erwägungen zur Untersuchung der Cambridger Handschrift T.-S. 10. K. 22 (Zeitschr. f. Ma. Forschung, *Jg. 33*, 1966.

113,4,1 HANS P. ALTHAUS: Die jiddische Missionsgrammatik im 18. Jahrhundert. *Marburg/Lahn* 1966.

113,5 GEORGE JOCHNOWITZ: Bilingualism and dialect mixture among Lubavitcher hasidic children (American Speech, *Bd. 43*, 1968).

113,6 HANS P. ALTHAUS: Ansätze und Möglichkeiten einer kontrastiven Sprachgeographie: Jiddisch — Deutsch (Zeitschr. f. Dialektol. u. Lingu., *Jg. 36*, 1969).

113,7 —: Sprache der Nachbarn; Entdeckung und Rezeption eines kontaktsprachlichen Phänomens (Germanist. Ling., *1/6*, 1969/1970).

113,8 MORDKHE SCHAECHTER: The 'hidden standard', A study of competing influences in standardization (Field of Yidd., *Bd. 3*, 1969).

113,9 SOLOMON A. BIRNBAUM: Institutum Ascenezicum (Year Book, Leo Baeck Institute, *Bd. 17*, 1972).

113,10 HANS P. ALTHAUS: Examples of a contrastive dialectology of Western Yiddish and German dialects (Papers, World Congress of Jewish Stud., V, *Bd. 4*, 1973).

113,11 MANFRED CALIEBE: Dukus Horant, Studien zu seiner literarischen Tradition (Philol. Stud. u. Quellen, *Nr. 70*, 1973).

113,12 WULF-O. DREESSEN: Die altjiddische Bearbeitung des Barlaam-Stoffes (Zeitschr. f. dt. Philol., *Jg. 93*, Sonderheft, 1974).

113,13 Denkwürdigkeiten der Glückel von Hameln. Hrsg. v. A. FEILCHENFELD. 4. A. *Berlin* 1923. Nachdruck *Darmstadt* 1979.

113,14 DUVYD-H. ROSKYS [David-H. Roskies]: Iîdiśy śraab-śpraxn in 19tn i. h. (Iîdiśy Śprax [Yidishe Shprakh], *Bd. 33*, 1974).

113,14,1 HANS P. ALTHAUS: Die Kunst der Paraphrase: Otto F. Best über das Jiddische (Zeitschr. f. Dialektol. u. Lingu., 41:318–337) 1974.

113,15 WALTER RÖLL: Die Pluralbildung im Jiddischen und im Deutschen (Akten d. Internat. Germanistenkongr., VI, 1975).

113,16 THERESIA FRIEDERICHS: Zu „Flerè Blankèfleré“ (Fragen d. ält. Jidd. [Trierer Beiträge], 1977.

113,17 GÜNTER MARWEDEL: Zu jiddischen Briefen aus der Zeit und Umwelt Glückels von Hameln (Ibid.).

113,18 HERMANN J. MÜLLER: Zur Edition des altjiddischen „Danielbuchs“ (Ibid.).

113,19 WALTER RÖLL: Zum „Sefer ha-Gan“ Jizḫaks ben Elieser (Ibid.).

113,20 ERIKA TIMM: Jiddische Sprachmaterialien aus dem Jahre 1290. Die Glossen des Berner kleinen Aruch (Ibid.).

113,20,1 W. B. LOCKWOOD: Herabsetzendes *shm* im Jiddischen. (Zeitschr. f. vgl. Sprachforschung, *Bd. 92,* 1978)

113,20,2 STEVEN M. LOWENSTEIN: The Yiddish written word in nineteenth-century Germany. (Leo Baeck Inst., Year Bk., *Bd. 24,* 1979.)

113,21 MISPRINT: Read 1979.

113,21 SOLOMON A. BIRNBAUM: Yiddish — A survey and a grammar. *Toronto* 1970.

113,22 P. FREIMARK: Sprachverhalten und Assimilation. Zur Situation der Juden in Norddeutschland in der ersten Hälfte des 19. Jahrhunderts (Year Book, Leo Baeck Institute, *London* 1979).

113,23 JOSHUA A. FISHMAN: The sociology of Yiddish (*[s. nr. 148]* S. 1–97) 1981.

113,24 PAUL WEXLER: Ashkenazic German., 1760–1895. (Intern. Journ. of the Sociol. of lang., *30:* The Sociol. of Jewish Languages, 1981.)

113,25 DOVID KATZ: Explorations in the history of the Semitic component in Yiddish. (Diss., *London,* 1982.)

113,26 HUGH DENMAN: The vicissitudes of Yiddish. (Times Literary Supplement, May 3, 1985.)

113,27 DOVID KATZ: Hebrew, Aramaic and the rise of Yiddish. (*Siehe Nr. 150.* 1985.)

113,28 ARYE L. PILOWSKI: Yiddish alongside the revival of Hebrew: Public polemics on the status of Yiddish in Eretz Israel, 1907–1929. (*Siehe Nr. 150.* 1985.)

113,29 RAKHMIEL PELTZ: The Dehebraization controversy in Soviet Yiddish language planning: Standard or symbol? (*Siehe Nr. 150.* 1985.)

113,30 HARALD HAARMANN: Yiddish and the other Jewish languages in the Soviet Union. (*Siehe Nr. 150.* 1985.)

113,31 S. A. BIRNBAUM: Ansprache [Thema]: Ein 1932 geplantes Institutum Ascenezicum in Deutschland [Dokumentation] (Ehrendoktorat) Universität Trier, 1986)

113,32 ERIKA TIMM: Der 'Knick' in der Entwicklung des Frühneuhochdeutschen aus jiddistischer Sicht. (*Siehe Nr. 151.* 1986.)

113,33 ULRIKE KIEFER: Das deutsch-jiddische Sprachkontinuum: neue Perspektiven. (*Siehe Nr. 151.* 1986.)

113,34 HANS PETER ALTHAUS: Ansichten vom Jiddischen. Urteile und Vorurteile deutschsprachiger Schriftsteller des 20. Jahrhunderts. (*Siehe Nr. 151.* 1986.)

113,35 KLAUS CUNO: Die Beschäftigung mit dem Jiddischen und der Kanon der Wissenschaften. (*Siehe Nr. 151.* 1986.)

113,36 SOLOMON A. BIRNBAUM: Two methods: I. Palaeography: Manuscripts in Old Yiddish. II. Etymology: davənən. (*Siehe Nr. 152.* 1987.)

113,37 LEO FUKS: The Romance element in Old Yiddish. (*Siehe Nr. 152.* 1987.)

113,38 WOLF MOSKOWICH: Postwar Soviet Theories on the origins of Yiddish. (*Siehe Nr. 152.* 1987.)

113,39 NATHAN SUSSKIND: A partisan history of Yiddish. (*Siehe Nr. 152.* 1987.)

113,40 PAUL WEXLER: Reconceptualizing the genesis of Yiddish in the light of its non-native components. (*Siehe Nr. 152.* 1987.)

J. Literaturgeschichtliches

114 Leo Wiener: The History of Yiddish Literature in the Nineteenth Century. *London* 1899.

115 Maier I. Pines: Histoire de la littérature judéo-allemande. *Paris* 1911.

116 Leo Landau: A Hebrew-German Paraphrase of the Book of Esther (Journ. of Engl. & Gmc. Philol., 1919).

117 ––: Der jiddische Midrasch Wajoscha (Monatsschr. f. Gesch. u. Wiss. d. Judent., *Bd. 72*, 1928).

118 Nechama Leibowitz: Die Übersetzungstechnik der jüdisch-deutschen Bibelübersetzungen des XV. und XVI. Jahrhunderts, dargestellt an den Psalmen (Beitr. z. Gesch. d. dt. Spr. u. Lit., *Bd. 55*, 1931).

119 Jakob J. Meitlis: Das Ma'assebuch – Seine Entstehung und Quellengeschichte. *Berlin* 1933.

120 Joseph Leftwich: Yisroel. London 1933. *(Anthologie jiddischer Kurzgeschichten in engl. Übersetzung.)*

121 ––: The Golden Peacock. An Anthology of Yiddish Poetry, Translated into English Verse. *London* 1939.

122 Abraham A. Roback: The Story of Yiddish Literature. *New York* 1940.

123 Franz J. Beranek: Jiddische Literatur (Reallexikon d. dt. Lit. gesch., Hrsg. E. P. Merker u. W. Stammler, *Berlin* 1958).

124 Arnold Paucker: Yiddish Version of Early German Prose Novels (Journ. of Jew. Stud., *Bd. 10*, 1959).

125 ––: Das Deutsche Volksbuch bei den Juden (Zeitschr. f. dt. Philol. *Bd. 80*, 1961).

126 ––: Das Volksbuch von den Sieben Weisen Meistern in der jiddischen Literatur (Zeitschr. f. Volkskunde, *Jg. 57*, 1961).

127 Franz J. Beranek: Das Tiroler Maissebuch (Der Schlern, *Jg. 38*, 1964).

127,1 Werner Schwarz: Die weltliche Volksliteratur der Juden (Miscellanea Medievalia, *Bd. 4*, 1966).

127,2 Walter Röll und Christoph Gerhardt: Zur literarhistorischen Einordnung des sogenannten „Dukus Horant“ (Deutsche Vierteljahresschr. f. Literarturwiss. u. Geistesgesch., *Jg. 41*, 1967).

127,3 Chone Shmeruk: Yiddish literature (Encyclop. Jud., *Bd. 16*, *Jerusalem*, 1971).

127,4 Sol Liptzin: A history of Yiddish literature, Middle Village, N.Y. 1972.

127,5 Josef Weissberg: Zur Stellung der altjiddischen Literatur in der Germanistik (Zeitschr. f. dt. Philol., *Bd. 91*, 1972).

127,6 Dan Miron: A traveler disguised, A study in the rise of modern Yiddish fiction in the nineteenth century. *New York* 1973.

127,7 Helmut Dinse: Die Entwicklung des jiddischen Schrifttums im deutschen Sprachgebiet, *Stuttgart* 1974.

127,8 Wulf-O. Dreessen: Zur Rezeption deutscher epischer Literatur im Altjiddischen: Das Beispiel „Wigalois" – „Artushof" (Deutsche Literatur des späteren Mittelalters, Hamburger Kolloquium 1973), 1975.

127,9 Charles A. Madison: Jiddische Literatur, Übersetzt von Otto F. Best (Jahrhundertende – Jahrhundertwende, 1976).

127,10 Xuuny Śmérúk [Chone Shmeruk]: Di Alt-Iîdiśy literatúúr, Iiry uunhaibn jn priméry kontaktn, Iber gyzect, Hébréïiśn ksav-iad von Avruum Noverśtéiern (Pinkys far der forśjng fjn der Iîdiśer literatúúr jn présy, 1976).

127,11 Manfred Caliebe: Zur Problematik von Gesamtdarstellungen jiddischer Literaturgeschichte in deutscher Sprache; Bedenken, Berichtigungen und Ergänzungen zu Helmut Dinse, „Die Entwicklung des jiddischen Schrifttums im deutschen Sprachgebiet." (Wirkendes Wort, 1977).

127,12 Helmut Dinse/Sol Liptzin: Einführung in die jiddische Literatur. *Stuttgart* 1978.

127,13 Pnina Nave Levinson: Die jüdisch-deutsche Literatur in Mittelalter und Neuzeit. (Juden in Deutschland, 1980)

127,14 Wulf-Otto Dreessen: Midraschepik und Bibelepik: biblische Stoffe in der volkssprachlichen Literatur der Juden und Christen des Mittelalters im deutschen Sprachgebiet. (*Siehe Nr. 149*)

127,15 Erika Timm: Die 'Fabel vom alten Löwen' in jiddistischer und komparatistischer Sicht. (Ibid.)

127,16 Hans Peter Althaus: Soziolekt und Fremdsprache: das Jiddische als Stilmittel in der deutschen Literatur. (Ibid.)

127,17 Günter Stemberger: Jiddische Literatur in Deutschland. (ID.: Epochen der jüdischen Literatur. An ausgewählten Texten erläutert, 1982)

127,18 Barbara Könnecker: Zum literarischen Charakter und

der literarischen Intention des altjiddischen Schmuelbuches. (*Siehe Nr. 151.* 1986.)

127,19 Robert G. Warnock: Frühneutzeitliche Fassungen des altjiddischen, Artushofs'. (*Siehe Nr. 151.* 1986.)

127,20 David Neal Miller: Transgressing the bounds: On the origins of Yiddish literature. (*Siehe Nr. 152.* 1987.)

K. Sammelwerke, Zeitschriften, Bibliographisches

128 Noiex Prilúcki: Zaml-biixer far Iîdiśn folklor, filologiy jn kúltúr-gyśixty. Bd. 1. *Warschau* 1912.

129 Śmjjl Niger (Red.): Der pinkys. Iuur-bjjx far der gyśixty fjn der Iîdiśer literatúr jn śprax, kritik jn bibliografiy. *Wilna* 1913. (Enthält eine sehr ausführliche Bibliographie B. Boroschows über die auf das Jidd. bezügliche philologische Literatur.)

130 Noiex Prilúcki: Iîdiśy dialéktologiśy forśjngyn, *Bd. 1–6. Warschau* 1917–1937.

131 Maks Vaanraax: Štaplyn. Fiir étiúdn cj der Iîdiśer śprax-visnśaft jn literatúr-gyśixty. *Berlin* 1923.

132 Ba Jndz Iîdn: Zaml-bjjx far folklor jn filologiy. Réd. M. Vanvild. *Warschau* 1923.

133 Iîdiśer Visnśaftlexer Institút: Filologiśy śrif tn. *Bd. 1–3. Wilna* 1926–29.

134 Arxiiv far Iîdiśer Śprax-Visnśaft, Literatúr-Forśjng jn Étnologiy. Réd. Noiex Prilúcki jn Śmjjl Léiman. *Bd. 1. Warschau* 1926–33.

135 Iîdiśer Visnśaftlexer Institút, Amerikaner Sékciy: Pinkys. A fértl-iuuriker źurnal far Iîdiśer literatúr-gyśixty, śprax-forśjng, folklor jn bibliografiy. *Bd. 1–2, New York* 1927–29.

136 Iîdiś far Aly: *Bd. 1–2. Wilna* 1838–39. *(Zeitschrift).*

137 Iîdiśy Śprax. Źurnal far di probléimyn fjn der Iîdiśer klal-śprax. Réd. Ijjdl Mark. *New York* 1941 –.

138 Iîdiśer Visnśaftlexer Institút: Iîvuu-bibliografiy. A ryśiimy fjn di biixer, źúrnaln, brośúrn, artiklyn, rycénziys jazv., vus der Iîdiśer Visnśaftlexer Institút ot públikiirt in di iuurn 1925–1941. *New York* 1943. *Bd. 2,* 1955.

139 The Field of Yiddish. Studies in Yiddish Language, Folklore and Literature. *Hrsg.* U. Weinreich. *New York* 1954, *Bd. 2,* 1965, Bd. 3, 1969.

140 MITTEILUNGEN DES ARBEITSKREISES FÜR JIDDISTIK. *Red.* F. J. Beranek. *Bd. 1-2,* 1955-1964.

141 IJJDY A. IUFY-BJJX. *New York* 1958.

142 URIEL and BEATRICE WEINREICH: Yiddish Language and Folklore. A Selective Bibliography for Research. *Haag* 1959.

143 FOR MAX WEINREICH ON HIS SEVENTIETH BIRTHDAY. *New York* 1964.

144 KARL HABERSAAT: Zur Geschichte der jiddischen Grammatik (Zeitschr. f. dt. Philol., *Bd. 84,* 1965).

145 HANS P. ALTHAUS: Ergebnisse der Dialektologie, Bibliographie der Aufsätze in den deutschen Zeitschriften für Mundartforschung 1854-1968 (Zeitschrift für Dialektologie und Linguistik, Beiheft, Register 13, 1970).

146 WULF-O. DREESSEN, WALTER RÖLL und ERIKA TIMM: Jiddische Drucke vor 1800, Hilfen für den Umgang mit einem neuen Quellenverzeichnis (Zeitschr. für dt. Altert. u. dt. Lit., 1976).

147 FRAGEN DES ÄLTEREN JIDDISCH (TRIERER BEITRÄGE. SONDERHEFT 2.) 1977.

148 NEVER SAY DIE! A THOUSAND YEARS OF YIDDISH IN JEWISH LIFE AND LETTERS *(Hrsg.* JOSHUA A. FISHMAN. *Haag* 1981.

149 SONDERHEFT JIDDISCH („S. A. Birnbaum zum 90. Geburtstag gewidmet"), Hrsg. WALTER RÖLL Zeitschrift für deutsche Philologie, Bd. 100. 1981.

150 READINGS IN THE SOCIOLOGY OF JEWISH LANGUAGES. Ed. Joshua A. Fishman. [Section:] Yiddish. 1985.

151 AUSEINANDERSETZUNGEN UM JIDDISCHE SPRACHE UND LITERATUR. Hrsg. Walter Röll, Hans-Peter Bayerdörfer. (Akten des VII. Internationalen Germanisten-Kongresses Göttingen 1985. — Kontroversen, alte und neue. Band 5. 1986.)

152 ORIGINS OF THE YIDDISH LANGUAGE. Winter Studies in Yiddish Volume 1. Papers from the first Annual Oxford Winter Symposium in Yiddish language and literature, 15-17 December 1985. Ed. Dovid Katz. 1987.)